KB134616

한국 현대사 산책 1970년대 편 **3**권

한국 현대사 산책 1970년대 편(전3권)
평화시장에서 궁정동까지 · 3권
ⓒ 강준만, 2002

초판 1쇄 2002년 11월 16일 펴냄
초판 19쇄 2017년 9월 13일 펴냄

지은이 ㅣ 강준만
펴낸이 ㅣ 강준우
기획 · 편집 ㅣ 박상문, 박효주, 김예진, 김환표
디자인 ㅣ 최진영, 최원영
마케팅 ㅣ 이태준
관리 ㅣ 최수향
인쇄 · 제본 ㅣ 제일프린테크

펴낸곳 ㅣ 인물과사상사
출판등록 ㅣ 제17-204호 1998년 3월 11일

주소 ㅣ 04037 서울시 마포구 서교동 392-4 삼양E&R빌딩 2층
전화 ㅣ 02-325-6364
팩스 ㅣ 02-474-1413

www.inmul.co.kr ㅣ insa@inmul.co.kr

ISBN 978-89-88410-66-0 04910   ISBN 978-89-88410-63-7 (세트)

값 12,000원

이 저작물의 내용을 쓰고자 할 때는 저작자와 인물과사상사의 허락을 받아야 합니다.
파손된 책은 바꾸어 드립니다.

평화시장에서 궁정동까지 **1970년대 편 3권**

한국 현대사 산책

강준만 저

인물과
사상사

제9장 동일방직과 현대아파트 / 1978년

제10장 박정희 시대의 종말 / 1979년

맺는 말 · 두 얼굴을 가진 사람들 308

1976년

제7장

히스테리와 광기 속에서

경제개발과 가족계획

눈물겨운 노력

한국에서 가족계획은 1962년부터 시작되었다. 60년대의 슬로건은 "3살 터울 셋만 낳고 단산하자"였다. 70년대는 둘로 줄었다. "아들 딸 구별 말고 둘만 낳아 잘 기르자", "하루 앞선 가족계획 십 년 앞선 생활 안전", "잘 키운 딸 하나 열 아들 안 부럽다" 등과 같은 구호들이 난무했다. 80년대는 "둘도 많다. 하나만 낳아 잘 기르자"로 바뀌었다.[1]

그러한 구호 뒤에 숨은 치열한 노력은 눈물겹기까지 했다. 정관 수술 받으면 예비군 훈련을 면제시켜 준다고 유혹하던 것도 눈물겹지만, 자식에 대해 다다익선(多多益善)이라는 고정 관념에 도전하는 일도 눈물겨운 일이었다.

---

1) 소현숙, 〈너무 많이 낳아 창피합니다: 가족계획〉, 여성사 연구모임 길밖세상, 『20세기 여성 사건사: 근대 여성교육의 시작에서 사이버 페미니즘까지』(여성신문사, 2001), 173-174쪽; 김은실, 〈한국 근대화 프로젝트의 문화 논리와 가부장성〉, 『당대비평』, 제8호(1999년 가을), 94쪽.

"가족계획 사업 초기만 하더라도 마을에 들어간 가족계획 지도 요원들은 마을 할아버지들이 지팡이를 들고 쫓아나와 도망나오기 일쑤였다고 한다. 이렇게 보수적인 분위기 때문에 여성들은 남편이나 시부모 몰래 피임을 하는 경우가 많았다. 1973년까지만 해도 남편 몰래 피임한 여성들이 57.4%나 되며, 시부모가 모르는 경우가 55.4%나 된다."[2]

1인당 GNP를 높이기 위해

인구정책이 임기응변식 대응을 벗어나 골격을 갖춘 것은 제3차 경제개발 5개년 계획(1972-1976) 입안 과정에서였다. 이에 대해 경제기획원 담당사무관 조남홍은 다음과 같이 말한다.

"당시 인구 증가율은 연 2% 이상이어서 3차 계획이 끝나는 연도(1976년)의 증가율을 1.8%로 잡았더니 부총리가 1.3%로 낮추라고 호통을 치는 겁니다. 인구가 줄어야 1인당 GNP를 높일 수 있다는 것이었죠. 이희일 국장이 물리적으로 불가능하다고 했고, 연구 용역을 맡았던 서울대측은 1.5%도 힘들다고 했어요."[3]

그러나 1인당 GNP를 높이는 건 반드시 이루어내야 할 군사작전이었다. 당연히 인구를 줄이는 가족계획도 군사작전식으로 진행되어야만 했다. 『세계일보』 논설위원 주태산은 다음과 같이 말한다.

"1976년도의 인구 증가율은 1.5% 선에서 낙착을 보았다. 이 불가능한 목표를 이루기 위해 △ 정관 수술시 보상금 지급 △ 콘돔 무료 배포 △ 산아제한 홍보 강화 등의 인구억제 정책이 본격화됐다. 그 결과 1974년 1.73%, 1975년 1.70%였던 것이 1976년에는 1.61%로 목표치에 근접했

---

2) 소현숙, 〈너무 많이 낳아 창피합니다: 가족계획〉, 여성사 연구모임 길밖세상, 『20세기 여성 사건사: 근대 여성교육의 시작에서 사이버 페미니즘까지』(여성신문사, 2001), 181쪽.
3) 주태산, 『경제 못살리면 감방간대이: 한국의 경제부총리, 그 인물과 정책』(중앙 M&B, 1998), 83쪽에서 재인용.

으며, 이듬해인 1977년에는 1.5%대(1.53%)에 진입하는 데 성공했다. 일단 목표를 세우면 온갖 수단을 동원해서라도 달성하고 마는 박정희 시대 경제정책의 한 단면을 보여 주는 사례다."[4]

군사작전식 가족계획운동

군사작전식으로 진행된 1970년대 가족계획운동의 내용을 좀더 구체적으로 살펴보자. 소현숙은 다음과 같이 말한다.

"당시 방영되었던 모든 텔레비전 드라마의 부부는 두 자녀 이하의 자녀를 갖게 했고, 인구폭발을 인식할 수 있게 하는 특별 프로그램을 방영하였다. 그리고 우표, 담뱃갑, 극장표, 통장, 주택복권 등과 버스, 택시, 지하철, 기차 구내 등 일상 공간에 '적게 낳아 잘 키우자', '딸 아들 구별 말고 둘만 낳아 잘 기르자', '내일이면 늦으리! 막아보자, 인구폭발' 등 가족계획에 관한 표어를 부착하였다. 또 도시마다 인구탑을 세워 매일 증가하는 인구 수를 주시케 하였다. 경제적 혜택을 통해 사람들로 하여금 자녀를 적게 낳도록 유도하기도 했다. 1976년 후부터 두 자녀가 있는 가구에는 소득세를 감면시켜 주었고, 하나나 둘을 낳고 영구 불임수술을 한 경우에는 공공주택 할당 및 금융 대출에 우선 순위를 주었으며, 그 자녀들에게는 취학 전까지 의료혜택을 주었다. 게다가 영세민들이 불임수술을 받을 때는 금전적인 혜택까지 주었다."[5]

피임 지식의 전달과 피임약제 및 기구의 공급을 맡은 가족계획 요원들의 활약도 무시할 수 없을 것이다.

"정부는 가족계획 요원으로 조산원·간호사들을 훈련시켜 시·군·

---

4) 주태산, 『경제 못살리면 감방간대이: 한국의 경제부총리, 그 인물과 정책』(중앙 M&B, 1998), 83쪽.
5) 소현숙, 〈너무 많이 낳아 창피합니다: 가족계획〉, 여성사 연구모임 길밖세상, 『20세기 여성 사건사: 근대 여성교육의 시작에서 사이버 페미니즘까지』(여성신문사, 2001), 177쪽.

구의 보건소 요원으로 배치하였고, 읍·면·동에도 기본 교육을 이수한 자를 해당 지역 출신자들 중 선발하여 배치하였다. 성교, 임신, 출산 등 겉으로 드러내 공공연히 말하기 어려운 성에 관한 지식을 여성들에게 전달해야 했으므로 여성 요원들이 뽑혔다. 이들은 '밤에는 좌담회를, 낮에는 가정방문을 하며' 여성들과 접촉하였고, '거의 매일 와서 살다시피 할 정도'였다. 가족계획 요원들은 각 가구별로 출산력 카드를 기록하여 가임 여성의 출산력을 파악, 관리하고 대상자를 설득하였다. '책상에 앉아서도 어느 마을의 누가 아이 몇을 낳았고 누가 가족계획 대상자인지 훤히 아는' 정도였다. 가족계획 요원들은 군 보건소로부터 정해진 목표량을 달성해야 한다는 부담을 안고 있었기 때문에 때로는 '수단과 방법을 가리지 않고' 실적을 채우기 위해 혈안이 되기도 하였다. 그리하여 실적제로 인한 부작용이 나타나기도 하였다."[6]

결혼 연령의 변화와 공업화의 영향

그런 군사작전식 노력 덕분에 출산력은 빠른 속도로 감소하다가 1980년대 후반에는 재생산 수준 이하로까지 떨어졌다.[7] 1955-60년 동안의 합계 출산율(여성이 가임 기간 동안 갖는 평균 출생아 수)은 6.3으로 최고를 기록한 이후 1971-75년에는 4.0이었으나, 1976-80년에는 2.9로 떨어진 것이다.[8] 1990년대 들어선 더욱 낮아졌다. 1960년대 초 3%였던 인구 증가율은 1990년대에 이르러 1% 미만으로 감소했으며 출산율로는 1.6으로까지 떨어졌다.[9] 통계청의 '2001년 출생·사망 통계'에 따르면,

---

6) 소현숙, 〈너무 많이 낳아 창피합니다: 가족계획〉, 여성사 연구모임 길밖세상, 『20세기 여성 사건사: 근대 여성교육의 시작에서 사이버 페미니즘까지』(여성신문사, 2001), 177-179쪽.
7) 박경애, 〈인구변동과 사회변동〉, 홍두승 편, 『한국 사회 50년: 사회변동과 재구조화』(서울대학교 출판부, 1997), 16쪽.
8) 박경애, 위의 글, 18쪽.

출산율은 1.30으로까지 낮아졌는데, 이는 미국(2.13), 영국(1.64), 일본(1.33)보다도 낮은 수치다.[10]

가족계획의 성공은 1인당 GNP를 높이는 데에만 기여했을 뿐만 아니라 딸에게까지 교육의 혜택이 돌아가게끔 하는 부수익을 얻을 수 있었다. 1970년에 남자 37%, 여자 24%였던 고등학교 진학률은 1990년에는 남녀 모두 97%로 증가하였다.[11]

그러나 인구 증가율 감소가 오직 가족계획운동의 성공 덕분이라고 말하는 건 너무 순진한 생각일 것이다. 농촌의 가임 여성들이 대거 도시로 나가는 바람에 그들의 결혼 연령이 높아졌고, 또 공업화와 도시화로 인해 자식 많은 게 더 이상 재산일 수 없는 변화를 몰고 왔다는 것도 동시에 감안하여야 할 것이다.

9) 소현숙, 〈너무 많이 낳아 창피합니다: 가족계획〉, 여성사 연구모임 길밖세상, 『20세기 여성 사건사: 근대 여성교육의 시작에서 사이버 페미니즘까지』(여성신문사, 2001), 173-174쪽; 김은실, 〈한국 근대화 프로젝트의 문화 논리와 가부장성〉, 『당대비평』, 제8호(1999년 가을), 94쪽.
10) 이영태, 〈출산율 1.3명 세계최저 수준〉, 『한국일보』, 2002년 8월 27일, 30면.
11) 소현숙, 위의 글, 184쪽.

포항에서 석유가 나왔다?

국민을 강타한 행복한 충격

1975년 12월 5일 박정희의 책상에 원유(原油)가 든 '링거병'이 올랐다. 신직수의 중앙정보부가 포항 영일만에서 나온 기름이라고 제일 먼저 박정희에게 갖다 바친 것이었다. 박정희는 중앙정보부와는 달리 원유를 좀 아는 주변 참모들에게 의심스럽다는 보고를 받았지만 개의치 않았다.

1976년 1월 15일 박정희의 연두 기자회견이 열렸다. 청와대 기자단은 포항에서 석유가 나왔다는 이야기나 박정희가 재떨이에 불까지 붙여 보며 기뻐했다는 이야기를 이미 전해 듣고 질문을 던졌다.

"포항에서 질 좋은 석유가 나왔다는 항간의 소문이 사실입니까?"

"사실입니다."

"양이 얼마나 나왔습니까?"

"한두 드럼 나왔습니다. 정부는 외국 전문가들을 불러 경제성을 조사하고 있으니 국민들은 차분하게 기다려 주시오."[12]

그러나 차분하게 기다려 달라는 건 무리한 요구였다. 분명한 건 영일 만에서 석유가 발견되었고 정부는 매장량을 탐사중이라는 사실이었다. 이것은 대서특필할 가치가 충분했다. 국민은 곧 충격을 받게 된다. 그건 엄청나게 행복한 충격이었다.

어느 신문은 〈꿈만 같은 사실 펑펑 쏟아졌으면〉이라는 제목의 기사에서 다음과 같이 말했다.

"석유가 나왔다. 박정희 대통령의 연두회견이 있은 15일 전 국민은 벅찬 감격과 흥분에 어쩔 줄을 몰랐다. 꿈에도 갈구하던 그 석유, 가히 단군 이래의 염원이라고 할 민족의 바람이 현실로 등장한 이 날, 국민들은 '와─' 하는 함성과 함께 서로 얼싸안고 기쁜 표정을 감추지 못했으며 '제발 펑펑 쏟아졌으면' 하고 앞으로의 시추 결과에 벅찬 기대와 아쉬움을 나타냈다."

이 기사는 각계 인사들의 소감도 같이 게재했다.

" '하늘은 스스로 돕는 자를 돕는다' 는 말이 이때처럼 실감된 적이 없다."(윤석중 새싹회 회장)

"놀랍고 감격스럽다……. 꿈인 것만 같다."(영화배우 고은아)

"설레는 가슴을 진정하지 못하겠다."(김상수 농기구공업협동조합장)

"오래 산 보람이 있는 것 같다."(노동자 대표)[13]

한국을 휩쓴 회오리바람과 광풍

오원철은 당시 한국 사회가 받은 충격에 대해 다음과 같이 말한다.

"박 대통령의 기자회견 이후 온 나라는 한동안 석유 열기에 휩싸였다.

---

12) 오원철, 『에너지 정책과 중동 진출』(기아경제연구소, 1997), 305-306쪽.
13) 오원철, 위의 책, 306쪽에서 재인용.

주식시장은 과열 상태에 빠졌고 석유원년(石油元年)이란 말이 나왔다. 세금을 안 내도 되는 시대를 그리는 백일몽 같은 기사가 활개를 쳤다. 학생들은 학비도 안 내게 되었다고 떠들썩했다. 60억 배럴쯤 매장돼 있으리라는 환상적 추정도 상당한 실감을 갖고 국민들의 마음을 들뜨게 만들었다."[14]

그러나 문제는 원유가 발견된 게 아니라는 사실이었다. 시추공을 따라 흘러들어간 기름을 원유로 착각한 것이었다. 이후 어떤 일이 벌어졌을까? 오원철은 다음과 같이 말한다.

"그러다 1주일쯤 지났을까. 갑자기 조용해졌다. 신문이나 방송에서 원유의 '원' 자도 보이지 않게 되었다. 국민들의 기대감을 활활 태워 놓았던 언론이 침묵하자 서민들의 입과 귀는 무성한 소문들을 만들어내기 시작했다. 1976년 3월에 가서는 포항에서 울산까지 송유관을 깔고 있다는 소문까지 등장했다. 포항제철을 포함한 포항 시가지 전체가 유전 개발로 인해서 옮겨가야 할 것 같다는 '해설'도 나타났다. 5·16 기념일이 다가오자 정부는 이 날 유전 발견에 대한 발표를 할 것이라는 '5·16 석유 축제설'이 등장하기도 했다. 이 소문으로 주식시장이 또다시 뜨거워졌다. 결국 대통령의 연초 기자회견 때의 신문 기사가 바람을 일으켰다는 결론이 된다. 그리고 이 바람을 타고 회오리바람을 일으킨 것은 증권계였다. 주식으로 돈을 번 사람이 생겨나게 되면서부터 광풍으로 변해갔던 것이다. 국민의 흥분이 너무 과열되자 박 대통령은 들뜬 분위기를 가라앉히기로 했다. 1976년 여름 박 대통령은 진해에서 기자들에게 '아직 경제성이 확인되지 않았다'고 밝혔다. 그 결과 그 해 하반기부터 포항 석유의 열기는 서서히 가라앉기 시작했다."[15]

---

14) 오원철, 「에너지 정책과 중동 진출」(기아경제연구소, 1997), 307-308쪽.
15) 오원철, 위의 책, 307-308쪽.

'포항 석유 쇼'의 진상

그래도 미련을 버리지 못한 중앙정보부는 계속 시추를 해댔고, 시추
는 결국 2년 만인 1977년 4월에 완전히 끝났다. 한 건 크게 올리고자 했
던 중앙정보부의 큰 망신이었다. 오원철은 "테크노크라트가 반대했는데
도 불구하고 비전문가이고 자기 소관도 아닌 업무를 당시 무소불위(無所
不爲)의 중앙정보부가 직접 뛰어들어 석유 탐사를 강행하다 결국에 실
패"한 것이라고 말한다.[16]

이 사건을 박 정권이 의도적으로 국민의 관심을 돌리기 위한 쇼로 연
출한 것이라는 주장도 있다. 그러나 박정희가 비서관들과 더불어 포항에
서 가져왔다는 석유를 한 컵씩 마셨다는 증언이 있는 걸로 미루어 볼 때
에 박정희 자신도 너무 들뜬 나머지 실수를 저질렀을 가능성도 있다.[17]

이 사건은 박 정권 시절의 '정보정치 만능주의'가 부른 해프닝으로 볼
수도 있겠지만, 박 정권이 온 국민으로 하여금 그 난리를 치게 만들어 놓
고 슬쩍 넘어가려고 했던 건 '쇼'라는 의심을 받기에 충분한 것이었다.

한국기독교교회협의회 인권위원회가 펴낸 『1970년대 민주화운동』은
다음과 같이 말한다.

"1976년도는 영일만에서 석유가 발견되었다는 소식을 대통령이 직접
발표하는 대소동과 함께 요란하게 시작되었다. 그러나 이 소식은 대통령
이 직접 발표할 만큼 중대한 것이었음에도 불구하고 마치 국민들이 이
발표를 잊어주기를 바라는 듯 아무런 속보도 내지 않은 채 정부 당국자
의 입에서 사라져 버렸다."[18]

---

16) 오원철, 『에너지 정책과 중동 진출』(기아경제연구소, 1997), 294쪽.
17) 〈집중연재 박정희 육성증언: 선우연 공보비서관, 8년간의 육성 비망록 여섯 권, 역사적인 대공개!〉, 『월간
조선』, 1993년 3월, 178쪽.
18) 한국기독교교회협의회 인권위원회, 『1970년대 민주화운동 (II)』(한국기독교교회협의회, 1987), 666쪽.

게다가 박정희는 비서실장 김정렴과 경제 제2수석비서관 오원철 등이 탐사가 끝날 때까지 발표하지 않는 게 좋겠다고 건의했지만, 그걸 묵살하고 발표해 버렸다.[19] 전 중앙정보부원 최종선의 다음과 같은 증언도 주목할 만하다.

"포항 앞 바다에서 석유가 난다고 박정희는 전 국무위원들 앞에서 재떨이에 휘발유를 붓고 불을 붙이면서 눈물·콧물 다 흘리며 감격의 명연기를 해대고, 온 언론은 이제 우리도 산유국 대열에 들어갔으니 고생 끝이라며 부창부수로 나라의 주인인 국민을 속일 때, 정보부 특명수사국은 포항 앞 바다에서 석유가 나올 수 없다는 학문적 견해를 전개하여 온 지질학자 등을 언론으로부터 차단하고 입 다물게 하기 위하여 데려다가 며칠씩이나 잡아 두고 겁주고 각서 쓰게 하고."[20]

진짜로 그랬던 건지 '명연기'인지 정확히 알 수는 없으나, 박정희는 신문사 사장들을 불러모아 놓은 자리에서도 비슷한 이벤트를 벌렸다. 박정희는 병에 든 석유의 뚜껑을 열고 냄새를 맡고 난 후 사장들에게 돌렸다고 한다. 『조선일보』 사장 방우영은 다음과 같이 말한다.

"제각기 안을 들여다보며 머리를 끄덕이는 가운데 내 차례가 왔다. 지난날 구닥다리 지프차를 몰고 다닐 때 고장이 났다 하면 으레 입으로 휘발유를 빨아 올리곤 해서 독특한 냄새를 맡은 경험이 있어 병에 든 액체를 손가락에 찍어 맛(?) 보았다. 그저 남과 다른 모션을 해본 것뿐이다. 이 행동을 보고 있던 박 대통령이 사뭇 만족스럽다는 표정으로 '어때 진짜 냄새가 나는가'고 묻기에 내친 김에 '정말 진짜 같다'고 대답했다. 며칠 후 김성진 문공부 장관이 전화를 걸어 와 1년 가까이 보류했던 윤전기 도입을 대통령이 결재하였다는 반가운 소식을 알려 왔다."[21]

19) 김충식, 『정치공작사령부 남산의 부장들 2』(동아일보사, 1992), 211쪽.
20) 최종선, 『산자여 말하라: 나의 형 최종길 교수는 이렇게 죽었다』(공동선, 2001), 218쪽.
21) 방우영, 『조선일보와 45년』(조선일보사, 1998), 205쪽.

3·1 민주구국선언

언론이 죽어 있는 상황에서의 저항

포항 석유 발견 사건이 '정보정치 만능주의'가 빚은 해프닝이었을망정, 결과적으론 정치적 효과를 발휘한 '쇼'라는 비판을 면하기 어렵게 되었다. 그 들뜬 분위기 속에서 2월 28일 교수 재임용제도가 강행되어 전체 교수의 4.7%에 해당하는 4백60명이 재임용에서 탈락하는 큰 사건이 벌어졌기 때문이다. 민주화운동을 한 교수들이 모두 탈락되었는데도 아무 일도 아니라는 듯 그냥 넘어갔으니 이 어찌 놀라운 일이 아니랴.

긴급조치 9호 탓도 있었을 것이다. 긴급조치 9호 발표 이후 수많은 사람들이 체포되고 투옥되었지만, 대대적인 국민 저항은 일어나지 않았다. 긴급조치 9호 발표가 있은 지 9개월여 후인 1976년 3월 1일에 이르러서야 민주화 진영의 큰 움직임이 가시화되었다. '3·1 민주구국선언 사건' 또는 '명동 사건'이 바로 그것이다. 이 선언은 서울 명동성당에서 3·1 기념 미사를 통해 발표되었다.

함석헌 · 윤보선 · 정일형 · 김대중 · 윤반웅 · 안병무 · 이문영 · 서남동 · 문동환 · 이우정 등 사회 각계 주요 인사들이 서명을 한 이 선언문은 긴급조치의 철폐, 투옥 인사와 학생의 석방, 의회정치 회복, 사법권의 독립을 촉구하였다. 그러나 언론은 이 사건을 단 한 줄도 보도할 수 없었고, 박 정권의 탄압 작전이 마무리된 3월 10일에서야 일방적으로 검찰측 발표만을 보도했을 뿐이었다.[22]

당시의 언론 상황은 어떠했던가? 한 마디로 이야기해서 똑같이 찍어져 나오는 '붕어빵'이었다. 『신문연감』 1977년판은 1976년의 한국 언론에 대해 다음과 같이 기록하고 있다. 이 기록은 정부의 탄압을 염두에 두고 안전하게 쓰여질 수밖에 없었다는 걸 감안하면서 평가해야 할 것이다.

"한국 신문은 금년(1976년) 들어 편집 체계의 획일성과 기사 취급의 안이성으로 말미암아 일부 독자로부터 간간이 비난을 받아 오고 있다. A신문에 난 기사 내용이 B신문에도 형용사 한 자 틀리지 않고 같은 내용이 나오는 경우가 때때로 있을 뿐 아니라, A신문에 4단 표제로 나온 제목이 B신문에도 4단 표제의 같은 제목으로 다음 날 조간까지 변형 없이 나오기 때문이다. 이와 같은 획일적인 편집 현상은 특히 정치적인 사건을 다룰 때 두드러지게 나타난다(가령 명동 사건). 서울 시내에서 발간되는 7개 일간지는 명동 사건 공판 기사를 한결같이 2단 표제로 다루고 있다. 그렇게 하지 않을 수 없는 것이 현실이라 하더라도 생각해 볼 문제인 것만은 부인할 수 없다."[23]

'정부전복 선동 사건'?

'3 · 1 민주구국선언'의 초안은 김대중이 작성했다. 김대중은 그 이전

22) 지명관, 『한국을 움직인 현대사 61장면』(다섯수레, 1996), 138-139쪽.
23) 송건호, 『한국현대언론사』(삼민사, 1990), 185쪽에서 재인용.

3·1 민주구국선언 사건 등으로 구속된 민주 인사들의 석방을 외치는 김대중 가족.

명동성당에서 추기경 김수환을 만나 "내가 투옥되는 것으로 국민들에게 새로운 전기를 만들어 주고 싶다"라고 밝혔다.[24] 그러나 '새로운 전기'가 만들어지기엔 세상은 너무 얼어붙어 있었다.

3월 5일 문공장관 김성진은 이 선언에 대해 "헌법질서를 파괴하려는

---

24) 김옥두, 『고난의 한길에도 희망은 있다』(인동, 1999), 181쪽.

비합법 활동"이라고 주장했으며, 서울지검은 '정부전복 선동 사건'이라고 발표했다. '3·1 민주구국선언'이 "이북 공산주의 정권과 치열한 경쟁에 뛰어든 마당에 우리가 길러야 할 힘은 민주 역량"이라고 말한 건 바로 박 정권의 그런 공세를 염두에 두고 삽입된 게 아니었을까?[25] 그러나 그런 전술적 고려도 아무 소용이 없었다.

3월 12일부터 시작된 제95회 임시국회에선 일종의 '거짓말 경연대회'가 벌어졌다. 법무부 장관 황산덕은 "명동 사건은 오래전부터 모의, 준비된 계획적인 사건이고 조직적인 범죄"라고 주장했다. 문교부 장관 유기춘은 "교수 재임용 심사 과정에 정부가 간여한 사실이 없으며, 억울하게 탈락한 교수도 없다"라고 주장했다. 문공부 장관 김성진은 "정부가 부당하게 언론에 간여한 일이 없으며, 우리 나름대로 언론의 자유를 누리고 있다"라고 주장했다.[26]

당시 정부 여당의 '전가의 보도'는 여전히 월남 패망이었다. 3월 17일 신민당 의원 한병채가 명동 사건을 두둔하는 듯한 발언을 하자, 공화당 의원 홍병철은 "한 의원을 월남으로 보내라"라고 야유했다.[27]

『조선일보』의 활약

이때에 『조선일보』의 활약도 눈부셨다. 『조선일보』는 이 사건을 정부의 발표대로 '정부전복 선동 사건'으로 규정하면서 오히려 민주화 인사들을 비판했다. 〈한국 국민의 생각 1976년-3·1절에 있은 정부전복 선

---

25) 김경일과 이창걸은 그 표현을 "북한과의 체제 경쟁에서 이기기 위한 수단으로 민주주의를 이해했던 재야 상층부의 인식"으로 보고 있다. 그런 점도 없지 않았겠지만, 박 정권이 민주화운동을 무조건 '용공'으로 몰고자 광분했던 당시 상황을 감안한 전술적 표현으로 보는 것이 더 타당하지 않을까 생각한다. 김경일·이창걸, 〈한국의 민주화와 사회운동〉, 한국사회사학회 엮음, 『한국 현대사와 사회변동』(문학과지성사, 1997), 328쪽.
26) 한국기독교교회협의회 인권위원회, 『1970년대 민주화운동 (II)』(한국기독교교회협의회, 1987), 667쪽.
27) 한국기독교교회협의회 인권위원회, 위의 책, 667쪽.

28___한국 현대사 산책·1970년대편 ③

동 사건에 부쳐〉라는 제목의 3월 14일자 사설은 다음과 같이 주장하였다.

"결론부터 말하면 유감스럽다는 것이다. 이 유감스럽다는 것은 느닷없다는 인상 때문이다. 그것은 상당수 국민의 공통적인 반응으로 우리는 믿는다. 작년의 월남 공산화가 없었던들 어쩌면 국민은 느닷없다는 인상을 받지 않고, 또 3, 4월이면 부는 계절적 정치 현상으로 받아들였을는지 모른다.……그러나 월남의 비극적 사태가 있은 후 일반 국민은 물론 이른바 민주회복운동에 가담했거나 관심을 가졌던 사람들도 한국은 결코 월남꼴이 되어서는 안 된다는 생각에서 그렇게 안 되기 위하여는, 안보와 경제발전에 최고 우선권을 부여하여야 하며, 그러기 위한 대전제로의 질서와 안정이 절대적으로 요청되는 만큼 언동에 세심한 조심을 기울여 왔고 신중에 신중을 기해 오고 있는 것이다.……지금 그런 사건을 일으켜서 이 사회의 질서와 안정을 어떻게 하자는 것인지 또 그것이 가능하다고 생각한 것인지, 우리의 상식으로서는 곤혹과 회의를 느끼지 않을 수 없으며……땀흘려 일한 뒤 잠을 필요로 할 때, 수학 문제를 풀려고 신경을 곤두세우고 있을 때, 젖을 물려 아기에게 잠을 재우려 할 때 베토벤의 절묘한 심포니도 오히려 그것을 방해하는 소음일 수가 있는데, 하물며 안보와 발전에 질서와 안정이 필요한 마당에 느닷없는 그와 같은 정치적인 사건이 어떻게 받아들여질 것인지는 두말 할 나위가 없는 것이 아니겠는가.……끝으로 한 마디, 이 땅에 정치적 사건이 일어날 때면 으레 민주주의의 기치를 내어 흔들어 야단법석으로 보도하기 마련인 행복스러운 외국 기자들에게 물어 보고 싶은 말이 있다. 그것은 '전체주의와 대처하여 방위의 제일선에 서 있는 나라 가운데 과연 완전한 민주주의를 유지할 수 있는 나라가 있을 수 있을 것인가?' 하는 것이다. 그리고 이 말은 우리의 말이 아니라 지난 해 미국을 찾은 솔제니친이 미국민에게 한 연설의 한 구절임을 밝혀 둔다. 그는 바로 그 뒤를 이어 '당신들이 그리고 미국은 그것을 할 수가 있다고 보는가?' 라고도 묻고 있는 것이다."[28]

인권운동 활성화의 계기

검찰은 3월 26일 김대중, 문익환, 함세웅, 문동환, 이문영, 서남동, 안병무, 심봉현, 이해동, 윤반웅, 문정현 등 11명을 긴급조치 9호 위반 혐의로 구속 기소했다. 제1심 재판부는 김대중에게 징역 8년, 자격정지 8년을 선고했고, 12월 29일 제2심 재판부는 징역 5년, 자격정지 5년을 선고했으며, 다른 인사들도 이와 비슷한 선고를 받았다.

이때에도 일부 인사들에게 지독한 고문이 자행되었음은 두말 할 나위가 없다. 이런 일도 있었다. 김대중의 비서인 김옥두의 형 김원식은 이 사건이 있은 얼마 후 고향 친구인 이정례에게 "김대중 선생을 3·1 민주구국 사건으로 구속한 것은 당국의 탄압이다"는 내용의 편지를 보냈다가 중정의 우편 검열에 걸리고 말았다. 그는 긴급조치 9호 위반으로 구속되어 징역 3년이라는 실형을 선고받고 3년간 꼬박 감옥살이를 하였다.[29] 평범한 비판을 담은 편지 한 통 때문에 3년 감옥살이를 할 수 있는 게 바로 그 시절이었다.

한국기독교교회협의회 인권위원회가 펴낸 『1970년대 민주화운동』은 "3·1 민주구국선언 사건은 그 관련자들의 사회적 지위나 숫자로 보아 객관적으로 평가할 때에도 결코 무시될 수 없는 사건이었거니와 유신 정권의 정치적인 의도에서 조작되어진 사건임을 감안할 때 결코 지나쳐 버릴 수 없는 사건이었다"면서 다음과 같은 평가를 내리고 있다.

"1976년도의 인권운동은 이 사건으로 인해 활성화되었고 이 사건을

---

28) 김삼웅, 『유신시대의 곡필』(신학문사, 1990), 165-169쪽에서 재인용.
29) 김옥두, 『고난의 한길에도 희망은 있다』(인동, 1999), 186-187쪽.

중심으로 전개되었다. 기독교회의 인권운동 측면에서는 특히 그렇게 평가할 수 있었다. 여기에는 단지 국내의 교회들만이 관심을 표명하는 데 그치지 않고 해외의 많은 교회들이 관심 속에 지원을 보내왔으며, 김대중, 윤보선, 정일형 등 현직·전직 저명 정치인들이 연루되어 있다는 점에서 해외의 일반 언론으로부터도 지대한 관심을 모았다. 외국의 언론들이나 한국과 밀접한 관계를 가진 미국의 다수 정치인들은 이 사건이 한국의 정치현실과 인권 상황을 웅변적으로 반영해 주는 중요한 실증 자료라고 평가하였다. 그리고 동시에 한국의 민주주의 발전의 장래를 좌우하는 중요한 전기를 마련할 수 있는 사건이라고 판단하고 사건의 진행 과정에 지대한 관심을 표명하고 구체적인 반응을 보여 주기도 하였다. 해외의 이 같은 자연스럽고 당연한 반응에 대하여 유신 정권은 사건 관련자들이 사대주의적인 사실을 왜곡하는 정보를 제공하여 국민적 위신에 손상을 가져오게 한 것처럼 주장하면서 그 책임을 피고인들에게 전가하는 발언을 서슴지 않았다."[30]

---

30) 한국기독교교회협의회 인권위원회, 「1970년대 민주화운동 (II)」(한국기독교교회협의회, 1987), 818-819쪽.

폭력이 난무한 신민당 내분

'한국 야당사에서 가장 추악한 작품'

1975년 5월 21일 박정희와 회담한 이후 변질된 김영삼의 행보는 민주화운동에 찬물을 끼얹었을 뿐만 아니라 신민당의 내분을 몰고 왔다. 1976년 5월 25일에 치러진 신민당 전당대회가 "우리 야당사에서 가장 추악한 작품"이라는 평가를 받는 것도,[31] 당시의 내분이 얼마나 심각했던가 하는 걸 잘 말해 주고 있다. 물론 이는 박 정권의 공작정치가 개입된 탓이 크지만, 그렇다고 해서 김영삼과 신민당이 면책될 수는 없는 일이었다.

5·25 전당대회를 전후하여 김영삼 등 주류에 도전하는 비주류는 이철승, 고흥문, 신도환, 정해영, 김원만, 정운갑 등을 중심으로 하여 1975년의 '박-김 회담 의혹', '김옥선 파동 때의 굴복' 등을 걸고 넘어졌다. 비주류는 당헌을 고쳐 집단체제로 가자고 주장했고, 김영삼은 단

---

31) 김진, 『청와대 비서실 1』(중앙일보사, 1992), 136쪽.

일지도체제를 고수하겠다며 파벌 세력 강화로 맞섰다. 이런 갈등은 결국 수백 명의 주먹 부대와 각목이 난무하는 폭력 충돌로 이어졌다.[32]

'각목대회'가 열리기 전의 신민당 상황에 대해 이기택은 다음과 같이 말한다.

"1976년에 그(김영삼)는 재야 영입 케이스로 비워 두었던 2명의 정무위원 자리에 자파 인사들을 임명하고 당외 인사 30명을 입당시켜 중앙상무위원으로 기용하는 등 독단을 일삼았다. 여기에 반발한 비주류에서 '집단지도체제로 당헌을 바꾸는 것만이 신민당이 살길'이라는 주장을 내세웠다. 김영삼 씨는 당헌의 일부를 개정하여 약간명의 부총재를 두고 주요 당무에 적극 참여할 수 있도록 하겠다며 한 발 물러서는 입장을 보였지만, 비주류는 이를 거부했다."[33]

이철승의 대표최고위원 당선

폭력 충돌 못지 않게 한심했던 것은 이후 주류와 비주류가 전당대회를 따로 열었다는 사실이다. 그리고 나서 주류의 김영삼과 비주류의 김원만이 선거관리위원회에 동시에 당 대표로 등록했다. 서로 당권을 쥐었다고 싸우며 중앙선관위에 사실상 유권해석을 의뢰했다가 둘 다 아니라는 판정을 받는 '코미디' 같은 일이 벌어졌다.

선관위는 양측의 대표 등록을 모두 각하한 것이다. 이로써 김영삼의 총재 지위는 1976년 6월 9일로 소멸되었고, 김영삼은 6월 11일 사퇴하였다.[34] 야당정치는 희화화되었고 신민당은 '폭력 도당'으로 이미지가 흐려졌다.[35] 박정희는 일이 그렇게 되게끔 큰 영향을 미쳐 놓고도, 야당의

---

32) 김충식, 『정치공작사령부 남산의 부장들 2』(동아일보사, 1992), 212-213쪽.
33) 이기택, 『호랑이는 굶주려도 풀을 먹지 않는다』(새로운사람들, 1997), 334-335쪽.
34) 이기택, 위의 책, 136-137쪽.

신민당 내분 속에 치른 전당대회에서 승리한 이철승. 이로써 낮에는 야당, 밤에는 여당이라고 불린 이철승 체제가 시작되었다.

그런 내분에서 유신체제의 정당성을 재음미했을지도 모를 일이었다.

결국 수습 10인 위원회가 구성되어 9월 15일에 다시 전당대회를 열었다. 9월 15일에는 주류 쪽 최고위원으로 이충환, 유치송, 김재광을 뽑고, 비주류 쪽 최고위원으로 이철승, 신도환, 고흥문을 뽑았다. 다음 날에는 대표최고위원 경선이 실시되었다. 대의원 7백67명이 참가한 1차 투표에서 김영삼 349, 이철승 263, 정일형 134표를 얻었다. 정일형이 이철승을 밀기로 하고 2차 투표에 들어가 이철승 389 대 김영삼 364로 이철승이 당선되었다.[36]

35) 김충식, 『정치공작사령부 남산의 부장들 2』(동아일보사, 1992), 214쪽.

박정희는 이 결과에 기뻐하고 비서진과 대화를 하면서 야당 인사들에 대해 다음과 같이 평했다.

"야당에 똑바른 정치가가 있다면 아마 유진산이 하고 이철승이 야.……신민당이 저렇게 되었으니 다행이야. 이철승 씨가 대표최고위원 이 되었다는데 잘 해나갈는지.……그 사람 국회 부의장 시절에 몇 번 만 나 봤는데 사람 괜찮더군. 김대중이 하고 김영삼은 자기 분수를 모르는 데 이철승은 그래도 자기 분수를 좀 아는 것 같더군. 그런데 문제는 말이 야. 모든 일이 최고위원 회의에서 합의가 되도록 되어 있다는 것 같은데, 어떻게 당을 끌고 갈 것인지 걱정이 좀 되는구만. 아무튼 고생이 좀 많을 거야.……얼마 전에 만났던 김영삼 씨는 보기보다는 얌전한 것 같던데. 유복한 집안에서 자랐다는 것이 그의 태도와 언어에서 비치더군. 그런 사람이 과격한 행동은 안 하겠지?"[37]

이철승의 중도통합론

이철승 체제의 신민당은 '체제 내의 개혁'과 '중도통합'을 내세웠다. 이철승은 '실질투쟁'이니 '참여 속의 개혁'이니 하는 표현도 구사했다. 박 정권과 타협해 가면서 야당 노릇을 하자는 것이었다. 이철승은 1977년 2월 23일 3주간의 일정으로 미국과 일본을 방문했다. 그는 일본 방문 중 "한국은 자유민주주의와 안보의 균형 유지가 중요하다. 한국의 자유는 유무(有無)의 문제가 아니라 레벨(Level)의 문제"라고 주장했다. 이 발언 은 기존의 중도통합론 시비와 함께 당내에 파문을 일으켰다.[38]

1977년 3월 22일, 3·1 명동구국선언 사건으로 재판을 받아온 8선 의

36) 김충식, 『정치공작사령부 남산의 부장들 2』(동아일보사, 1992), 214~215쪽.
37) 〈집중연재 박정희 육성증언: 선우연 공보비서관, 8년간의 육성 비망록 여섯 권, 역사적인 대공개!〉, 『월간 조선』, 1993년 3월, 180~181쪽.
38) 이영훈, 『파벌로 보는 한국야당사: 정치파벌에 대한 심층적 분석』(에디터, 2000), 140쪽.

원 정일형이 대법원의 유죄 확정 판결로 의사당을 떠나게 되자, 이에 분노한 의원들이 이철승의 중도통합론을 강하게 비판했다. 박정희는 위기를 겪고 있는 이철승 체제에 힘을 실어주기 위해 5월 27일 이철승과 회담을 가졌다. 두 사람은 이 회담에서 "정치발전과 국회 활성화를 위해 서로 노력하기로 합의"했다고 발표했다.[39] 야당이 그 모양인데다 긴급조치 9호 선포 이후 전체적으로 경기가 회복되어 상승국면을 타고 있어서 민주화운동은 침체 국면을 맞게 되었고, 이런 기류는 그 해 상반기까지 계속되었다.

39) 김충식, 『정치공작사령부 남산의 부장들 2』(동아일보사, 1992), 216쪽.

세종대왕 숭배와 외래어 추방 캠페인

세종대왕을 통한 이미지 메이킹

박정희가 이순신 다음으로 숭배한 역사적인 인물은 세종대왕이었다. 숭배받을 만한 역사적인 인물들을 숭배한 건 칭찬받아 마땅하다. 문제는 그 의도와 정도에 있을 것이다.

박 정권은 1970년 한글날을 국경일로 지정했으며, 1975년에 건립한 민족문화의 전당을 세종문화회관으로 명명했고, 어린이회관 앞에 세종대왕의 동상을 세웠다. 동시에 한글전용정책을 추진하였다. 또 박 정권은 1976-77년 세종대왕의 유택인 여주 영릉을 정비하면서 기념관을 신축하고 경역(境域)을 확장했다. 1976년에는 세종대왕기념사업회를 지원해 『세종실록』 30권을 완간하게 했다.[40] 이런 일련의 사업에 대해 전재호는 다음과 같이 말한다.

---

40) 전재호, 『반동적 근대주의자 박정희』(책세상, 2000), 100쪽.

"한글 창제가 '국민 주체화의 노력'이며, 우리 민족은 '훌륭한 내 나라의 글자를 가진 문화민족……우수한 민족'이라고 지적한 데서 드러나듯이, 박 정권은 세종대왕 및 한글 강조를 통해 자신이 '민족 주체성'을 세운 정권임을 과시하려 했다. 게다가 이를 통해 '민족문화의 정수'인 한글의 전용화를 결정한 박 정권이야말로 진정한 민족문화의 계승자라는 논리를 전파하려는 의도도 가지고 있었다. 또한 여기에는 군사 정권의 딱딱한 이미지를 세종대왕의 문화 이미지로 순치시키려는 의도도 개입되어 있었다."[41]

프로그램 및 연예인 이름의 국산화

박정희의 그런 의지는 방송에도 반영되었다. 박정희가 텔레비전을 보다가 한 마디 툭 던지면 그게 곧 정책이 되곤 했다. 박정희가 방송 용어에 외래어가 너무 많다는 지적을 하자 즉각 '방송용어정화위원회'가 발족되었다.[42] 당시 박정희의 뜻을 재빨리 따르는 데에는 MBC가 KBS보다 늘 한 걸음 앞서곤 했다.

1974년 2월 7일 MBC는 방송 프로그램과 연예인의 이름에서 외래어를 추방한다고 발표하고 그 날부터 'MBC 페스티벌'은 'MBC 대향연', '가요 스테이지'는 '가요 선물', 'MBC 그랜드 쇼'는 '토요일 토요일 밤에', 그리고 '일요 모닝쇼'는 '이주일의 화제'로 바꾸었다.[43] 또 '뉴스라인'은 '2시의 취재현장'으로, '해외토픽'은 '해외소식'으로, '밤의 디스크쇼'는 '박원웅과 함께'로, '스포츠자키'는 '스포츠 얘기'로 바뀌었다.[44]

41) 전재호, 『반동적 근대주의자 박정희』(책세상, 2000), 101쪽.
42) 임택근, 『방송에 꿈을 싣고 보람을 싣고』(문학사상사, 1992), 284쪽.
43) 정순일, 『한국방송의 어제와 오늘: 체험적 방송 현대사』(나남, 1991), 229쪽.
44) 문화방송, 『문화방송사사(1961-1982)』(문화방송, 1982), 171쪽. 여기에는 1974년 4월 1일부터 외래어 프로그램명을 우리말로 고쳐 사용했다고 기록하고 있다.

연예인 특히 보컬 그룹의 이름도 국산화되었다. '어니언즈'는 '양파들', '블루벨즈'는 '청종', '바니 걸즈'는 '토끼 소녀'가 되었다. 눈치만 보던 TBC와 KBS는 MBC에 대한 여론의 지지가 높아지자 슬그머니 MBC 뒤를 따랐으나, TBC는 독자적인 국산 이름을 붙여 방송국마다 연예인의 이름이 달라지는 소동이 있었다.[45]

8월 말에 가선 방송윤리위원회가 가수의 외국어 예명을 우리말로 쓰기로 결정하면서 '패티 김'은 본인이 싫다고 완강히 버텼으나 결국 '김혜자'라는 이름으로 불려질 수밖에 없었다.[46] 그런가 하면 "김 세레나는 가톨릭 세례명이 세레나였는데 그것도 허용이 안 돼서 김세나라고 한국식 이름으로 석자로 줄이게 되었는데, 동료들이 '김이 샜다'고 놀려대기도 했다."[47]

스포츠 용어의 국산화

방송인 정순일은 당시를 회상하면서 "온 세상이 히스테리 현상을 보이고 있었다"라고 말한다.[48] 그런 '히스테리'의 원천이라 할 박정희 자신의 '히스테리'는 1976년에 일어났다. 4월 16일 박정희는 국무회의에서 방송에 자주 나오는 외래어를 우리말로 고쳐 써보도록 하라는 지시를 내렸으며, 6월 3일에도 그 시안을 마련하라는 지시를 거듭 내렸다.

그 결과 나타난 것 가운데 하나가 스포츠 용어를 우리말로 고쳐 부르는 것이었다. 방송윤리위원회가 2년여의 심의 끝에 1978년 10월 1일에 최종 확정해 방송사에 사용을 권장한 '우리말 운동 용어'는 모두 5백41개였다. 야구의 경우 번트는 살짝 대기, 볼 카운트는 던진 셈, 세이프는 살

45) 정순일, 『한국방송의 어제와 오늘: 체험적 방송 현대사』(나남, 1991), 229쪽.
46) 정순일, 위의 책, 229쪽.
47) 임택근, 『방송에 꿈을 싣고 보람을 싣고』(문학사상사, 1992), 284쪽.
48) 정순일, 위의 책, 229쪽.

앉음, 스퀴즈는 짜내기, 슬라이딩은 미끄럼이었고, 축구의 경우 헤딩 슛은 머리 쏘기, 포스트 플레이는 말뚝 작전이었다.[49]

물론 그런 '우리말 쓰기'는 분명 칭찬받을 점이 있다. 문제는 그것이 순전히 박정희 개인의 판단과 지시로 진행되었으며, 밑으로 내려가면서 큰 부작용을 낳았고 전반적인 문화정책과 전혀 조화되지 않았다는 데에 있었다. 즉, 서구적 대중문화를 이용해 국민들에게 '정치로부터의 도피'를 부추기는 문화정책과 그런 강압적인 '우리말 쓰기'는 앞뒤가 맞지 않았던 것이다.

---

49) 정순일, 『한국방송의 어제와 오늘: 체험적 방송 현대사』(나남, 1991), 232~233쪽.

반상회와 상호 감시체제

상호 불신 풍조 독려

4월 30일 내무부는 매월 말일을 '반상회의 날'로 지정해 이를 전국 시·도에 내려보냈다. 5월 31일 전국적으로 일제히 첫 반상회가 열리게 되었다. 공동체 의식의 앙양이라고 하는 점에서 반상회는 얼마든지 긍정적인 기능이 있는 것이었지만, 박 정권 치하의 반상회는 그런 것이 아니었다. 역사학자 최상천은 다음과 같이 말한다.

"반상회는 왕조시대의 오호작통 제도, 일제시대의 반상회를 본뜬 것이다. 그러나 규모나 성능 면에서 박정희의 반상회가 훨씬 뛰어났다. '반상회의 날(매월 25일)'을 지정해 두고, 불참자는 괴롭히고, 결과 보고까지 올렸다. 반상회의 내용은 반공교육, 국정홍보, 국민의 행동지침이 주류였다. 이 중에서 특히 비상시 행동 요령, 간첩과 수상한 사람 신고 요령, 유언비어 신고 의무화, 불순한 언동 금지 등 내용이 단골 메뉴였다."[50]

앞서 민청학련 사건의 유인태와 이철의 체포 경위에서 잘 드러났지만, 박 정권은 '국가안보'와 '정권안보'를 위해 상호 불신 풍조를 독려하였다. 무엇이든 일단 의심하고 보자는 '윤리 의식'을 널리 퍼뜨렸다. 최상천은 다음과 같이 말한다.

"박정희는 정상적인 인간 관계를 파괴해 버렸다. 학교도 이웃도 심지어 가정까지도 안전한 곳이 아니었다. 사람살이란 게 무언가? 어울려서 일하고 놀면서, 남의 흉도 보고, 잔치도 열고, 대통령도 씹으면서 함께 웃고 함께 사는 것 아닌가? 그런데 박정희는 사람들 사이의 말과 교류의 길을 막아 버렸다. 혹시 간첩 아닌지, 혹시 유언비어를 퍼뜨리는 불순분자가 아닌지, 끊임없이 감시하고 신고하도록 몰아갔다. 신고하지 않는 것도 죄다. 자나깨나 이웃감시, 죽은 놈도 의심하자! 반상회는 만인에 의한 만인의 감시체제였다.……박정희는 개인을 한없이 쪼그라들게 만들었다. 모든 사람이 나를 감시한다고 생각해 보시라. 여차하면 신고한다고 생각해 보시라. 잡혀가면 작살난다는 것도 생각해 보시라. 생각이 있는 것 자체가 고통이다. 생각을 행동으로 옮기는 건 죽을 각오를 하지 않으면 안 된다. 행동을 할 때마다 극도의 긴장과 두려움을 벗어날 수 없다. 혹시 남들이 수상한 놈으로 보는 건 아닌지? 이웃도 겁나고 친구도 두렵다. 심지어 가족까지."[51]

'만인에 의한 만인의 감시체제'

유신 치하에선 실제로 그런 일들이 많이 일어났다. 별 생각 없이 말한 마디 툭 잘못 내뱉었다가 신세 망친 사람들이 수없이 많았다. 방송인

50) 최상천, 「알몸 박정희」(사람나라, 2001), 270쪽.
51) 최상천, 위의 책, 272-273쪽.

박창학은 자신이 잘 아는 그런 사례를 하나 소개하고 있다.

"KBS 텔레비전 엔지니어 한 사람은, 어느 날 소주 한 잔 걸치고 택시를 타고, 집에 돌아가는 차 안에서 객기를 부렸다. '유신은 무슨 놈의 유신이야, 독재지!' 그러자 운전수는 곧바로 파출소로 몰고 갔다. 그는 졸지에 파출소로 넘겨지는 신세가 되었다. 엎친 데 덮친다고, 파출소장 나으리께서 과잉 충성을 하느라고, 반공법 위반으로 조서를 꾸몄다.……결국 그는 취중에 말 한 마디 잘못한 것이 화근이 되어 직장까지 잃게 되었다."[52]

박 정권 치하에서 철저하게 시행된 상호 감시체제는 당연히 연좌제를 그 한 축으로 거느리고 있는 것이었다. 연좌제라고 하는 가혹한 응징이 있어야 그게 두려워서라도 감히 저항하지 못할 거라는 계산하에 그랬던 것이다. 최상천은 다음과 같이 말한다.

"가족이나 친구 등 가까운 사람들을 괴롭히는 주변 공략은 필수품이다. 한 사람 '모난 돌'이 있으면 사돈의 팔촌까지 당하게 되어 있다. 이럴 경우 '모난 돌'은 집안 사람과 친구들에게도 따돌림받고 배척받게 된다. 박정희는 '미운 놈'의 인간 관계까지 파괴해 버렸다. 이런 이중 죽이기를 상습적으로 써먹은 사람, 그게 박정희다."[53]

주민등록법 강화

주민등록법도 감시체제의 중요한 몫을 담당했다. 이 법은 1962년 5월 10일에 만들어졌지만, 1975년 7월 25일의 제3차 개정 때에는 주민등록증 발급 대상자의 연령을 17세로 낮추고, 사법 경찰 관리가 요구할 경우

---

52) 박창학, 『방송 PD수첩』(석향, 2001), 91-92쪽.
53) 최상천, 『알몸 박정희』(사람나라, 2001), 275-276쪽.

'언제든지' 주민등록증을 제시하게끔 했다. 9월 22일에는 전 국민이 주민등록증을 일제히 갱신하도록 하였다. 1977년 12월 31일 제4차 개정에서는 주민등록증의 발급 통지를 받고도 정당한 이유 없이 1년 이상 발급 신청을 하지 아니한 자에 대하여 10만 원 이하의 벌금 또는 구류에 처할 수 있는 형벌 규정이 신설되었다.[54]

---

54) 김기중, 〈전체주의적 법질서의 토대, 주민등록제〉, 『당대비평』, 제8호(1999년 가을), 126-127쪽.

북한의 판문점 도끼 만행

사과할 일 왜 했나?

"높이 30미터의 미루나무는 판문점 공동경비구역 안의 '돌아오지 않는 다리' 남쪽, 유엔군 제3초소에서 35야드 거리에 있었다. 이 구역은 비무장지대(DMZ) 안에 있으며, 휴전 협정에 의해 양측 인원들이 피차 자유롭게 드나들 수 있는 곳이었다. 유엔군측은 녹음이 우거지면서부터 몇 번이나 미루나무 가지를 베어내려 했었다. 때는 8월이었고, 이 미루나무의 가지가 너무 무성해 판문점 회담장 동쪽 관망대에서는 '돌아오지 않는 다리' 쪽이 잘 보이지가 않았기 때문이었다. 그러나 유엔군측이 나뭇가지를 자르려 할 적마다 북한측은 훼방을 놓았고 그러는 중에 사건 당일인 8월 18일이 되었다."[55]

8월 18일 판문점 공동경비구역 안에서 미루나무 가지치기를 하는 노

---

55) 천금성, 「10 · 26 12 · 12 광주사태」(길한문화사, 1988), 92-93쪽.

무자들을 감독하던 유엔군 소속 경비병들이 도끼와 곡괭이 등을 휘두르며 기습한 북한 경비병들에게 피살된 사건이 발생했다. 미군 장교 2명이 북한군에 맞아 숨지고, 카투사 5명과 미군 4명 등 9명이 중경상을 입었다.

그러나 미국은 미루나무 절단 작업에 들어가기로 했으며, 만약 다시 그런 일이 발생하면 북한에 대대적인 폭격을 가할 거라고 했다. 북한은 겉으로는 호전적인 척했지만, 군사정전위원회를 열자는 제의에 즉각 동의했다. 미국은 판문점 살해 사건이 북한군 경비병들이 저지른 우발적인 사건일 수도 있다는 판단을 내렸다.[56] 사실 북한은 미국의 보복을 두려워하고 있었다.

"미군과 남한군의 경계 태세 강화에 따라 북한 라디오 방송은 정규 방송을 중단하고 남한 전군과 예비 병력이 '전투태세'에 돌입했다고 발표했다. 평양에서는 엄격한 등화관제가 실시됐고 공습경보가 울릴 때마다 인민들은 지하 대피소로 피신했다. 최전방을 지키는 북한군은 전투 준비에 박차를 가했다. 비무장지대에서 평양에 이르기까지 고위급 관리들은 사전에 설치해 둔 지하 방공호로 모두 대피했다."[57]

결국 북한은 8월 21일에 있은 미국측의 미루나무 절단 작업을 멀리서 지켜만 보았고 김일성의 유감 표명, 사실상의 사과 표시로 이 사건은 9월 6일에 일단락되는 해결을 보게 되었다.[58]

북침 가능성에 대한 북한의 신경질적인 반응

이 사건 직전 북한이 처해 있던 상황은 어떠했을까? 그걸 알아야 북한

---

56) Don Oberdorfer, 이종길 옮김, 『두개의 한국』(길산, 2002), 130쪽.
57) Don Oberdorfer, 이종길 옮김, 위의 책, 129쪽.
58) 허용범, 『한국언론 100대 특종』(나남, 2000), 164~167쪽; 김정렴, 『아, 박정희: 김정렴 정치회고록』(중앙 M&B, 1997), 100쪽.

1976년 8월 18일 판문점에서 일어난 도끼 만행 사건.

이 왜 그런 짓을 저질렀는지 제대로 이해할 수 있을 것이다. 돈 오버도퍼는 사이공 함락 후 남한 사회에서는 안보에 대한 우려가 한껏 팽배해 있었고, 미국은 그 우려를 불식시켜 주겠다고 북한에 대한 핵공격 불사 위협을 했다는 점에 주목하면서, 다음과 같이 말한다.

"그 후 핵무기를 적재할 수 있는 미군 최첨단 기종인 가변익(swing-wing) F-111 전투폭격기가 언론의 주목을 받는 가운데 군사훈련을 위해 남한에 착륙하는 모습이 대대적으로 홍보됐고 최초로 한미연합 '팀스피리트 76' 훈련이 시작됐다. 동부전선에서 대규모 연례 합동군사훈련이 선보여지는 순간이었다. 공수부대의 낙하 훈련, 수륙양용차량의 상륙 훈련을 비롯한 군사 훈련을 지켜본 북한은 신경질적 반응을 보였다. 북한의 입장에서 팀스피리트 훈련은 북침을 위한 마지막 총연습으로 비쳐졌다. 8월 5일 북한 정부는 미국과 남한이 북침 준비를 강화하고 있다고 비난하는 장문의 성명서를 발표했다.⋯⋯이에 당황한 미국의 정보 분석가 몇 명이 북한의 경고 내용을 주한미군 사령부에 전달하려고 했다. 그러나 이 경고문은 끝내 전달되지 못했고 다음 날⋯⋯미루나무 가지치기 사건이 발생했던 것이다.”[59]

'음흉한 의도' 또는 '건수 올리기'?

물론 그게 북한이 그런 짓을 저지른 이유를 모두 설명해 줄 수는 없다. 앞서 지적했다시피, 미국은 판문점 살해 사건이 북한군 경비병들이 저지른 우발적인 사건일 수도 있다는 판단을 내렸다. 그렇다면 박 정권의 생각은 어떠했을까? 박정희의 비서실장 김정렴은 북한의 '음흉한 의도'에 주목하면서 다음과 같이 말한다.

"김일성은 내부적인 면에서 김정일을 후계자로 지목한 데 따른 권력투쟁과 외채 상환불능, 식량부족 등 경제파탄으로 인한 주민의 불만을 우리의 북침위협설로 은폐하려 했다. 판문점 공동경비구역에서 우리측이 도발해 와 응분의 조치를 가했다고 뒤집어씌움으로써 북침설을 정당화하려 했으며 주민들에게 긴박감을 불어넣어 내부적으로 일고 있는 불만을 다른 데로 돌리려 한 것이다. 외부적으로는 미군철수 여론을 불러일으키고 한국에 대한 지원을 포기케 하여 한미(韓美)를 이간시키려는 술책이 내포되었다. 또 당시 콜롬보에서 열리고 있던 비동맹회의와 가을에 있을 유엔총회에서 북한이 허위 선전한 한미(韓美) 양국의 북침설을 뒷받침하기 위해 한반도에서 긴장태세를 조작함으로써 유리한 정세를 조성해 보려 했으며 미국과 직접 대화할 수 있는 기회를 마련해서 소위

---

59) Don Oberdorfer, 이종길 옮김, 『두개의 한국』(길산, 2002), 126쪽.

'대미(對美) 평화협정체결', 나아가서는 미군철수 주장을 관철해 보려는 음흉한 저의였다."[60]

그러나 그렇게 보기엔 북한이 사건 발생 후 잔뜩 겁을 먹은 게 영 설명이 되지 않는다. 미국이 그렇게까지 나올 거라고 미처 예상하지 못했다는 걸까? 김학준은 김정일의 '건수 올리기' 심리가 원인일 수도 있다는 가능성을 제시한다.

"이 사건은 김정일의 사주 아래 일어났다는 소문이 파다했다. 김정일이 자신의 혁명적 자세를 과시하기 위해 그렇게 함으로써 자신에게 결여된 혁명가로서의 카리스마(위광)를 쌓기 위해 그렇게 시켰다는 것이었다. 그러나 그 소문의 진상은 확인될 수 없는 것이었다. 한 가지 분명한 것은, 김일성은 이 사건을 계기로 미국이 북한에 대해 군사적으로 보복하지 않을까 두려워했다는 사실이다. 그는 곧바로 조선인민군 전체, 그리고 노농적위대와 붉은청년근위대에 동원령을 내렸다.……김일성은 사태의 심각성을 깨달았다. 그래서 미군의 미루나무 절단 작업을 방관했다. 그뿐만 아니라, 사실상 미국 정부를 상대로 미군 장교 2명의 죽음에 대해 유감의 뜻을 나타냈다. 이로써 북한은 군사적 위기에서 벗어날 수 있었다."[61]

'미친 개에게는 몽둥이가 약이다'?

박정희는 이 사건이 일어나자 자신의 일기에 다음과 같이 썼다.

"미친 김일성 도당의 야만적인 행위를 도저히 용납할 수 없다.……멍청하고 잔인한, 폭력적인 도당……우리가 참는 것에는 한계가 있다는 사

---

60) 김정렴, 『한국경제정책 30년사: 김정렴 회고록』(중앙일보사, 1995), 347-348쪽.
61) 김학준, 『북한 50년사: 우리가 떠안아야 할 반쪽의 우리 역사』(동아출판사, 1995), 318쪽.

실을 보여 주어야 한다. 미친 개에게는 몽둥이가 약이다."[62] (박정희의 일
기는 전반적으로 사후 공개될 것을 의식하고 쓰여졌다고 판단된다.)

박정희는 8월 20일 육군3사관학교 졸업식 훈시에 직접 몇 마디를 가
필하였는데, 대독한 국방장관 서종철은 "미친 개에게는 몽둥이가 필요하
다"는 가필 부분을 유독 힘주어 읽었다.[63]

8월 21일 미루나무 절단 작전이 개시되었을 때, 미루나무 절단을 위
해 투입된 남한 지원병력은 비무장이 원칙이었으나 미군 몰래 수류탄,
M16 소총, 대전차 무기, 유탄발사기, 경기관총 등을 갖고 들어갔다.

그간 이 사건을 다룬 국내 문헌들은 대부분 위와 같은 사실들을 지적하
면서 박정희의 강경 대응을 부각시켰다. 그러나 오버도퍼의 주장은 좀 다
르다. 오히려 미국이 더 강경했다는 것이다. 국무장관 키신저는 백악관 상
황실에서 열린 대책 회의를 마치고 나오면서 "북한 놈들의 피를 반드시
보고야 말겠다"라고 말할 정도로 미국은 약이 바짝 올라 있었다는 것이
다.[64]

박정희는 유엔군 사령관 리처드 스틸웰과 작전계획 검토를 위한 2차
회의에서 "군사적 대응은 필히 미루나무를 베는 것으로 그쳐야 하며 '전
쟁의 확대는 오직 북한이 먼저 확전을 시도하지 않는 한 더 이상 거론하지
말자'고 강조했다"라는 것이다.[65] 오버도퍼는 이어 다음과 같이 말한다.

"사태 일단락 후 남한의 관리와 언론은 보다 강경한 조치를 취하지 않
은 미국을 강력하게 비난했다. 미군의 군사력 증강과 북한의 온건한 반
응을 보고 자신감을 얻은 박 대통령은 북한에 대해 보다 호전적인 태도
를 보였다."[66]

---

62) Don Oberdorfer, 이종길 옮김, 『두개의 한국』(길산, 2002), 130쪽에서 재인용.
63) 김충식, 『정치공작사령부 남산의 부장들 2』(동아일보사, 1992), 224쪽.
64) Don Oberdorfer, 이종길 옮김, 위의 책, 127쪽.
65) Don Oberdorfer, 이종길 옮김, 위의 책, 131쪽.
66) Don Oberdorfer, 이종길 옮김, 위의 책, 133~134쪽.

신문과 TV의 갈등

신문은 보도 제대로 하나?

1970년대 중반, 신문과 TV는 사이가 좋지 않았다. 그럴 수밖에 없었다. 성장 속도에 있어서 신문은 걷는 데 비해 텔레비전은 뛰어가고 있었기 때문이다. 그런 속도의 차이는 당연히 광고시장에서의 (속된 말로) '밥그릇 싸움'에 큰 영향을 미치는 것이었다. 그런 처지에서 박 정권에 대해 입 바른 소리 못 하기는 마찬가지였음에도 불구하고 신문의 입장에선 너무 재미있는 TV를 곱게 봐주긴 어려운 일이었을 게다. 『동아일보』 1975년 5월 15일자는 텔레비전을 다음과 같이 비판하였다.

"침대에 누워 고급 담배와 양주를 즐기며 사랑에 빠져 고민하는 중년 신사, 일류 의상실에 앉아 디자이너와 환담하는 여대생, 으리으리한 레스토랑에서 식사하고 맥주를 마시는 청춘 남녀들, 이것이 진정 오늘날의 중년 생활인과 대학생과 젊은 남녀의 참모습이란 말인가."[67]

『동아일보』는 그 이전 5월 10일자 사설에선 다음과 같이 공격을 퍼부었다.

"세 TV 방송국이 방영하고 있는 일일연속극은 모두가 비윤리적이고 퇴폐적인 이야기를 내용으로 하고 있을 뿐 아니라 오락 프로그램인 이른바 코미디물이나 쇼 프로그램 등 역시 차마 눈뜨고 보기 역겨울 정도로 유치한 것이 아니면, 이 또한 거의가 저속하기 이를 데 없는 내용의 것들이라는 각계로부터의 비난이 바로 그것이다.……일일연속극을 살펴보면 어쩌면 그렇게도 하나같이 저속하고 비윤리적인 것만을 내용으로 하고 있는지 사뭇 아연해진다.……거기선 어떤 진실성이나 호소력도 찾을 수 없으며, 오직 눈에 뜨이는 것이 있다면 작가의 비현실적이고도 관념적인 감정의 유희와 제작진의 양식을 도외시한 최루(催淚) 취미가 있을 뿐이다.……어떤 것은 시청자의 인기를 유지하기 위해서 되지도 않은 이야기를 엿가락처럼 억지로 늘이고 있는 후안무치한 것이 있는가 하면, 어떤 것은 도무지 상상할 수도 없을 만큼 불륜한 내용의 것이 있고, 사극 등에서는 국적을 분별할 수 없는 웃기는 내용이 보통으로 방송되어 시청자들을 우롱하고 있는 데 더 한층 개탄을 자아내고 있다."[68]

'무하마드 알리' 사건

그러나 당시 과연 우롱당한다고 생각하는 시청자가 얼마나 있었을지는 의문이다. 박 정권의 폭압 통치가 살벌하면 할수록 TV는 시청자들의 '숨통'을 터 주기 위해서라도 시청자들을 즐겁게 만들어 줄 기능을 수행해야 했던 건 아닐까?

그런 기능이 과잉되어 사회적 물의를 빚은 적도 있었는데, 1976년 6월

---

67) 정순일·장한성, 『한국 TV 40년의 발자취: TV 프로그램의 사회사』(한울아카데미, 2000), 117쪽에서 재인용.
68) 정순일·장한성, 위의 책, 117쪽에서 재인용.

29일에 일어난 이른바 '무하마드 알리' 사건이 그 대표적 사례일 것이다. 당시 세계 권투 헤비급 챔피언인 알리의 인기는 하늘을 찌를 듯 높아 MBC는 〈알리와 함께〉라는 특집 쇼 프로그램을 내보냈다. 그 쇼엔 당시 인기가 높던 세 명의 여가수를 포함해 여섯 명의 여자 연예인이 같이 출연했는데, 정순일은 이렇게 말한다.

"프로그램이 시작되면서 이변이 생겼다. 가수들이 알리의 팔에 서로 먼저 매달리느라고 정신을 못차리는 것이다. 시청자들로부터는 이 눈뜨고 못 볼 꼴불견을 항의하는 전화가 빗발쳤다."[69]

더욱 무서운 항의는 신문들의 비판이었다. 김우룡은 다음과 같이 말한다.

"여성 연예인들이 사인을 해달라며 알리에게 달려가 볼에 키스를 하고 양팔에 안기고 하는 장면이 그대로 편집 없이 방송되었다. 이 프로그램을 시청한 전국의 시청자들은 이 광경이 한국 여성의 품위를 손상시켰으며, 한 유색 인종에 대한 지나친 환대와 여성 연예인들의 탈선적 접근은 사대주의적 국민성을 그대로 노정시킨 수치스런 쇼라고 항의가 빗발쳐, MBC에서는 우리 나라 방송사상 처음으로 뉴스 시간에 시청자에게 공개 사과하는 등 파동을 일으킨 적이 있었다. (중략) 『조선일보』 7월 1일자 '만물상'은…… '외래 선망이나 인기 선망도 분수가 있는 법'인데 팔도고금(八道古今)에 이런 망신으로 조상 볼 낯이 없다고 호되게 비판했다.……매스컴의 흥분은 하루만으로 좀처럼 가시지 않았다."[70]

'유색 인종에 대한 지나친 환대'라니 어째 말이 좀 이상하다. 백인에게 그런 환대를 했더라면 괜찮았겠지만, 유색 인종에게 그랬기 때문에 문제라는 말일까? 방송윤리위원회는 이 쇼의 출연 연예인들의 경박한

69) 정순일, 『한국방송의 어제와 오늘: 체험적 방송 현대사』(나남, 1991), 234쪽.
70) 김우룡, 『TV 프로듀서』(다락원, 1979), 250-254쪽.

행동이 윤리 규정을 위배했다고 '경고' 처분을 내렸고, MBC는 그것으로도 안심이 안 돼 스스로 저녁 뉴스에 사과 방송을 냈다.

신문과 TV의 광고전쟁

신문들이 꼭 광고시장에서 경쟁하게 된 것을 염두에 두고 방송 비판을 한 건 아니었겠지만, 신문들이 텔레비전의 급속한 광고시장 잠식에 두려움을 느낀 건 분명한 사실이었다. 1970년에 18억 원이던 TV 광고비는 1976년에 3백4억 원으로 17배 가까이 성장한 반면, 신문은 1970년의 60억 원에서 1976년에 3백16억 원으로 성장했다. 총 광고비는 아직 신문이 더 많다곤 하지만, 텔레비전 광고의 성장 속도가 워낙 빠른 데에 신문들은 위협을 느꼈던 것이다.

신문들의 TV 광고에 대한 집중 공격이 개시되었고, 그 결과 TV 광고엔 제약이 가해지기 시작했다. 1976년에는 텔레비전 프로그램 광고 시간이 100분의 10에서 100분의 8로 줄었고, 1976년 2월부터는 방송윤리위원회의 광고 규제가 더욱 강화되었다. 7월 1일부터는 방송광고물 사전 심의가 제도화되었다. 1976년 1월에서 9월까지의 방송광고 심의신청 건수 1천2백83건 중 16.7%인 2백7건이 기각되었는데, "이것은 상식을 초월하는 규제"였다.[71]

그래도 신문들의 공격은 계속되었다. 1976년 9월 3대 메이저 신문들이 약속이나 한 듯이 방송광고에 폭격을 퍼부었다. 『한국일보』의 9월 5일자 〈광란의 광고 홍수를 막아라〉라는 기사, 『동아일보』의 9월 7일자 〈텔레비전 광고 공해〉라는 사설, 『조선일보』의 9월 26일자 〈재검토 필요한 TV 광고〉라는 사설 등이 바로 그것이다.[72]

---

71) 신인섭, 『박카스 40년: 그 신화와 광고 이야기』(나남, 2001), 144쪽.
72) 신인섭, 위의 책, 143쪽.

TV 광고의 사전심의 제도는 단지 광고윤리 수준을 높이겠다는 뜻이었을까? 정치적인 의미는 전혀 없었던 건가? 이병주는 다음과 같이 말한다.

"TV 광고물의 사전심의 제도는 개발 드라이브 정책과 유신체제를 뒷받침하는 효과를 거두었다. 특히 재벌그룹들은 경제성장을 찬양하며 자기들이 얼마나 유신 정권 및 정책에 호응하고 있는지를 기업광고를 통해 선전했다. '당신은 잠들어도 불길을 밝히고 생명의 존귀함을 위한 연구에 몰두한다'는 종근당의 기업광고는 유신 정권에 대한 구애의 메시지이면서도 유려하고 설득력 있는 시적 표현으로 기업광고의 하나의 전형을 만들었다."[73]

---

73) 이병주, 〈방송 환경 변화에 따른 방송광고 발전 소사〉, 한국TV방송50년위원회, 『한국의 방송인: 체험적 현장기록 한국방송 1956-2001』(커뮤니케이션북스, 2001), 65-66쪽.

'하이틴 영화'의 성행

1년에 25편이나 제작된 '하이틴 영화'

1975년에 공연법 개정으로 발족한 '예술윤리위원회'가 해체되면서 이듬해 5월 1일에 '한국공연윤리위원회(공륜)'가 탄생했다. 이 기구는 '영화, 비디오, 연극, 가요, 새 영상물, 광고물' 들을 도맡아 심의하는 검열 기능을 행사하였다.[74]

영화인들은 공륜의 엄격한 검열로 인해 사회성 있는 주제의 영화는 감히 엄두도 내지 못하였다. '호스티스 영화'가 유행했던 것도 바로 그와 같은 사정과 무관치 않았다. 이러한 '호스티스 영화'의 다른 한쪽에 비교적 검열에 구애받지 않고 제작할 수 있는 장르가 있었으니 그게 바로 이른바 '하이틴 영화'였다. 또한 '하이틴'의 구매력이 과거에 비해 크게 증대되었다는 것도 '하이틴 영화'를 낳게 한 주요 이유일 것이다.

---

74) 공륜은 20년 후인 1996년 헌법재판소가 그 검열 기능에 대해 위헌판결을 내림으로써 사라지게 되었다.

'하이틴 영화'의 대가로 떠오른 문여송 감독의 「정말 꿈이 있다구」.

　　1976년의 영화계는 '하이틴 영화'가 성황을 이루었다. 이 분야의 대
가로 떠오른 감독 문여송은 「진짜 진짜 잊지마」가 고교생들에게 폭발적
인 인기를 얻자, 이후 「진짜 진짜 미안해」, 「진짜 진짜 좋아해」, 「정말 꿈
이 있다구」, 「아무도 모를꺼야」 등과 같은 하이틴 영화를 계속 제작했고,
이덕화와 임예진이라는 스타를 탄생시켰다.[75]
　　1976년 한 해에만 '하이틴 영화'는 25편이나 제작되었는데, 그 중 10여
편이 흥행에 성공할 정도로 인기를 끌었으며, 이 같은 인기는 1977년까
지 계속되었다. 1977년에 나온 석래명 감독의 「고교얄개」가 26만 명의

---

75) 임영, 〈야사 한국 영화: 문여송 감독 초기엔 영화사서 "찬밥" 대접〉, 「중앙일보」, 1991년 7월 28일, 10면.

관객을 동원하는 성공을 거두자, 이후 영화 제목으로 '고교'라는 말이 유행해 『고교 깡돌이』(심우섭 감독, 1977), 『고교 우량아』(김응천 감독, 1977), 『고교결전 자! 지금부터야』(정인엽 감독, 1977), 『고교 명랑교실』(김응천 감독, 1978), 『우리들의 고교시대』(김응천 · 문여송 · 석래명, 1978) 등과 같은 영화가 나오게 되었다.[76]

'하이틴 영화'의 사회학

이와 같은 '고교영화' 혹은 '하이틴 영화'는 1998년의 『여고괴담』에 이르기까지 한국 영화계의 한 중요한 흐름으로서의 위상을 갖게 되었는데, 1970년대 후반에 나타난 이런 영화의 '사회학'에 대해 이영기는 다음과 같이 말한다.

"시대가 바뀌면서 10대의 문제가 치유되기는커녕 더 악화됐고 이것이 그대로 영화에 반영돼, 우리의 하이틴 영화 계보는 10대의 비극사(史)라는 과장도 가능해진다. 1970년대……그래도 대학생 선배들은 통기타와 청바지의 '청년문화'로 시대의 답답함을 해소할 수 있었다. 하지만 10대들은 그 어디에도 끼지 못한 채 안으로 모든 고통을 삭여야 했다. 더구나 이들은 평준화 방침에 따라 추첨으로 학교가 할당되던 '뺑뺑이 세대'였다. 같은 학교 내에서도 우 · 열반이 나뉘었다.……얄개 시리즈는 외견상으로는 10대들의 설익은 로맨스가 중심이었다. 그러나 꼼꼼히 뜯어보면 여기에는 당시 일기 시작한 사회적인 갈등과 모순을 통합하려는 의지가 내밀하게 녹아 있다. 이 영화들은 성격 좋고 집안도 부유하지만 공부는 별로인 주인공이, 학교 성적은 뛰어나지만 집안은 찢어지게 가난한 학생을 도닥거리고 격려해 주는 것으로 결말을 맺기 일쑤였다. 대학입시가

---

76) 정종화, 『자료로 본 한국 영화사 2: 1955-1997』(열화당, 1997), 110-112쪽.

끝나면 식당 파출부하며 자식 교육시킨 홀어머니의 불어터진 손을 붙잡고 환하게 웃던 '수석입학자'의 모습이 매스컴을 장식했고, 그 감동의 장면은 '성공 신화'가 되어 수천만 서민들로 하여금 현실의 고통을 잊게 만들었던 것과 같은 맥락이었다."[77]

'호스티스 영화'와 '총화 유신 이념의 구현'

1977년 한국 영화계를 주름 잡은 또 하나의 흐름은 다시 '호스티스 영화'였다. 관객 동원에 있어서, 1977년에 개봉된 『겨울여자』 60만 명, 『내가 버린 여자』 38만 명, 1978년에 개봉된 『속 별들의 고향』 32만 명, 『O양의 아파트』 28만 명 등의 기록을 세웠거니와, 이 외에도 관객 10만 명을 넘은 영화가 10편이나 되었다.

이에 대해 영화평론가 호현찬은 "영화 경기를 살리는 데는 아무래도 호스티스와 창녀들의 공이 큰 것 같"[78]다고 했고, 영화감독 이원세는 "섹스 묘사도 못하는 처지에 호스티스 영화가 범람하는 이상 풍조"[79]라는 평가를 내렸다.

그런 현실 때문인지 아니면 그런 현실은 아는 바 없다는 것인지, 1978년과 1979년에 문공부가 발표한 각 연도 영화시책은 '총화 유신 이념의 구현'이었다.[80] 그러나 1979년에 '총화 유신 이념의 구현' 차원에서 쏟아져 나온 영화들은 여전히 호스티스류의 영화들이었다.

『아침에 퇴근하는 여자』(박용준 감독), 『꽃띠 여자』(노세한 감독), 『태양을 훔친 여자』(이원세 감독), 『학을 그리는 여인』(조문진 감독), 『가시를 삼킨 장미』(정진우 감독), 『목마 위의 여자』(김응천 감독) 등과 같이 제목

---

77) 이영기, 〈'우리'에 갇힌 우리의 10대〉, 『중앙일보』, 1998년 6월 12일, 36면.
78) 호현찬, 『한국 영화 100년』(문학사상사, 2000), 210쪽.
79) 정중헌, 『우리 영화 살리기』(늘봄, 1999), 172쪽에서 재인용.
80) 김해식, 〈대중문화의 생산과 소비〉, 강현두 편, 『한국의 대중문화』(나남, 1987), 487쪽.

에 '여자'가 난무했다.[81] 당시 엽색 행각에 탐닉했던 박정희의 마음이 사회에 반영되었던 걸까? 아니면 '총화 유신 이념의 구현' 최종 목적이 주지육림(酒池肉林)이었던 걸까?[82]

81) 심산, 〈『애마부인』의 아버지〉, 『씨네21』, 2001년 4월 10일, 102면.
82) 이상의 글은 주로 김학수, 『스크린 밖의 한국 영화사 I』(인물과사상사, 2002), 243-253쪽을 참고하여 쓴 것입니다.

코리아게이트

'한국 정부, 미국 정치인들에 뇌물 제공'

1976년 10월 24일 미국의 『워싱턴 포스트』는 "한국 정부의 기관 요원인 박동선 씨가 1970년대 연간 50만 내지 1백만 달러 상당의 뇌물로 90여 명의 의원과 공직자를 매수했다"라는 내용의 기사를 '한국 정부, 미국 정치인들에 수백만 달러 뇌물 제공'이라는 톱기사 제목과 함께 무려 10면에 걸쳐 내보냈다.[83]

이 기사는 한미 양국의 정·관계를 발칵 뒤집어 놓았으며 이 논란은 이후 2년간이나 지속되었다. 일명 '코리아게이트'로 불린 이 사건의 핵심 내용은 박정희가 박동선이라는 로비스트를 통해 주한미군 철수 등과 같은 한미간 현안에 영향을 미칠 목적으로 미국 의원들을 상대로 돈뭉치를 뿌렸다는 것이었다.[84]

---

83) 이상훈, 〈워싱턴 로비 추문 '박동선 사건' 폭로〉, 『한겨레신문』, 1992년 10월 21일, 18면.
84) 허영섭, 〈미 정가 흔들었던 '코리아게이트' 주역 박동선 씨〉, 『경향신문』, 2002년 6월 10일, 19면.

한국 정부가 10월 26일 박동선은 한국과 무관하다는 내용의 성명서를 발표하자, 『워싱턴 포스트』는 10월 27일 미 중앙정보국(CIA)이 코리아게이트의 단서를 잡은 것은, 전자장치로 청와대를 도청했기 때문이라는 기사를 내보냈다. 이는 새로운 외교 문제로 비화되어 한국 정부는 미국 정부에 해명을 요구했지만, 미국 정부는 침묵을 지켜 이후 두고두고 큰 쟁점이 되었다.

한국의 우격다짐식 대미(對美) 로비는 박동선 사건이 처음은 아니었다. 1973년 워싱턴 주재 한국대사관에서 참사관으로 일하다 미국으로 망명했던 이재현(현 웨스턴일리노이대학 교수)은 미 의회 청문회에서 다음과 같이 증언하였다.

"한국의 중앙정보부는 미국 내에 있는 반한파 한국인들을 탄압하는 데 그치지 않고, 미국 내에서 반(反)박정희 여론과 활동을 무마하기 위해 대규모 회유 · 매수 공작을 벌일 모종의 계획도 가지고 있었다."[85]

대미(對美) 로비를 주도했던 중앙정보부는 박동선 이외에도 김한조라는 재미(在美) 사업가를 로비스트로 활용하였다. 김한조의 로비는 백악관을, 박동선의 로비는 의회를 공략하는 식으로 역할 분담을 했던 셈이다.[86]

2개월 늦은 한국 언론의 보도

미국 언론은 벌떼처럼 달려들어 박 정권의 부도덕성을 공격했다. 문명자는 "코리아게이트에 대한 미국 기자들의 심리는 이중적인 것이었다"라며 다음과 같이 말한다.

---

85) 문명자, 『내가 본 박정희와 김대중』(월간 말, 1999), 211쪽.
86) 정진석, 『총성 없는 전선: 격동의 한 · 미 · 일 현대 외교 비사』(한국문원, 1999), 26쪽.

"하나는 부정한 돈을 받아먹은 미국 정치인들의 비리를 파헤치려는 기자 정신이었고, 다른 하나는 '아직도 미국의 원조를 받고 있는 나라가 조금 컸다고 돈을 뿌려?' 하는 못마땅한 심사였다."[87]

미국 언론이 박 정권의 도덕성을 집중 공격하자, 박정희는 11월 3일 청와대 비서관과 기자 몇 명이 있는 자리에서 다음과 같이 억울함을 토로하였다.

"돈을 먹었으면 미국 사람들이 먹었고, 돈을 먹은 사람들이 더럽지, 왜 우리 정부를 공격하는 거야? 돈 먹은 사람들을 탓할 일이지. 따지고 보면 미국의 신세지는 나라치고 워싱턴에서 로비를 안 하는 나라가 어딨어. 이스라엘이 제일 많이 할 거야. 그래서인지 유태계 신문 『뉴욕타임스』는 아무 소리 없고……. 지금 일본 정계를 떠들썩하게 하고 있는 록히드 사건도 빙산의 일각 아니겠나. 미일간의 거래는 훨씬 크고 많을 게 아닌가 말야."[88]

미국 언론의 대서특필과는 달리, 이 사건은 국내 언론엔 보도되지 않았다. 12월 그리스 대사 채명신은 '대통령 각하 친전(親展)'이라고 쓴 장문의 편지를 통해 국내 언론도 코리아게이트 사건을 보도해야 한다는 건의를 했다. 이 건의가 받아들여져 국내 신문들은 12월 27일자부터 코리아게이트 사건과 미국의 청와대 도청설 등에 대해 보도하기 시작했다.[89]

농촌을 희생으로 한 대미 로비

그러나 이 사건은 비단 미국의 정·관계에만 국한된 게 아니었다. 박동선은 한국 권부와 유착, 미국의 쌀 수입 중개권을 획득해 커미션을 챙

---

87) 문명자, 『내가 본 박정희와 김대중』(월간 말, 1999), 312-313쪽.
88) 김충식, 『남산의 부장들 2』(동아일보사, 1992), 248쪽.
89) 정진석, 『총성 없는 전선: 격동의 한·미·일 현대 외교 비사』(한국문원, 1999), 42-43쪽.

기는 방법으로 막대한 돈을 벌었고, 그 돈 가운데 일부는 미국 정계뿐만 아니라 박 정권의 정치자금으로도 흘러 들어갔기 때문이다. 이와 관련, 『한국일보』 논설위원 정진석은 다음과 같이 말한다.

"1968년 정일권 씨의 도움으로 조달청의 쌀 수입 대리인이 된 박씨는 톤당 50센트이던 커미션을 10달러 이상으로 올려받는 수완을 발휘하면서 코리아게이트가 커진 1976년까지 무려 5,600만 달러의 거액을 커미션으로 챙긴 것으로 알려졌다. 그는 이 막대한 금력을 배경으로 워싱턴과 서울을 오가며 '정치외교'를 했다. 박씨의 돈은 워싱턴 정가에만 뿌려진 게 아니었다. 쌀 수입 중개권을 계속 유지하기 위해 그는 서울의 요로에도 막대한 액수를 '헌납' 했다."[90]

막대한 액수의 돈이 박 정권에 흘러들어갔을 뿐만 아니라 한국은 비싼 값으로 쌀과 다른 작물을 미국에서 수입해야 했다고 하는 점에서 이 사건은 한국 내의 부정부패라고 하는 차원에서도 깊이 살펴봐야 할 사안이었다. 문명자는 이 사건으로 인해 한국이 입은 피해에 대해 다음과 같이 말한다.

"이 같은 박정희 · 박동선의 부도덕한 대미 로비로 인해 한국 국민이 입은 피해는 미국의 형편없는 3등급 쌀을 비싼 값에 사먹어야 했던 것만이 아니었다. 박동선은 캘리포니아 · 루이지애나 · 미시시피 · 아칸소 등 쌀을 팔아야만 정치생명이 유지되는 쌀 생산 주 출신 의원들의 환심을 사기 위해 한국 정부가 쌀뿐 아니라 그들의 출신 주에서 생산되는 다른 농작물들까지 사들이도록 했다. 그로 인해 한국 농민들이 입은 피해상이 어떠했는지는 오늘의 한국 농촌을 보면 잘 알 수 있다."[91]

박세길도 "미국의 잉여 농산물이 남한의 농업에 미친 영향은 가히 파

---

90) 정진석, 『총성 없는 전선: 격동의 한 · 미 · 일 현대 외교 비사』(한국문원, 1999), 31쪽.
91) 문명자, 『내가 본 박정희와 김대중』(월간 말, 1999), 261~262쪽.

멸적인 것"이었다며 다음과 같이 말한다.

"넘쳐흐르는 미국 잉여 농산물은 전반적인 농산물 가격의 하락을 초래했고 이로 인해서 농민은 수지가 맞지 않는 작물의 재배를 포기하였다. 그러면 생산되지 않은 작물의 공급은 미국의 잉여 농산물에 의해 재빨리 메워졌고 이러한 과정을 통해 농산물의 자급률은 해마다 떨어지는 현상이 나타났다.⋯⋯식량 자급도의 하락은 농민들로 하여금 계속해서 수입이 곤란한 특정 작물, 예컨대 채소 등의 재배에 몰려들도록 하였고 이는 걸핏하면 과잉 생산으로 인한 채소값의 폭락 현상을 야기시키는 요인이 되고 말았다. 이처럼 전반적인 농산물 가격의 하락과 재배작물의 제한성은 농민들에게 계속되는 적자만을 안겨다 주었으며 그 결과 필연적으로 농가부채의 누적을 초래하였다. 나아가 농가부채는 이의 상환을 위해 농민의 유일한 재산인 토지를 팔아치우도록 만들었고 그 결과 토지가 없거나 부족한 소작농을 양산해 내게 되었다. 농촌의 파탄에 의해 야기된 가장 심각한 결과는 대규모적 이농현상이었다. 즉 더 이상 농업생산을 계속하지 못하게 되자 농민들은 고향을 등진 채 아무런 장래 보장도 없는 도시를 향해 발길을 옮기기 시작한 것이다. 이 같은 이농현상은 전국 방방곡곡에서 전개되었지만 전통적 농업 지역이면서도 공업화 과정에서 철저히 소외된 호남 지역에서 특히 두드러지게 나타났다."[92]

---

92) 박세길, 『다시쓰는 한국현대사 2: 휴전에서 10 · 26까지』(돌베개, 1989), 176-177쪽.

제8장

‘1백억 달러’ 의 빛과 그림자

- 프레이저 청문회와 싱글로브의 항명
- 충효 교육 실시
- MBC 대학가요제
- 리영희 필화 사건
- 병영체제하의 민주화투쟁
- 1백억 달러 수출 달성
- 컬러 TV 방송 논란

프레이저 청문회와 싱글로브의 항명

박정희와 카터 사이의 갈등

1976년 11월 3일 제39대 미국 대통령 선거에서 지미 카터가 당선되었다. 1977년 1월 20일 '인권대통령'을 표방한 지미 카터의 대통령 취임 이후 코리아게이트 파문은 더욱 확대되었다. 박정희는 2월 4일 법무부 연두순시에서 "국가존망의 어려운 시국에 국민의 자유를 스스로 제한하는 것은 당연한 일이다", "유신체제에 불만을 가지고 이러니저러니 떠드는 자에게는 가차없이 제재를 가하라", "3천5백만이 생존해야 하는 것 자체가 우리 나라 최고의 인권옹호다"라면서 "이러한 사정도 모르고 왈가왈부하는 일부의 외국 인사"를 거센 어조로 비난했다.[1]

그러나 그런 비난의 높은 강도는 그만큼 박정희가 국제 여론, 특히 미국의 여론에 대해 내심 크게 신경쓰고 있다는 걸 의미하는 것이었다. 그

---

1) 하야시 다케히코, 선우연 옮김, 『박정희의 시대』(월드콤, 1995), 180쪽.

러나 박정희는 대미(對美) 외교마저도 국내에서 하던 버릇 그대로 '정보정치'로 대응하려고 했다. 예컨대, 1970년대 중반 주미대사관의 총원은 40여 명에 불과했지만, 그 가운데 10명 이상이 중앙정보부 요원이었다.[2]

2월부터 미 하원 국제관계위원회에서 한미 관계 조사권을 위임받은 프레이저 위원회가 활동하기 시작했고, 이미 선거 공약에서 인권·도덕 외교와 주한미군 철수를 내걸었던 카터는 3월 10일 한국 정부와는 아무런 상의도 없이 주한미군 철수 계획을 발표하였다. 이 발표와 함께, 6월 주한대사 글라이스틴의 청문회 증언으로 청와대 도청이 사실로 드러나면서 한미 관계는 악화일로를 치닫게 되었다. 미국은 박정희가 코리아게이트, 즉 대미 로비를 직접 지시했다는 사실을 밝혀내기 위해 청와대 도청까지 인정하였으니, 양국간 갈등이 얼마나 치열했는지는 미루어 짐작할 수 있을 것이다.

프레이저 청문회와 '어글리 코리안'

주미대사관 공보관이었던 이재현의 망명이 일어난 지 몇 개월 후인 11월엔 중앙정보부 워싱턴 실무책임자인 참사관 김상근이 망명을 했는데, 그 배후엔 이미 미국에 망명해 있던 전 중앙정보부장 김형욱이 있었다. 김상근 망명 사건으로 중앙정보부장 신직수는 그 해 12월 4일 해직되고 그 후임에 김재규가 임명되었다.

프레이저 위원회는 37명의 증인을 출석시킨 가운데 20여 회의 청문회를 열었는데, 이 청문회의 핵은 김형욱과 김상근의 증언이었다. 김형욱과 김상근은 6월 10월까지 청문회의 증인으로 소환되어 '박정희의 가슴에 통한의 못질'을 하는 증언을 하였다.[3] 김상근은 김한조에 대해 다

---

2) 문창극, 『한미 갈등의 해부』(나남, 1994), 265쪽.
3) 정진석, 『총성 없는 전선: 격동의 한·미·일 현대 외교 비사』(한국문원, 1999), 44쪽.

음과 같이 증언했다.

"1974년 9월에서 1975년 6월 사이 나는 김한조에게 한번에 30만 달러씩 두 번에 걸쳐 60만 달러를 전달했다. '백설작전'이란 한국의 대미 로비 활동을 위해 서울 중앙정보부의 양두원 실장이 외교 행낭으로 자금을 보내오면 내가 김한조에게 그 돈을 전달하고 김은 그 돈을 가지고 미국 국회의원들을 상대로 공작을 한다는 것이다."[4]

9월 22일 박동선은 뇌물 제공과 선거자금 불법 제공 등 36가지 혐의로, 9월 27일 김한조는 위증과 매수 음모라는 2가지 혐의로 기소되었다. 박동선은 자신의 혐의 사실을 인정한 뒤 사면을 받아 무죄가 되었으나, 김한조는 면책권을 거부하고 법정투쟁을 벌이다가 결국 실형을 선고받고 4개월여 형무소 생활을 하게 되었다.[5]

미 의회 쪽에서는 두 명의 의원이 기소되고 세 명의 의원이 징계를 받았다. 이처럼 코리아게이트는 법적으론 용두사미(龍頭蛇尾)로 끝나고 말았지만, 이 사건이 한국의 이미지에 입힌 상처는 치명적인 것이었다. 당시 『한국일보』 워싱턴 특파원이었던 조순환은 다음과 같이 말한다.

"당시 미국 언론의 논조는 해설 보도와 논평에 충실하기보다는 사건 수사에 깊숙이 개입하는 새로운 저널리즘의 한 양태를 보였습니다. 코리아게이트는 워터게이트 사건의 보도 경향을 답습할 수밖에 없는 소재였기 때문이죠. 미국 의회 의원들은 이른바 '언론재판'의 도마에 올라 전전긍긍했고, 결백을 증명해 보이기 위해 코리아게이트 조사에 더욱 열을 올렸던 셈이지요. 당시 미국인들은 '어글리 코리안'이란 말을 서슴지 않을 정도였어요. 심지어는 워싱턴 주재 한국 특파원들도 KCIA(한국 중앙정보부)의 끄나풀이 아니냐는 오해를 받기까지 했으니까요."[6]

4) 문명자, 『내가 본 박정희와 김대중』(월간 말, 1999), 241쪽에서 재인용.
5) 정진석, 『총성 없는 전선: 격동의 한·미·일 현대 외교 비사』(한국문원, 1999), 55쪽.
6) 정진석, 위의 책, 57~58쪽.

한국 신문들의 충성 경쟁

반면 한국 언론은 코리아게이트를 민족주의 문제로 몰고 가면서 특히 김형욱 비판에 열을 올렸다. 박정희에 대한 충성 경쟁을 방불케 하는 점도 있었다. 예컨대, 『조선일보』 6월 8일자 〈미국은 추악한 한국인의 놀이터인가〉라는 제목의 사설은 다음과 같이 주장하였다.

"김형욱이라는 위인이 중앙정보부장 재직 초기부터 좋지 못한 많은 잡음을 일으키고, 재임 말기에 이르러서는 그 방자한 월권 행위가 극에 달하여, 그 악명이 세상에 자자했던 작자이며 중앙정보부장의 자리에 있을 때 그 직권을 최대한으로 확대해서 사회의 각 분야에 개입하고 특히 기업계에 관여해 부정축재에 광분했을 뿐 아니라, 영웅이나 되는 것처럼 거들먹거리던 것은 잘 알려져 있다. 한국인으로서 조상 전래의 땅에 살기를 가슴 깊이 다짐하고 있는 대다수의 한국 국민으로서는, 그 자와 같은 인간은 분노의 대상이라기보다는 연민의 대상밖에 되지 않는다.…… 그 자의 행적에 대한 한국 국민 일반의 생각은 그 같은 방자한 인간을 받아들이는 미국이라는 사회의 관용성이, 어찌하여 그다지도 무원칙할 수 있는가 하는 분노였다. '미국은 추악한 한국인의 놀이터' 이기라도 한 것인가."[7]

김형욱이 중앙정보부장 시절에 그렇게 못된 짓을 했다는 걸 잘 알고 있었다는 『조선일보』가 왜 그때엔 단 한 줄도 그런 사실에 대해 쓰지 않았는지에 대해선 이 사설은 아무 말도 하지 않았다.

또 『서울신문』 9월 7일자 사설 〈미국의 교만과 편견〉은 미국 의회가 "국가와 민족을 배반한 한 사람의 가련한 '인간 찌꺼기'를 끌어내어 영주권을 미끼로 삼아 한국의 국내 문제에 대해 악의에 찬 대답을 유도"했

---

7) 하야시 다케히코, 선우연 옮김, 『박정희의 시대』(월드콤, 1995), 176쪽에서 재인용.

다고 주장했다.[8]

재미 언론인 문명자는 "한심했던 것은 이 사건을 취재하던 한국 언론 주미 특파원들의 태도였다"면서 다음과 같이 말한다.

"그들은 한결같이 '프레이저 위원회의 자워스키 수석 조사관이 워터게이트 사건 조사 때의 영웅심으로 세칭 코리아게이트 사건을 물고 늘어지고 있다'는 식의 사실과 전혀 다른 보도로 일관해 박동선 사건에 대한 우리 국민들의 인식을 그르쳐 놓았다."[9]

김한조를 어떻게 볼 것인가

'코리아게이트'의 정확한 진상은 무엇인가? 김한조는 다음과 같이 주장한다.

"이 사건이 한국에 알려지기로는 '박동선 사건'이다. 이는 박 대통령과 나와의 관계를 감추기 위해 일부러 사기극처럼 꾸민 것이다. 그러나 알려진 것처럼 '박동선 사건'은 존재하지 않는다. 그가 조국을 위해 무슨 일을 했는가. '코리아게이트'의 진실은 나와 박 대통령이 미군철수를 막고 미 의회에 비등한 반한 여론을 잠재우기 위해 극비에 진행한 '코리안 로비'인 것이다."[10]

사실 김한조를 통한 박정희의 대미(對美) 로비는 중앙정보부장도 모르게 진행되었다. 1977년 1월 14일 중앙정보부장 김재규는 궁정동 안가에서 김한조를 만났다. 김재규는 박정희의 지시를 받아 김한조에게 로비자금 40만 달러를 건네주면서 그 사용처를 물었다. 김한조는 정보부한테도 말하지 말라는 박정희의 명령에 따라 대답을 회피했는데, 김재규는

---

8) 林建彦(하야시 다께히꼬), 최현 옮김, 「남북한 현대사」(삼민사, 1989), 240쪽에서 재인용.
9) 문명자, 「내가 본 박정희와 김대중」(월간 말, 1999), 263쪽.
10) 윤길주, 〈인터뷰 · '코리아 게이트'의 주역 김한조 씨: "국가를 위한 일이었기에 이런 고통을 참고 삽니다"〉, 「뉴스메이커」, 1995년 9월 28일, 59면.

"뭐야, 정보부장을 우습게 알아?"라고 외치면서 권총을 빼든 일이 있었다.[11]

박동선은 이 사건 후에도 승승장구했으나, 김한조는 몰락하고 말았다. 그는 미국에서 3백만 달러 이상의 벌금과 재판 비용을 갚을 길이 없어 1981년부터 가족과 생이별한 채 서울 흑석동 15평 셋집에 사는 운명으로 전락하고 말았다. 김한조는 1995년의 한 인터뷰에서 자신이 박정희에게 배신을 당했다고 말했다.

"미 법무성의 재판에서 징역 3년에 6개월 복역, 2년 6개월의 집행유예를 선고받았다. 미 의회 조사는 2년을 끌었다. 그러나 한번도 박 대통령을 노출시키지 않았다. '코리아게이트'의 불이 다 꺼진 후 기대와는 달리 그는 아는 체도 하지 않았다. 1979년 1월 6일 복역 집행을 앞두고 관광비자를 받아 한국을 방문했을 때는 강제 추방당하는 수모를 겪었다. 그리고는 10·26과 함께 나의 명예회복은 물거품으로 돌아갔다. 하지만 박 대통령을 원망하지는 않는다. '코리아게이트'는 박 정권을 위해서가 아니라 국가를 위해 의미 있는 행동이었기 때문이다."[12]

그러나 그의 회고록에는 박정희에 대한 원망이 가득하다. 김한조는 자신이 1977년 6월 한국에 와서 박정희를 만나고자 했을 때 박정희가 만나주지 않은 건 FBI의 감시 때문이었을 것이라고 이해했지만, 유죄판결을 받고난 1979년 1월 6일 서울을 방문했을 때 만나주기는커녕 추방령까지 당한 것에 대해선 도저히 참을 수 없었다며 다음과 같이 말한다.

"정치에 전혀 흥미조차 없던 나에게 미국 사회에서 지니고 있는 영향력을 이용하려는 박 대통령 부부의 수차에 걸친 간절한 요청으로 코리안 로비에 개입하게 되지 않았던가. 본업을 뒷전으로 제쳐놓고 조국을 돕고

---

11) 김충식, 『정치공작사령부 남산의 부장들 2』(동아일보사, 1992), 268쪽; 김한조, 『코리아게이트: 로비스트 김한조 최초 고백 1』(열림원, 1995), 276-278쪽.
12) 윤길주, 〈인터뷰·'코리아게이트'의 주역 김한조 씨: "국가를 위한 일이었기에 이런 고통을 참고 삽니다"〉, 『뉴스메이커』, 1995년 9월 28일, 59면.

자 하는 코리안 로비에 주야로 발벗고 나서 나의 막대한 사비를 들여가
며 동료들의 도움으로 큰 성과를 냈던 것이다. 이에 대해 박 대통령은 눈
물까지 글썽거리며 감사해했고 심지어 '제일 가는 애국자'라고까지 추
켜세우며 감격해했었다. 그런데 위로와 용기가 제일 필요한 이때에 나에
게 이토록 가혹하게 추방령을 내린다는 것은 도저히 용서할 수 없는 일
이었다. (중략) 이들은 내가 면책권을 포기하고 끝끝내 입을 열지 않는
것을 보고 아마도 내가 코리아게이트가 일어나면서 모든 관계 서류를 소
멸시켜 면책권을 받을 만한 근거 서류가 전혀 없다고 믿었던 듯하다. 그
러나 나는 대통령의 친필 서신과 육 여사의 친필 서신, 근혜 양이 보낸
편지까지 갖고 있다. 심지어 함께 저녁 식사를 하며 찍었던 사진도 갖고
있다. 또한 당시 중앙정보부장 신직수와 중앙정보부 차장보 양두원이 보
낸 모든 서류를 하나도 버리지 않고 FBI의 그 어려운 조사 과정에서도
숨겨서 갖고 있었으며 지금도 갖고 있다. (중략) 온몸에는 식은땀이 흘렸
고 내 주먹은 움켜져 있었다. '이런 고약한 인간들, 이런 잔악한 인간
들.' "[13]

　　그러나 문명자는 "뒤늦게야 그의 사기 행각을 눈치챈 박정희 역시 그
에게 추방령을 내렸다"[14]라고 말하는 등 김한조에 대해 매우 부정적인
평가를 내리고 있어 과연 어떤 게 진실인지 헷갈린다. 또 김한조는 자신
을 곤경에 처하게 만든 증언을 한 김상근에 대해 매우 부정적인 평가를
하고 있지만, 문명자의 평가는 정반대다. 김상근은 박 정권이 '백설작
전'의 모든 책임을 뒤집어씌울 희생양으로 자신을 택한 걸 알고 미국에
망명을 하게 되었다는 것인데, 이때에 도와 준 사람이 바로 문명자였
다.[15]

13) 김한조, 『코리아게이트: 로비스트 김한조 최초 고백 2』(열림원, 1995), 84-85쪽.
14) 문명자, 『내가 본 박정희와 김대중』(월간 말, 1999), 253쪽.
15) 문명자, 위의 책, 241-244쪽.

과연 누구의 말이 더 진실에 가까운 걸까? '박정희'와 '조국'을 구분하지 못한 채 박정희 찬양에 열을 올린 김한조의 과거엔 비판적인 평가를 내린다 하더라도 1981년부터 서울 흑석동 15평 셋집에 혼자 살고 있다는 김한조의 처지를 생각하면, '사기 행각'이라는 평가는 과한 것 같다는 생각이 든다. 추후 누군가가 진상을 더 밝혀줄 걸 기대할 수밖에 없을 것 같다.

싱글로브의 항명

'코리아게이트' 파문이 진행되고 있는 동안, 주한미군 철수를 둘러싸고 카터 행정부와 박 정권 사이에 벌어진 갈등은 미국 『워싱턴 포스트』 1977년 5월 9일자로 인해 첨예화되었다. 주한미군 참모장인 소장 존 싱글로브와 인터뷰를 한 기사를 실은 이 신문은 청와대는 즐겁게 해주었지만 백악관을 발칵 뒤집어지게 만들었다. 싱글로브의 다음과 같은 발언 때문이었다.

"카터의 철군 계획은 2-3년 묵은 군사정보에 바탕을 두고 있으며, 지난 12개월 동안 북한 군사력은 훨씬 강력한 것으로 평가되고 있다. 남한에서 미 지상군을 빼가면 남북한 모두에게 미국이 한반도에서 손을 떼는 것으로 인식돼 전쟁이 날지도 모른다. 단 한 명의 미군 주둔이 천 마디 안보 공약보다 낫다."[16]

싱글로브의 이 발언은 항명(抗命)으로 간주되어 싱글로브는 5월 19일 미국으로 소환을 당했지만, 미국 언론은 그를 '제2의 맥아더 장군'이라 치켜세우고 카터의 '과잉 반응'을 비판하는 쪽이었다.[17]

---

16) 정진석, 『총성 없는 전선: 격동의 한·미·일 현대 외교 비사』(한국문원, 1999), 86쪽에서 재인용.
17) 최규장, 『언론인의 사계』(을유문화사, 1998), 147쪽.

군이 싱글로브의 '항명'이 아니라 하더라도, 여러 현실적인 이유로 카터의 주한미군 철수 계획은 늦춰지게 되었다. 1978년 4월 21일, 카터는 1978년 말까지 6천여 명의 지상병력을 철수시키려던 계획을 1979년 말까지로 연기한다고 발표하면서 이 문제를 한국의 인권 문제와 결부시키려는 정책을 구사하였다.[18]

---

18) 정진석,『총성 없는 전선: 격동의 한·미·일 현대 외교 비사』(한국문원, 1999), 91-92쪽.

충효 교육 실시

'정신 무장'을 의미한 '정신문화'

유신을 찬양한 박종홍 철학은 '국적 있는 교육'을 앞세워 국사 교육과 충효 교육을 강화하는 이론적인 토대로 활용되었다.[19] 박정희는 공작과 고문을 한 축으로 하는 폭압통치를 하면서도 그걸 정당화 또는 포장하기 위한 이데올로기 계발도 게을리 하지 않았다. 1976년 7월 21일 박정희는 "전통에 바탕을 둔 새로운 민족문화의 창조와 계발"을 위해 이를 담당하는 기관을 설립하라고 지시했다.[20] 이 지시로 후일 만들어진 것이 바로 한국정신문화연구원이었다.

박정희가 생각하는 '정신문화'라는 건 사람들이 보통 사용하는 의미의 것이 아니었다. 그건 병영체제하에서의 '정신 무장'을 의미하는 것이

---

19) 김석수, 『현실속의 철학 철학속의 현실: 박종홍 철학에 대한 또 하나의 해석』(책세상, 2001), 165쪽.
20) 전재호, 『반동적 근대주의자 박정희』(책세상, 2000), 106쪽에서 재인용.

었다. 1976년 10월 4일부터 전국적으로 벌어진 다음과 같은 의식(儀式) 이야말로 박정희가 생각하는 '정신문화'의 진수를 보여 주는 것이었는 지도 모른다.

"이 날부터 오후 다섯 시만 되면 3천만 한국 사람이 일시에 태극기를 바라보는 석고상으로 변했다. 한 사람만 빼고······. 3천만 국민 전체 차렷! 3천만 국민 일동 국기에 대하여 경례! 인류 최대 규모의 행동 통일! 조선(북한)의 10만 집단 체조와 100만 군중대회는 여기 비하면 초보 수준이다. 3천만이 부동자세로 서서 경건한 마음으로 태극기를 우러러 보아야 했다. '조국의 무궁한 영광을 위하여 몸과 마음을 바치겠다'고 맹세하면서. 안 서거나 안 우러러보면 역적 아니면 간첩이다.······박정희의 국가 숭배는 국가주의의 차원을 서너 단계 높였다. 그는 고작 군대 안에서 맴돌던 일본식 국가주의를 전 국민의 일상 생활 속까지 파고들게 한 최고의 국가주의자였다."[21]

'충효 교육을 중심으로 한 도의 교육의 강화'

그러한 준비 운동을 마친 후 박정희는 1977년부터 본격적으로 '충효 사상'을 역설하기 시작했다. 그는 2월 4일 문교부 연두순시에서 '충효사상'을 교육하라는 지시를 내렸다. 문교부는 어명(御命)을 받고 2개월간 열심히 연구한 후 4월 '충효 교육을 중심으로 한 도의 교육의 강화 방안'을 마련하고 전 학교에서 실시하도록 지시를 내렸다. 이에 대해 전재호는 다음과 같이 말한다.

"이 방안에 따라 서울시 교육위원회는 1977년에 경애(敬愛) 교육의 강화를 국민정신교육이라는 장학 방침의 구현 방향으로 정하고 다음과 같

---

21) 최상천, 『알몸 박정희』(사람나라, 2001), 271쪽.

박정희가 말한 '정신문화'는 병영체제하에서의 '정신 무장'을 말한다. 1976년 율곡 기념관에서.

은 측면에서 장학 지도를 확인·점검했다. 첫째, 국민윤리, 국어, 국사, 사회 등 관련 교과를 통해 충효의 현대적인 의미를 지도하여, 충효사상이 한국 도덕규범의 근본임을 강조한다. 둘째, 선현들의 충효 실천 사례를 발굴하고, 정신 훈화나 전 교과에서 인간 교육에 활용한다. 셋째, 고전 읽기, 주생활 목표 및 학급회의 주제 설정, 일기 쓰기, 일일일선(一日一善), 부모님 돕기, 등하교시 부모님께 인사하기, 효행자 발굴 표창, 스승, 부모, 가정, 국가에 감사하기 등 충효 실천의 학생 활동을 점검한다.

넷째, 국립묘지 헌화 봉사, 글짓기, 웅변대회, 어버이 초청 위안 등 현충일과 어버이날 행사의 교육 효과를 검토한다. 또한 서울시 교육위원회는 충효 교육의 이론을 제공하고 실제 교육에 도움을 주고자 『충효 교육의 이론과 실제』라는 책을 만들어 1978년 7월에 전 교직원에게 배포했다."[22]

문교부와 경쟁에 나선 문공부

문교부가 뛰는데 문공부가 가만 있을 수는 없었다. 전 국민의 '정신 무장'에 있어서 두 부서는 쌍두마차가 아니던가. 문교부는 학생들을 상대하는 반면, 문공부는 일반 성인을 상대한다. 누가 더 중요한가? 아마도 문공부는 그런 각오를 다졌던 것 같다.

문공부는 10월 26일 가을 프로그램 개편을 앞두고 TV 프로그램에서 코미디를 일제히 폐지하라는 대담한 지시를 내렸다. 코미디언들 대신 박 정권의 관료들이 직접 코미디를 하겠다는 것이었을까? 문공부의 코미디 같은 히스테리에 대해 코미디가 저속하다고 해서 코미디 자체를 없앤다는 것은 본말의 전도라는 여론이 일었다. 그러자 문공부는 11월 개편에서 이 문제는 방송사의 재량에 위임하는 선으로 한 발 뒤로 물러섰다. 그래도 그 파급 효과는 컸다. 코미디 프로그램들이 우수수 없어지고 주 1회 하나의 코미디 프로그램만 각 방송사에 남게 되었으니 말이다. 그것마저도 이상하게 변질되었다. 『웃으면 복이 와요』는 캠페인성 코미디로, 『고전 유머극장』은 권선징악을 주제로 한 코믹 사극으로 바뀐 것이다.[23]

'충효 교육'에 재미를 붙인 박정희는 1978년 '조상 전래의 충효사상에 입각한 도의사상의 앙양'을 하라는 지시를 내렸다. 이에 따라 방송사

---

22) 전재호, 『반동적 근대주의자 박정희』(책세상, 2000), 103쪽.
23) 정순일 · 장한성, 『한국 TV 40년의 발자취: TV 프로그램의 사회사』(한울아카데미, 2000), 111쪽.

들이 앞다투어 불건전하고 퇴폐적인 외래 풍조를 추방하자는 운동을 전
개하였고, 그 결과 전통적인 미덕을 담은 소재를 다루는 프로그램들이
증가하였다.[24] 문공부는 1976년 4월 '가족시간대 프로그램 편성 · 제작
지침'을 통해 '민족사관정립극'이란 것을 제작하도록 지시했다. 그러나
이게 별 효과가 없다고 판단했던 것인지 1978년의 '프로그램 지침'을 통
해선 사극 중심의 '민족사관정립 드라마'를 새마을운동과 반공을 소재
로 한 현대극으로 바꾸라고 지시했다.[25]

새마음운동

새마을운동 뿐만 아니라 새마음운동도 한몫 거들었다. 새마음운동에
대해 최장집은 다음과 같이 말한다.

"1970년대 중반부터 대통령의 큰 딸의 후원 아래 새마음운동이라는
또다른 전국 규모의 이데올로기적 주입 운동이 일게 되었다. 새마을운동
과 함께 진행된 새마음운동은 전자의 허점을 보완하는 데 유용했다. 그
운동은 유교적 윤리규범에서 직접 도출된 충과 효의 전통적 미덕을 부활
시키는 데 목적이 있었다. 그 운동이 의미하는 것은 분명했다. 즉, 개인
적인 충성에 입각한 위계질서로서 사회의 이미지를 고양시키고, 이를 통
해서 박 대통령의 이미지를 한국 국가와 사회의 가부장으로서 나타나도
록 하려는 시도였다. 대체로 권위주의적 이데올로기를 강조하는 이 운동
은 조화롭게 질서화된 기계적 인간 관계를 공장 새마을운동에 순조롭게
접합시킴으로써 고용주와 피고용인의 관계가 부자 관계와 유사한 것으
로 인식되게끔 하였다."[26]

---

24) 전재호, 『반동적 근대주의자 박정희』(책세상, 2000), 103-104쪽.
25) 임영태, 『대한민국 50년사 2』(들녘, 1998), 109-110쪽.
26) 최장집, 『한국의 노동운동과 국가』(나남, 1997), 208쪽.

'박정희 민족주의의 반민족성'

박정희가 1976년 7월 21일에 설립 지시를 내린 한국정신문화연구원
은 1977년 5월 18일 설립추진본부 발족을 거쳐 1978년 6월 30일 정식으
로 개원했다. 개원식에서 박정희는 연구원의 설립 취지와 목적에 대해
"우리 전통문화를 보다 깊이 연구하고 올바로 이해하여 주체적 민족사관
을 정립하고 조상의 빛난 얼과 자주정신을 오늘에 되살려서 새로운 문화
창조와 민족중흥에 적극 기여하자는 데 있"다고 말했다.[27]

박정희의 이 같은 공식적인 발언에 근거하여 박정희를 민족주의자로
보는 시각이 있다. 이에 대해 이우영은 〈박정희 민족주의의 반민족성〉이
라는 글에서 "1980년대의 군부는 친미적이라는 등식이 성립되면서 엉뚱
하게도 박정희 시대에는 민족적 주체성이 강조되었다는 일종의 착각 현
상도 없지 않다"[28]라며 다음과 같이 말한다.

"사대주의의 배격을 주장하였음에도 미국과 일본의 문화적 경제적 침
투는 심화되었으며, 이것은 경제개발이라는 미명하에 정당화되었
다.……박정희의 정치 이념은 전통적인 유교나 가부장적 권위주의를 일
본의 군국주의와 결합시키고, 이것을 바탕으로 하여 서구의 근대화론을
흡수하였다. 그러나 충효를 독재의 정당화로 이용하는 등 전통사상의 긍
정적 승계를 가로막았고, 전통사상의 긍정적인 요소보다 부정적인 요소
들이 강조되게 하는 문제를 낳았다. 이것은 결국 정권을 지지하였던 사
람이나 그 반대에 있던 사람 모두에게 전통적인 이념의 부정적인 인상을
강화시켜 궁극적으로 주체성의 위기를 초래하였다.……결국 박정희가
강조하는 민족은 민족의 이익이나 발전을 토대로 하였다기보다는 그가

---

27) 전재호, 『반동적 근대주의자 박정희』(책세상, 2000), 106쪽에서 재인용.
28) 이우영, 〈박정희 민족주의의 반민족성〉, 『역사비평』, 제10호(1990년 가을), 224쪽.

경험하였던 교육과 개인적 성장 배경과 성장 과정에서 받아들였던 사상적 조류들이 종합된 필연적 결과라고 할 수 있다.……따라서 그의 민족주의는 오히려 반민족적 이념의 대표적인 예라고 보아야 할 것이다."[29]

---

29) 이우영, 〈박정희 민족주의의 반민족성〉, 『역사비평』, 제10호(1990년 가을), 238쪽.

MBC 대학가요제

예상을 뒤엎은 뜨거운 열기

1977년 9월 3일 토요일 밤 정동 MBC의 문화체육관에서 열린 '대학 가요제'는 2천여 명의 방청 대학생들의 뜨거운 열기로 가득 찼다.[30] 이는 예상하지 못했던 반응이었다. 예선을 거치면서 짐작은 했겠지만, 처음 기획 단계에서는 대학생들의 참여가 있을까 하고 걱정했다는 말이다. 이걸 기획했던 당시 MBC 편성국장 임성기는 다음과 같이 말한다.

"그 시절에 KBS, TBC, MBC의 TV 3사에는 대학생을 대상으로 하는 프로그램이나 행사가 없었다. 대학문화와 방송과의 접목은 방송의 질과 폭을 넓힐 수 있다고 생각한 끝에 창작가요제를 착안하게 되었다. 이 행사의 기획안은 내가 TV 제작국장이었을 때부터 올렸지만 채택이 되지 않았다. 그것은 지금 못지 않게 (그때의) 대학 사회가 시끄러웠기 때문이

---

30) 최경식, 〈쪽정이가 더 많았던 곡과 가사: 제일회 대학가요제〉, 『뿌리깊은나무』, 1977년 10월, 144쪽.

었고 참여도를 걱정한 윗분들과 편성 쪽에서의 염려 때문이었다. 그러나 어렵게 채택이 되었는데 이번에는 행사를 담당해야 할 제작부서에서 고개를 흔드는 것이었다. 어쩔 수 없었다. 나는 편성에서 제작까지 하는 편법으로 진행해 나갔다. 예고가 나가고 지방사의 예선이 시작되었다. 문제가 생겼다. 지방사 예선에서 행사장인 체육관의 문과 유리창이 몰려든 관중 때문에 여러 곳에서 부서졌다는 보고였다. 본사 임원실에는 청와대를 비롯한 거절하기 어려운 여러 곳에서 계속 입장권을 보내라는 전화가 빗발쳤다."[31]

호응이 약했더라면 대학가요제는 이 한번으로 끝났겠지만, 높은 호응 덕분에 대학가요제는 이후 계속 열리게 되었고 대중문화 전반에 적잖은 영향을 미치게 되었다. 제1회 대상은 샌드 페블즈(조영득 외 4명)의 〈나어떡해〉가 차지했고, 제2회(1978년 9월 9일) 대상은 김성근 외 6명의 〈밀려오는 파도소리에〉, 금상은 노사연의 〈돌고 돌아가는 길〉, 은상은 활주로(배철수 외 3명)의 〈탈춤〉이 받았으며, 제3회(1979년 8월 25일) 대상은 김학래와 임철우의 〈내가〉가 차지했다.

MBC 대학가요제의 성공에 자극받아 1978년엔 TBC의 '해변가요제'가 생겼고, 1980년엔 MBC 라디오국이 주관하는 '강변가요제'가 생겼다. 이 가요제들은 모두 대학생들을 대상으로 한 것들이었다.

대학가요제의 사회사적 의미

대학가요제의 사회사적 의미는 무엇일까? 우선 대학생(전문대생 포함) 인구는 1960년 10만 1천 명, 1970년 16만 3천 명, 1980년 56만 5천 명,

---

31) 임성기, 〈남기고 싶은 이야기: 기억에 남는 대학가요제〉, 문화방송, 『문화방송 30년사』(문화방송, 1992), 534-535쪽.

1990년 1백38만 명으로 급증하는 추세를 보여 왔다는 점에 주목할 필요가 있을 것이다.[32]

그와 더불어 대마초 사건이 가요계를 강타한 1970년대 중반 이래로 적어도 대학생 문화에선 사실상 가요가 후퇴하고 대신 팝이 그 자리를 메웠다는 점도 중요한 의미를 갖는다. 대학가요제는 팝이 메운 그 자리를 치고 들어가 팝의 취향을 살리면서 가요의 대중성을 접목해 성공을 거두었다고 보아야 하지 않을까?[33]

가요평론가 이영미는 대마초 파동 이후 나타난 '공백기'에 대해 다음과 같이 말한다.

"1976, 1977년 두 해를 통틀어 각 방송사에서 뽑은 최고의 가수가, '쨍하고 해 뜰 날 돌아온단다' 라는 이촌향도한 하층민의 정서를 담고 있으되 하도 절제감이 없어서 당혹스러운 노래 〈해 뜰 날〉(송대관 작사, 심대성 작곡) 한 곡으로 스타가 된 송대관이었다는 점은 이 시기가 얼마나 심한 공백기였는가를 보여 준다. 새로운 할 말을 만들어낼 수 없는 정치적 억압기로 트롯으로의 양식적 퇴행이 이루어질 수밖에 없으나, 예전의 그 방식대로의 트롯에는 대중들이 이미 싫증을 내고 있는 이런 상태에서 등장한 새로운 현상은, 록그룹의 출신들이 트롯 가수로 변신하는 것이었다. 1975년 조용필의 〈돌아와요 부산항에〉(황선우 작사·작곡)의 예기치 않은 대인기는 포크가 시든 대중가요계에 트롯이 부활할 것이라는 신호탄이었던 동시에, 록의 제1세대가 쌓아 놓은 가창과 연주의 노하우가 트롯으로 유입되리라는 점을 보여 주고 있다는 점에서 중요하다."[34]

조용필의 〈돌아와요 부산항에〉는 재일동포 모국 방문단 열기에 힘입어 히트한 것이었는데, 조용필은 1977년 제2차 대마초 파동으로 사라졌

32) 이종범, 〈서론〉, 이종범 편, 『전환시대의 행정가: 한국형 지도자론』(나남, 1994), 17쪽.
33) 변재운, 〈가요·영화 명과 암: 외풍에 춤춘 풍류 반세기〉, 『국민일보』, 1995년 9월 27일, 10면.
34) 이영미, 『한국대중가요사』(시공사, 1998), 247-248쪽

다가 1980년 〈창밖의 여자〉로 재기하였기 때문에 1970년대 후반의 가요
계엔 큰 영향을 미치지 못했다. 두 번에 걸친 대마초 파동이 대학가의 아
마추어들에게 프로화될 수 있는 기회를 제공했다고 보아야 할 것이다.
대학가요제엔 정서 또는 심리적 차원의 흡인력도 있었을 것이다. 이에
대해 이영미는 다음과 같이 말한다.

"1977년부터 시작된 문화방송의 대학가요제와 뒤를 이은 동양방송의
해변가요제는, 젊은층이 가요의 주요 수용층이었고 청년문화의 세례로
그들의 취향이 이미 크게 달라졌는데 가요계는 심한 공백으로 이들을 만
족시키지 못하는 상황에서 젊은 감수성에 맞는 대중가요를 상업적 이벤
트를 통해 생산해내고자 하는 상업적 의도와, 대마초 파동과 정치적 억
압 등으로 '뻥 뚫린' 젊은층의 마음을 대신 충족시켜 줄 무엇인가를 주
어야 한다는 정치적 배려가 맞아떨어졌을 것이라고 보인다."[35]

대학가의 그룹사운드 붐

대학가요제의 성공은 대학가의 문화에도 적잖은 변화를 몰고 왔다.
아들에게 들려 주는 한 아버지의 증언을 들어 보자.

"1970년대 후반에는 대학 캠퍼스에 그룹사운드 붐이 일었지. 축제 때
마다 쌍쌍파티라는 게 있었어. 여자 친구와 함께 가는 쌍쌍파티. 그러면
꼭 뒤에서 반주해 주는 그룹사운드들이 있었는데 이 친구들의 음악이 아
주 신선했어. 그런 친구들이 어느 날 하나둘씩 TV에서 보이기 시작했어.
그게 대학가요제란다. 요즘은 김이 빠져 버렸지만, 대학가요제가 엄청난
인기를 누렸던 시절이 있었지. 산울림이며 지금 너희들이 말 삼형제라고
부르는 사람 중의 하나인 이수만도 그때 대학가요제로 사람들에게 알려

---

35) 이영미, 『한국대중가요사』(시공사, 1998), 248-249쪽.

진 사람들이었단다. 그룹사운드, 대학생들뿐만 아니라 고등학생들도 너도나도 그룹사운드, 밴드를 만들었어. 그래서 그런 말이 나왔을 거야. 젊은 시절에 한번쯤 음악 밴드를 하고 싶지 않았던 사람이 있었겠느냐는 말 말이야. 송골매, 옥슨 80 등 유명한 애들이 많았단다. 나중엔 어린애들에게 인기를 얻으면서 이전의 신선함을 잃었고, 또 그들 대부분은 학교에서 잠깐 하는 취미 생활 정도로 생각해 졸업하면 넥타이를 맨 회사원들로 재빨리 변해 갔지."[36]

---

36) 백영선, 〈고고장을 가득 채운 미국식 리듬과 선율〉, 『IMAZINE』, 1997년 4월, 117쪽.

리영희 필화 사건

『8억인과의 대화』와 『우상과 이성』

민주화 활동으로 1976년 2월 해직 교수가 된 리영희는 1977년 9월 1일 창작과비평사에서 『8억인과의 대화』라는 책을 펴냈다. 이 책은 '현지에서 본 중국대륙'이라는 부제가 말해 주듯이 리영희가 편역자가 되어 외국의 중국 전문가들이 쓴 24편의 글을 소개한 책이었다. 리영희는 서문에서 다음과 같이 말했다.

"여러 가지 이유로 하여 우리 정부도 중공을 '비적성 국가'로 규정하고 '중화인민공화국'이라는 공식 명칭도 사용하며 종래의 제한조치의 일부를 해제하는 등 이해성 있는 정책으로 전환한 지도 몇 해가 되었다. (중략) 체제가 다르고 살아온 배경이 다르다 하더라도, 거기도 사람이 사는 곳이다. 천국도 아닌 반면 지옥도 아니다."[37]

---

37) 리영희, 『8억인과의 대화: 현지에서 본 중국대륙』(창작과비평사, 1977, 제5쇄 1995), 3-4쪽.

리영희는 이어 3개월 후인 11월 1일 한길사에서 『우상과 이성』이라는 책을 출간했다. 20여 일 후인 11월 23일, 리영희는 남영동의 '치안본부 대공분실'에 끌려가 20일간 조사를 받고 검찰에서 다시 20일간 조사를 받은 뒤 12월 28일 반공법 위반으로 기소되었고, 창작과비평사의 발행인 백낙청은 불구속 기소되었다. 리영희의 책 두 권이 다 '해외 공산집단을 고무찬양한 것'으로 반공법 위반이라는 게 그 이유였다.[38] 그 이전에 낸 『전환시대의 논리』까지 문제가 되었다.

리영희가 기소된 날 그의 어머니가 사망했다. 시인 고은은 자신의 인물 연작 시집 『만인보』에서 리영희에 대해 다음과 같이 말한다.

"70년대 대학생에게는/리영희가 아버지였다/그래서 프랑스 신문 『르몽드』는/그를 한국의 젊은이들에게/'사상의 은사'라고 썼다/결코 원만하지 않았다/원만하지 않으므로 그 결핍이 아름다웠다/모진 세월이 아니었다면/그 저문 골짜기 찾아들 수 없었다/몇 번이나 맹세하건대/다만 진실에서 시작하여/진실에서 끝나는 일이었다/그의 역정은/냉전시대의 우상을 거부하는 동안/그는 감방 이불에다/어머니 빈소를 마련하고/구매품 사과와 건빵 차려놓고/관식 받아 차려놓고/불효자는 웁니다/이렇게 세상 떠난 어머니 시신도 만져보지 못한 채/감방에서 울었다 소리 죽여"[39]

"검사가 '반공법 위반이다' 하면 위반"

리영희는 검사와 설전을 벌였다. 『자본론』이 무슨 책인지도 모르는 검사의 논리가 리영희의 당당한 주장을 압도할 리 만무했다. 검사는 할

---

38) 리영희, 『역설의 변증: 통일과 전후세대와 나』(두레, 1987), 291쪽.
39) 고은, 『만인보 제12권』(창작과비평사, 1996), 82~83쪽.

말이 없어지자 다음과 같이 외쳤다.

"이것 봐요! 당신이 뭐라고 변명하든, 무슨 학문적 이론을 내세우든 검사가 '반공법 위반이다' 하면 위반인 거요. '우상과 이성'이라니, 누가 우상이고 누가 이성이라는 거야! 건방지게시리!"[40]

그랬다. 그런 식이었다. 박정희가, 그리고 그의 하수인인 검사가 '반공법 위반'이라면 위반인 것이지 다른 이유가 필요 없었다. 리영희의 책 가운데 검찰이 반공법 위반으로 문제삼은 두 토막만 인용해보자.

"북한 대표가 처음으로 유엔총회에서 연설을 우리말로 했다는 것이 작년 겨울 한때 화제가 되었지만, 긴 눈으로 높은 차원의 '효능'을 생각할 때, 이데올로기의 정치를 떠나서 같은 민족으로서 이것이 좋은 일이라고 생각했다. 본인의 경험으로도 약소국 특히 식민지였던 민족의 대표가 구식민 모국 외교관보다 더 '유창'한 외국어로 연설하는 것보다, 차라리 서툴기는 하지만 긍지를 지키면서 하는 연설에 대국 외교관들이 찬사와 경의를 표하는 것을 목격한 일이 있다."

"정치는 내가 할 테니 너희는 농사만 지으면 된다는 말이 성립될 수 없지 않은가. 우리 농민은 너무도 오랫동안 복종과 순종만을 해온 것 같아. 생각하고 저항할 줄 아는 농민을 보고 싶은 마음 간절하네."[41]

'진실을 안다는 것은 괴로운 일'

"'우상과 이성'이라니, 누가 우상이고 누가 이성이라는 거야!" 이렇게 외친 무식한 검사는 그 책도 제대로 읽지 않았던 것 같다. 리영희는 『우상과 이성』의 〈서문〉에서 책의 제목과 관련하여 다음과 같이 말했다.

---

40) 리영희, 『역설의 변증: 통일과 전후세대와 나』(두레, 1987), 308쪽.
41) 김언호, 『책의 탄생(2): 저자와 독자와 출판인, 그리고 시대정신』(한길사, 1997), 34-35쪽에서 재인용.

"나의 글을 쓰는 유일한 목적은 진실을 추구하는 오직 그것에서 시작되고 그것에서 그친다. 진실은 한 사람의 소유물일 수 없고 이웃과 나눠져야 할 생명인 까닭에 그것을 알리기 위해서는 글을 써야 했다. 그것은 우상에 도전하는 이성의 행위이다. 그것은 언제나, 어디서나 고통을 무릅써야 했다. 지금까지도 그렇고 영원히 그러리라고 생각한다. 그러나 그 괴로움 없이 인간의 해방과 발전, 사회의 진보는 있을 수 없다."[42]

이 〈서문〉에서 리영희는 자신이 정신적 스승으로 생각하는 중국 지식인 노신의 말을 인용하면서 "진실을 안다는 것은 괴로운 일이다"라고 토로했다. 노신은 어떤 말을 했던가? 리영희는 다음과 같이 말한다.

"노신의 글 가운데, 빛도 공기도 들어오지 않는 단단한 방 속에 갇혀서 죽음의 시간을 기다리는 사람에게 벽에 구멍을 뚫어 밝은 빛과 맑은 공기를 넣어 주는 것이 옳은 일인지 아닌지를 궁리하면서 고민하는 상황의 이야기가 있다. 방 속의 사람은 감각과 의식이 마비되어 있는 까닭에 그 상태를 고통으로 느끼지 않을 뿐더러 자연스럽게까지 생각하면서 살아(죽어) 가고 있다. 그런 상태의 사람에게 진실을 보는 시력과 생각할 수 있는 힘을 되살려 줄 신선한 공기를 주는 것은 차라리 죄악스러운 일일 수도 있지 않느냐 하는 말이다."[43]

이런 의문은 늘 리영희를 괴롭혀 왔다. 박 정권하에서 진실을 안다는 건 괴로운 일인 정도가 아니라 큰일날 일이었다. 그 진실을 말한다는 건 더욱 큰일날 일이었다.

1978년 1월 27일 리영희의 첫 공판이 열렸다. 검사는 "『8억인과의 대화』 책 내용이 사실일지라도 중공을 긍정적으로 묘사하는 것은 반공법 위반이다"라고 주장했다. 리영희는 "그럼 중공은 굶어 죽을 지경이라고

---

42) 리영희, 『우상과 이성』(한길사, 1977, 개정7판 1990), 8쪽.
43) 리영희, 위의 책, 7-8쪽.

기술해야만 하느냐"고 물었다. 검사는 "그렇다. 사실을 사실대로 말할지라도 반공법에 걸린다"라고 말했다.[44]

리영희는 2심에서 징역 2년 자격정지 2년을 선고받았고 상고심은 기각되었다. 그는 2년 형을 마치고 1980년 1월 9일 광주교도소에서 출옥하지만, 그의 감옥행은 그걸로 끝난 것이 아니었다.

자유실천문인협의회의 활동

리영희의 필화 사건이 일어난 1977년의 문학·출판계는 거의 암흑 상태였다. 6월 시인 양성우의 구속, 9월 월간 『대화』의 무기한 휴간 조치, 10월 고은과 조태일의 일시 구속 등 필화 사건이 줄줄이 이어졌다. 이런 사태에 대해 자유실천문인협의회가 나섰다.

"문학·출판에 대한 노골적 억압이 가중되자 자유실천문인협의회는, 1977년 11월 18일 협의회 결성 3주년을 맞아 '자유실천문인협의회 제3선언'을 통하여 전열을 가다듬고 표현의 자유를 쟁취하기 위해 분투할 것을 다짐하였다. 그리고 그 구체적 실천으로 우선 '김지하 구출위원회'를 결성하여 1978년 3월부터 '김지하 문학의 밤'을 전국 도시에서 잇따라 개최하는 한편 '민족문학의 밤', '구속문학인의 밤' 등을 전국 도시를 순회하며 열었다. 그것은 물론 투옥 작가에 대한 구명운동인 동시에 그들의 작품을 대중에게 널리 알림으로써 작품을 통하여, 그리고 그 작가의 구속을 통하여 독재권력에 질식당한 문학 현실을 고발하고 표현의 자유를 주창한 것이다."[45]

---

44) 안철흥, 〈70, 80년대 재야운동 야사 ③ 유신 말기의 민주화운동: 지식인들, 노동자·농민과 만나다〉, 『월간말』, 1996년 6월, 189쪽.
45) 한국기독교교회협의회 인권위원회, 『1970년대 민주화운동 (III)』(한국기독교교회협의회, 1987), 1036쪽.

병영체제하의 민주화투쟁

'이심전심 유언비어 유포죄'

1977년 3월, 3·1 민주구국선언 사건 1주년을 맞아 재야 지도자 10인은 또 한 차례 유신과 긴급조치의 철폐를 촉구하는 선언문을 발표하였다. 3·1 명동 사건 관계자들에 대한 대법원의 확정 판결(상고 기각)이 내려진 3월 22일, 윤보선·정구영·윤형중·천관우·정일형·양일동·함석헌·지학순·박형규·조화순 등 재야 지도자 10명은 3·1 명동 사건 최종 판결과 관련하여 시국에 대한 입장을 밝히는 '민주구국헌장' 에서 유신철폐, 고문·사찰·폭압정치의 종식을 요구하였다.[46]

이를 계기로 천주교정의구현전국사제단은 "사회정의가 거부당할 때 소리 높이 외치는 것이 우리의 소망"이라는 내용의 '7·7 선언' 을 발표하였다.[47]

---

46) 김삼웅 편저, 『사료로 보는 20세기 한국사: 활빈당 선언에서 전·노 항소심판결까지』(가람기획, 1997), 341-342쪽.
47) 김삼웅 편저, 위의 책, 342쪽.

그러나 1977년 상반기는 그러한 '소망'을 실현하기 어려울 만큼 정국이 얼어붙어 있었다. 4월 19일에 일어난 연세대의 이른바 '백지 팸플릿' 사건이 그런 사정을 잘 말해 주었다고 볼 수 있을 것이다.

사건의 내용은 간단하다. 4·19를 맞아 연세대 몇몇 학생들이 그냥 백지를 돌렸을 뿐이다. 굳이 언어로 말하지 않더라도 누구든 이심전심 (以心傳心)으로 통할 수 있을 만큼 박 정권의 광기는 극을 치닫고 있었던 것이다. 그런 상황에서 백지 성명서는 각자 읽고 싶은 대로 읽으면 되는 것이었다. 그러나 그 학생들은 백지를 돌린 지 채 1분도 안 되어 경찰에 끌려갔다.

"경찰에선 그 흰 백지에 뭐가 들었나 싶어 햇빛에 비춰보기도 하고, 불에 태워보기도 했다. 하지만 백지를 마이크로필름쯤으로 아는 그 멍청 이들의 눈에 그런다고 뭐가 보일 리가 있을까. 죄목은 씌워야겠고, 찾아 낸 물증은 없고, 궁지에 몰린 멍청이들이 생각해낸 죄목은 참으로 기발 하다. 이름하여 '이심전심 유언비어 유포죄.' 결국 이 해괴망측한 죄목 에 걸린 4명 중 김철기 씨는 제적되고 나머지는 정학을 맞았다."[48]

'야 이놈아, 네가 판사냐'

1977년 여름, 전태일의 분신 자살이 일어난 지 약 7년이 지났다. 전태 일이 일했던 청계천 일대의 봉제공장 노동자들은 그 세월을 참고 견뎌왔 다. 안철홍은 그들이 드디어 이러한 인내를 그만둔 것이 1977년 여름이 었다며 다음과 같이 말한다.

"그 해 여름, 푹푹 찌는 더위를 참고 폐수 처리시설도 기동하지 않은

---

48) 장세현, 〈긴급조치 9호 세대의 독립선언: 1995년, 우리는 징검다리 세대다〉, 『사회평론 길』, 1995년 6월, 132쪽.

가죽공장에서 일하던 민종진이라는 노동자가 그만 질식해서 죽어 버린 것이다. 그 노동자의 장례식을 치르기 위해 청계피복, 동일방직, 인선사, 남영나이론의 노동자들이 병원 영안실로 모여들었다. 그리고 관을 들쳐 메고 연합시위를 벌였다. 이 시위로 전태일의 모친인 이소선 등 42명이 경찰에 연행되어 죽도록 두들겨 맞았다. 그러나 이 날 시위는 시작에 불과했다. 그 해 7월 22일에는 장기표의 재판이 있었다. 장기표는 '우리 태일이에게 대학생 친구 하나 있었으면……' 하면서 울던 이소선에게 '대학생 아들'이 되고자 자처한 이래 직접 노동운동에 뛰어들어 활동하고 있었다. 그 재판정에서 이소선은 '야 이놈아, 네가 판사냐'라고 대들다 법정모독죄로 구속되었다. 이에 7월 29일 평화시장 노동자들은 대책위를 구성했다. 이 대책위에 지식인, 종교인, 문인, 해직 언론인 등이 모여들었다. 그리고 윤보선의 부인 공덕귀가 대표를 맡고 박형규, 지학순 등과 함께 투쟁을 이끌었다. 이렇게 재야 본류와 노동자들은 만나서 하나가 되었다."[49]

시인 고은은 이소선에 대해 다음과 같이 썼다.

"어머니였다/한 아들을 시대에 바치고/떨쳐일어나/아들의 어머니가 아니라/7백만 노동자의 어머니였다/아니/장기표의 어머니이기도 하고/누구의 어머니이기도 했다/작은 몸이었다/그 몸에서/다부진 말 한마디 서툴게 나오자마자/질화로의 뜨거운 재가 날렸다/먼바다로부터의 파도가 몰려왔다/어머니/라는 말이/그렇게도 열렬한 정치일 줄이야"[50]

---

49) 안철흥, 〈70, 80년대 재야운동 야사 ③ 유신 말기의 민주화운동: 지식인들, 노동자·농민과 만나다〉, 『월간말』, 1996년 6월, 186~187쪽.
50) 고은, 『만인보 제10권』(창작과비평사, 1996), 19쪽.

학생들의 '가미가제' 식 투쟁

그 뜨거운 여름이 지나고 2학기가 시작되었다. 그리고 10월부터 학생들의 시위투쟁이 되살아났다. 이때엔 박정희 병영체제화가 워낙 철저해 이른바 "가미가제' 식 투쟁"[51]이 되었다. 10월 7일 서울대 사회학과 심포지엄 때 발생한 시위는 긴급조치 9호 이후 '최초의 대규모 시위'였다. 1천5백여 명의 학생들이 저녁 늦게까지 기동경찰의 최루탄과 페퍼포그에 대항해 교내 곳곳에서 투석전을 전개했다. 4백여 명이 연행되어 8명이 구속되고 제적 23명, 정학 38명 등 대량 학사 징계가 뒤따른 가운데 10개 단과대학이 20일간 휴업했다.[52]

10월 25일 연세대 시위에선 2천여 명의 학생들이 4시간 동안이나 기동대와 격렬한 충돌을 벌였다. 10월 31일 이화여대 시위가 있었고, 11월 4일 서울공대와 고려대에 유인물이 살포되었다. 11월 11일 서울대의 시위에는 3-4천 명의 학생이 참여해 '유신철폐'와 '총장(윤천주) 사임'을 외치며 밤 8시까지 경찰과 대치하였다.[53]

성직자, 해직 교수, 해직 기자들의 투쟁

광기 들린 박 정권은 목사들에게도 반공법이나 긴급조치 적용을 마구잡이로 해댔다. 아예 종교의 자유를 인정하지 않겠다는 듯 성직자들의 '설교' 내용의 일부를 그대로 공소사실로 인정하는 극단적인 탄압을 자행하였다. 그 결과 5월 강희남 목사 구속, 7월 조용술 목사 구속, 8월 오충일 목사 구속, 11월 고영근 목사 구속(1976년에도 구속)[54] 등 수많은 구

51) 서중석, 〈1960년 이후 학생운동의 특징과 역사적 공과〉, 『역사비평』, 제39호(1997년 겨울), 32쪽.
52) 한국기독교교회협의회 인권위원회, 『1970년대 민주화운동 (III)』(한국기독교교회협의회, 1987), 1027쪽.
53) 한국기독교교회협의회 인권위원회, 위의 책, 1027쪽.

속 사건이 발생했다.[55]

12월 2일엔 성내운, 김동길, 김병걸, 김용준, 김윤수, 김찬국, 문동환, 백낙청, 서남동, 안병무, 염무웅, 이문영, 이우정 등 해직 교수 18명이 중심이 되어 해직교수협의회를 만들어 '민주교육선언'을 발표하였다. 12월 29일에는 한국인권운동협의회가 결성되었다.

동아투위와 조선투위 등 해직 기자들은 출판 활동을 하는 동시에 유인물을 통해 자유언론에 대한 자신들의 신념을 토로하곤 했다. 12월 30일, 2년 6개월을 복역하고 출감한 이부영과 그에 앞서 출감한 성유보를 위한 합동환영회 겸 송년회에서 발표된 양 투위 공동명의의 '민주·민족언론선언' 가운데 일부를 인용해보자.

"권력의 시녀로 타락한 현 언론의 추악한 모습을 보라. 없는 정치를 있는 것처럼, 없는 경제를 있는 것처럼, 없는 문화를 있는 것처럼, 없는 비전을 있는 것처럼 터무니없이 왜곡하고 있다. 참된 정치, 참된 경제, 참된 문화, 참된 민족의 비전을 이 사회 제자리에 돌려놓기 위해서는 무엇보다 먼저 이 '사이비 언론'을 제거해야 한다. 지난 30여 년의 인고 속에서 과거의 언론인이 아닌 미래의 언론인으로 성장한 우리는 오늘의 '사이비' 언론을 타도하고 민주·민족언론을 세우는 책무를 통감한다. 지금 우리는 수많은 사람들이 지배층의 농락에 의해 빼앗기고 소외되어 온 것을 본다. 오늘날 우리는 수많은 사람들이 양심의 소리를 외치다가 감옥에 끌려가고 직장에서 쫓겨나고 배움터를 박탈당한 것을 목격하며 또한 소위 경제성장의 응달에서 병들고 찌들린 무수한 사람들의 신음과 절규를 듣는다. 민주언론은 이러한 민중의 아픔을 같이 하는, 민중을 위한 민중에 의한 민중의 것이어야 한다. 따라서 우리는 한줌도 안 되는 지

54) 한국기독교교회협의회 인권위원회, 『1970년대 민주화운동 (III)』(한국기독교교회협의회, 1987), 1060~1096쪽.
55) 한국기독교교회협의회 인권위원회, 위의 책, 1061쪽.

배자의 언론이기를 거부한다. 체제나 정권은 유한하다. 그러나 민중과 민족은 영원하다. 이 영원한 민중과 민족을 위한 언론, 즉 민주·민족언론을 우리는 지상 과제로 삼는다. 자유언론은 어느 한 시대를 뛰어넘는 우리의 영원한 실천 과제다. 따라서 우리는 영원한 투쟁을 선언하며 영원한 승리를 확신한다."[56]

---

56) 민주언론운동협의회 편, 『보도지침』(두레, 1988), 31-32쪽.

|백억 달러 수출 달성

박정희의 군사작전식 밀어붙이기

세계 언론은 가끔 박정희의 무자비한 인권 탄압을 거론하면서도 박정희 치하에서 이룩한 놀라운 경제성장에 더 큰 관심을 기울였다. 세계 언론은 한국을 아시아의 네 마리 용(한국, 대만, 싱가포르, 홍콩) 가운데 하나로 꼽았다.

1977년 6월 『뉴스위크』는 〈한국인이 몰려온다〉는 표지 기사를 통해 "한국인은 미국이나 일본과 같은 공업 구조와 국민 생활을 갖기 위해 열심히 일하고 있다. 일본인을 게으른 사람으로 보고 있는 세계 유일한 국민이다"라고 썼다.[57]

박정희는 100억 달러 수출 목표 달성을 1980년으로 정하고 강하게 밀

---

57) 오원철, 『한국형 경제건설 7: 내가 전쟁을 하자는 것도 아니지 않느냐』(한국형경제정책연구소, 1999), 40쪽에서 재인용.

어붙였다. 박정희는 "10월 유신에 대한 중간평가는 수출 100억 달러를 달성하느냐 못하느냐에 달려 있다"라고 외쳤다. 그는 "그렇기 때문에 행정, 생산양식, 농민 생활, 국민의 사고 방식, 외교, 문교, 과학기술 등 정부의 모든 정책 초점을 100억 달러 수출 목표에 맞추어 총력을 집중해야 한다"라고 촉구했다.[58] 그는 "100억 달러 수출을 전쟁으로 생각하고 최전방에서 진두 지휘"하는 사령관이었던 것이다.[59]

박정희가 지휘한 전쟁은 목표 달성을 초과했다. 1980년에 달성하겠다고 했던 목표를 3년 앞당겨 1977년에 해치운 것이다. 박정희의 군사작전식 밀어붙이기의 성공이었다.

100억 달러 수출 목표 달성

12월 22일 1백억 달러 수출 달성을 기념하는 수출의 날 기념식이 열렸다. 박정희는 "민족 중흥의 창업 도전에 획기적 이정표가 될 자랑스러운 이 금자탑"이라고 선언했다.[60] 박정희는 그 날 일기에 다음과 같이 기록했다.

"1백억 불 수출의 날. 1백억 불 수출 목표 달성 기념 행사 거행. 오전 10시 장충체육관에서 각계 인사 7천여 명이 참석, 성대한 행사를 거행하였다. 1962년 제1차 경제개발 계획을 출범하던 해 연간 수출액이 5천여 만 불이었다. 그 후 1964년 11월 말에 1억 불이 달성되었다고 거국적인 축제가 있었고, 11월 30일을 '수출의 날'로 정했다. 1970년에는 10억 불, 7년 후인 금년에 드디어 1백억 불 목표를 달성했다. 그 동안 정부와

---

58) 오원철, 「한국형 경제건설 7: 내가 전쟁을 하자는 것도 아니지 않느냐」(한국형경제정책연구소, 1999), 491쪽.
59) 6 · 25 참전 어느 장군의 말. 오원철, 위의 책, 493쪽에서 재인용.
60) 대통령 비서실, 「박정희 대통령 연설문집 제14집: 1977년 1월-1977년 12월」, 207쪽.

1977년 12월, 100억 달러 수출을 기념하는 행사에서 표창하는 박정희.

우리 국민들의 피땀 어린 노력과 의지의 결정이요, 승리다. 서독은 1961년에, 일본과 프랑스는 1967년에, 네덜란드는 1970년에 1백억 불을 돌파했다고 한다. 10억 불에서 1백억 불이 되는 데 서독은 11년, 일본은 16년(1951-1967)이 걸렸지만, 우리 한국은 불과 7년이 걸렸다. 모든 여건이 우리에게 더 불리한 가운데 이룩한 성과라는 데서 크게 자부를 느낀다."[61]

---

61) 김성진, 『한국 정치 100년을 말한다: 우리들이 꼭 알아야 할 한국 정치의 실상』(두산동아, 1999), 418쪽에서 재인용.

김대중의 서울대병원 이감

박정희가 '자부'를 느낀 바로 그 날, 박 정권은 투옥 1년 9개월이 되는 김대중을 서울대병원 201호실로 이감시켰다. 박 정권은 그로부터 9일 후인 12월 31일 김대중을 제외한 사건 관련자들을 모두 석방시켰지만, 김대중만큼은 미리 병원으로 이감함으로써 이 사건 관련자들을 포함해서 국민들에게 김대중을 석방하는 과정처럼 위장하였던 것이다.[62] 김대중은 병실에서 일체 외부와 접견 차단, 창문 봉쇄, 서신 제한 및 운동 금지 등을 강요당한 채 실질적인 감옥 생활을 해야만 했다.[63]

---

62) 김옥두, 『고난의 한길에도 희망은 있다』(인동, 1999), 196쪽.
63) 김옥두, 위의 책, 209-215쪽.

컬러 TV 방송 논란

1972년의 논쟁

오늘날 한국 전자 산업의 위용을 대표하는 삼성전자는 1969년 1월에 설립되었다. 삼성전자는 수원 근교에 45만 평의 부지를 확보하여 1970년 3월에 부분 준공한 뒤, 1972년 말 2년여의 공사 끝에 삼성전자 공장을 준공하였다. 당시엔 주력 제품이 선풍기와 흑백 TV였다. 삼성전자는 5만 2천 대의 흑백 TV를 미국에 수출하기도 했지만 초기엔 적자를 면치 못했다. 흑자를 내기 시작한 건 삼성 TV의 국내 시판이 허용된 1973년 말부터였다.[64] 삼성전자는 1978년엔 흑백 TV 수상기를 2백만 대나 생산했고, 1981년 5월엔 1천만 대를 돌파해 세계 최고 기록을 수립하였다.[65]

컬러 TV는 1974년 한국 나쇼날이 국내 최초로 조립 생산한 데 이어

---

64) 홍하상, 『카리스마 vs 카리스마 이병철 · 정주영』(한국경제신문, 2001), 185쪽.
65) 김병하, 『재벌의 형성과 기업가 활동: 한국재벌경영사연구』(한국능률협회, 1991), 91쪽.

1977년 삼성과 금성사가 잇따라 국산화에 성공하였지만, 이는 모두 수출용이었다. 국내 방송이 컬러방송을 하지 않았기 때문이다. 그래서 1970년대 내내 국내 컬러 TV 방영을 놓고 잦은 논쟁이 벌어졌다.

1972년 한국전자전람회에서 시찰중인 박정희에게 상공부 장관 이낙선이 컬러 TV 방송 개시를 건의했다. "컬러 TV는 흑백 TV보다 부품을 3배나 더 쓰기 때문에 컬러 TV를 방영해야 전자부품 공업이 육성"된다는 것이 그 이유였다.[66] 그러나 삼성전자 사장 조용달은 다음과 같은 반대 논리를 내세웠다.

"이 컬러 TV를 보십시오. 안에 들어 있는 부품은 모두 수입품입니다. 빨리 부품 공장을 건설해서 국산품을 쓰도록 해야 하겠습니다. 그리고 난 후에 컬러 TV 방송을 시작해야지, 지금 당장 컬러 TV 방송을 한다면 일본제 부품 수입만 늘어나게 됩니다."[67]

화가 난 이낙선은 나중에 삼성전자 사장을 불러들이는 등 해프닝이 빚어지기도 했다. 당시 삼성전자는 컬러 TV를 자체 개발하기로 했는데 아직 완성이 안 된 시점이었다. 그래서 반대를 했던 것이다. 삼성은 기술 개발을 완료한 후엔 입장을 바꿔 컬러 TV 방송 실시를 주장하게 되었다. 그러자 이젠 아직 기술개발이 되지 않은 금성사가 반대하고 나섰다.

상공부는 여전히 찬성 입장이었다. 전자공업의 육성 필요성과 더불어 이젠 때가 무르익었다는 논리였다. 대만에서도 1인당 GNP가 345달러 때인 1969년에, 필리핀과 태국도 257달러를 실현한 1974년부터 방영하기 시작했으니, 이젠 한국도 컬러방송을 할 때가 되었다는 입장이었던 것이다.[68]

---

66) 오원철, 『한국형 경제건설 3』(기아경제연구소, 1996), 385쪽.
67) 오원철, 위의 책, 386쪽.
68) 오원철, 위의 책, 386-389쪽.

박정희의 컬러방송 반대 이유

1975년의 전자전람회 때 다시 최종 결정권을 쥐고 있던 박정희의 귀를 두고 설전이 벌어졌다. 컬러 TV 방송을 개시해야 한다는 건의가 있었으나, 금성사 사장 박승찬은 예전의 삼성전자가 써먹은 논리와는 달리 박정희의 심금을 울릴 수 있는 논리로 대응했다.

"한국의 농촌은 아직도 빈곤합니다. 지금 도시에서 컬러 TV를 방영한다면 도시와 농촌 사이의 소득 격차가 더욱 두드러지게 보일 것이니, 컬러 TV 방영은 아직 이르다고 봅니다. 우리 업계는 흑백 TV를 대량 생산해서 농촌에도 공급하고, 유럽, 아프리카 등 새로운 시장을 개척해야 될 것으로 압니다."[69]

사람들은 금성사가 '정치 발언'을 한다고 수군댔지만, 박정희는 금성사의 손을 들어주면서 다음과 같은 결론을 내렸다.

"컬러 TV 방영은 아직 이르다. 1981년 이후에 방영 여부를 결정하되, 1인당 국민소득이 1,000달러를 넘어설 때 다시 고려할 수 있다."[70]

또 박정희가 이즈음 '한국 전자 산업의 대부'라는 말을 듣기도 하는 재미(在美) 전자공학자인 김완희에게 했다는 말은 이렇다.

"내가 제일 듣기 싫은 소리가 '잘 사는 놈만 더 잘 살게 된다'는 거요. 컬러도 흑백 가진 놈들이나 살 것 아니오. 청계천 밑이나 농촌에 가보시오. 흑백도 없는데 어떤 X은 컬러를 본다면 그들이 뭐라고 하겠소."[71]

박정희의 경제 브레인 오원철은 1977년 박정희에게 컬러 TV 방송을 다시 건의했다가 박정희에게 부드러운 꾸지람을 들었다. 그는 그 일에 대해 다음과 같이 말한다.

---

69) 오원철, 『한국형 경제건설 3』(기아경제연구소, 1996), 389쪽에서 재인용.
70) 오원철, 위의 책, 390쪽.
71) 특별취재팀, 〈실록 박정희 시대·전자산업: "가전은 사치품" 초기엔 심한 홀대〉, 『중앙일보』, 1997년 9월 18일, 5면.

"우리 나라의 컬러 TV가 미국에 마구 수출되었다. 소위 'TV 소나기 수출'이다. 그래서 미국에서는 한국산 TV의 수입규제 조치 조짐이 보였다. 미국측은 한국에서는 컬러 TV 방송도 안 하는 주제에 컬러 TV의 수출만 하고 있다고 불평했다. 국내에는 한 대의 컬러 TV도 판매치 않고 전량 수출하고 있으니 미국 TV 업계를 망가뜨리기 위한 산업이란 주장이었다.……그래서 박 대통령에게 '컬러 TV 방송'에 대한 건의를 또 한 번 올리게 되었다. 박 대통령은 나의 얼굴을 물끄러미 쳐다보고는 '오 수석! 지금 농촌에서는 흑백 TV도 못보고 있지 않아. 그런데 도시 사람들이 컬러 TV를 본다면, 농민들은 얼마나 좌절감을 갖게 되겠어. 우리 나라가 더 부자 나라가 된 후에 하자고' 하며 어린 학생 타이르듯 했다. 나는 이 순간 얼굴이 붉어지고 잔등에서 식은땀이 났다. 내가 생각하는 소견이 얼마나 좁은가 하고 부끄럽기 짝이 없었다. 박 대통령이 생각하는 시야는 차원이 다르다는 것을 느꼈다. 박 대통령은 공업 육성도 중요하지만 '더 중요한 것은 가난한 농민을 위하는 길'이라고 확신하고 있었던 것이다. 그 후 비서실이나 상공부에서는 누구도 컬러 TV 방영 문제를 거론하지 않았다."[72]

박정희의 농촌에 대한 이중성

이것은 의외로 아주 의미심장한 이야기다. 박정희의 컬러 TV 불가 논리를 보고 감동받는 사람들이 많기 때문이다. 또 컬러 TV 방영은 당시 신문과 지식인들도 "사치 풍조를 조장한다"든가 박정희가 역설한 위화감 조성 같은 이유를 들어 강하게 반대했기 때문에 박정희의 컬러 TV 방영 불가는 경제적으론 몰라도 정치적으론 대단히 성공적인 판단이었음

---

72) 오원철, 『한국형 경제건설 3』(기아경제연구소, 1996), 390쪽.

이 틀림없다.

사실 박정희가 농촌을 얼마나 끔찍이 생각했는가 하는 증언은 무수히 많다. 그는 생각뿐만 아니라 직접 몸으로도 보여 주었다. 그는 농민들의 술인 막걸리를 좋아했고 자주 농민들과 같이 어울리는 모습을 신문과 방송을 통해 유감 없이 보여 주었다. 혹자는 그게 다 '이미지 조작'이라고 비판하기도 하지만, 박정희의 원초적인 농촌 사랑을 의심할 필요는 없을 것이다. 문제는 박정희의 농촌 및 농민 사랑은 직접적이었으나 심리적이고 지엽적이었던 것임에 반해, 농촌과 농민에게 가해진 불이익은 간접적이었으나 사회적이고 구조적이었다는 점일 것이다. 가난한 농민을 위해 컬러 TV 방영을 할 수 없다는 박정희가 그 가난한 농민들의 자식들이 도시의 공장에서 인권유린을 당하는 것에 대해선 눈 하나 깜짝 하지 않고 그들을 빨갱이로 모는 일을 저지를 수 있었다는 것이 그러한 이중성을 잘 말해 준다고 하겠다.

농민들이 그러한 이중성을 간파하고 분노하기는 어려운 일이었다. 그들은 대체적으로 모순투성이인 박정희식 농민 사랑에 감동했다. 그래서 그들은 박 정권 내내 박정희의 충실한 지지자로 머물렀다. 이와 관련, 황병주는 다음과 같이 말한다.

"농민은 박정희와는 강한 동질감, 유대감을 갖고 있었다. 그것이 가능할 수 있었던 것은 박정희의 이미지와 선택적으로 수용된 제반 정책의 효과였다고 할 수 있다. 즉 박정희는 농민에게 최초로 자신과 동질적 인간으로서의 국가 권력자로 다가왔다. 박정희가 입버릇처럼 써먹었던 '빈농의 아들'이라는 수사는 '막걸리 대통령'이라는 언설로 연결되어 농민=대통령이라는 등식을 가능케 하였다.……정작 중요한 것은 박정희가 농촌 태생이라는 점이 아니라 그가 농촌을 떠나 대단히 성공을 했음에도 불구하고 농촌과 농민을 잊지 않고 있으며 그 가치를 소중히 여기고 있다는, 그래서 지금도 그가 '농민'임을 믿어 의심치 않을 수 있다는 확신이다.……또다른 측면에서 강한 경제적 상승 욕구와 함께 의미 있는 사회적 존재가 되고 싶다는 하층 농민의 열망이 새마을운동 및 박정희 정권의 농촌 정책과 만나게 된 점도 주목할 만하다. 많은 농민의 경험에서는 오히려 경제적 상승보다 의미 있고 중요한 존재로 대우받은 사실이 강렬한 기억으로 남아 있음을 볼 수 있다."[73]

새마을운동에 대해서도 마찬가지다. "박 대통령은 직접 (새마을 지도자 연수원) 기숙사를 둘러보며 연탄가스가 새지 않는지 이불이 너무 얇지 않은지 확인할 정도로 새마을운동에 사랑을 쏟았다"[74]는 식의 증언이 양산되면서 이런 증언들이 새마을운동에 대한 평가마저 대체하고 있는 실정이다.

73) 황병주, 〈민중, 희생자인가 공범자인가: 박정희 시대의 국가와 '민중'〉, 『당대비평』, 제12호(2000년 가을), 58-59쪽.
74) 〈사람들: '박 대통령과 육 여사를 좋아하는 사람들의 모임' 에서 새마을운동 회고한 김준 전 새마을운동 중앙협의회장〉, 『월간조선』, 1998년 11월, 화보면.

1978년

제9장

동일방직과 현대아파트

함평 고구마와 영양 감자

헐값의 고구마를 보상하라

개신교가 주로 노동자들을 대상으로 한 인권운동을 펼쳤다면, 가톨릭은 농민들을 대상으로 한 인권운동에 주력하였다. 농민운동은 1972년 농민선교를 목적으로 하며 농민의 권익을 옹호하는 가톨릭농민회가 만들어지면서 활성화되었다.

"가톨릭농민회는 전체 소작실태 표본조사(1974), 쌀 생산비 조사(1975) 등을 실시하면서 농민들이 엄청난 수탈을 당하고 있음을 깨달았다. 그리고 1976년 농협에 대한 문제제기를 하면서 본격적으로 농민운동을 조직하기 시작했다. 그때부터 자기 관할 지역 농민들 중 누군가가 가농에 가입했다는 소문이 돌면 그 지역 경찰과 군청, 면사무소 공무원들은 비상이 걸렸다. 빨갱이라고 악선전하고, 산에서 나무만 해오면 산림법 위반으로 잡아넣는 등 대대적인 마녀사냥을 계속했다. 그런 탄압을 겪으면서도 농민 회원들은 점차 늘어났다."[1]

가톨릭농민회의 활동과는 별도로, 1976년에는 목사 강원용이 이끄는 크리스천 아카데미에 농민 교육 과정이 만들어지면서 농민운동 활동가들이 길러졌다. 이런 운동 역량이 집결되어 나타난 것이 바로 1976년 11월부터 1978년 5월까지 3년에 걸쳐 전개된 함평 고구마 피해보상투쟁이었다.

이 사건은 농협측의 기만적인 술책으로 농민이 대량 생산한 고구마가 완전 헐값에 팔릴 지경에 놓이게 된 데서 비롯되었다. 함평 농협은 고구마를 사들이겠다고 약속해 놓고선 이를 이행하지 않아 결국 생산농가는 큰 손해를 보게 되었고, 이에 분노한 농민들이 장기간의 농성과 시위를 벌인 것이다.[2]

함평군 가톨릭농민회는 대책위원회를 구성하고 농협을 상대로 보상을 요구하는 투쟁을 벌였다. 농민들은 1978년 4월 24일 광주 북동 천주교회에서 8일간의 단식농성까지 불사하였으며, 민주 인사들이 투쟁에 동참한 끝에 마침내 보상을 받을 수 있었다. 함평 고구마 피해보상투쟁은 "지식인 · 종교인들이 농민들과 최초로 연대한 사건"[3]으로서 "규모가 큰 농민운동이었고 다른 계층과 연계되어 성공을 거두었다는 점에서 의의가 크다."[4]

싹이 트지 않는 감자

1978년 여름 경북 영양군에선 감자 피해보상투쟁이 벌어졌다. 청기면의 두메산골 농민들은 영양군의 지시에 따라 나누어 준 감자씨를 심었

---

1) 안철홍, 〈70, 80년대 재야운동 야사 ③ 유신 말기의 민주화운동: 지식인들, 노동자 · 농민과 만나다〉, 『월간 말』, 1996년 6월, 188쪽.
2) 박세길, 『다시쓰는 한국현대사 2: 휴전에서 10 · 26까지』(돌베개, 1989), 281쪽.
3) 안철홍, 위의 글, 188쪽.
4) 역사학연구소, 『강좌 한국근현대사』(풀빛, 1995), 351-352쪽.

다. 그러나 거의 싹이 트지 않아 7백80여 만 원의 큰 손해를 입게 되었다. 이에 청기 가톨릭농민회장 오원춘이 앞장 서서 피해보상운동을 벌였는데, 오원춘은 정보기관에서 '조심하라'는 협박을 받게 되었다. 그로부터 1년 후 이 사건은 한국 사회를 떠들썩하게 만드는 대형 사건으로 비화되었다.

1979년 8월 10일 경북도경은 오원춘, 천주교 안동교구 소속 신부 정호경, 한국 가톨릭농민회 안동교구연합회 총무 정재동 등 3인을 긴급조치 9호 위반 혐의로 구속 송치했다고 발표하였다. 경찰은 오원춘이 "5월 5일부터 22일까지 포항 울릉도 등지를 사사로운 일로 여행하고도 모 기관원에 의해 강제로 납치되어 15일 동안 감금 · 폭행당했다는 허위사실을 조작 유포"했기 때문에 구속했다고 발표했다. 이에 대해 정호경은 "정부가 농민부흥을 짓밟고 농민운동을 탄압하여 민주주의를 말살하려 하고 있고, 농촌부유화에 앞장 서 온 가톨릭농민회를 밑둥부터 잘라 버리려 하고 있다"라고 말했다.[5]

문제의 핵심은 오원춘의 '양심선언'이었다. 당시 중앙정보부를 비롯한 공안기관들의 '고문 조작'은 세상에서 상식으로 통용되고 있었다. 오원춘은 7월 5일 자신이 군청을 상대로 한 감자 피해보상에 앞장 섰기 때문에 기관원들에 의해 포항을 거쳐 울릉도로 납치되었으며, 나중에 이 사실이 번복된다면 외부적 강압과 위협에 따른 것이라는 내용의 '양심선언'을 했던 것이다. 그리고 신부 정호경은 그 '양심선언'을 터뜨렸다는 이유로 구속되었다.[6]

당연히 가톨릭 쪽의 반발은 컸다. 추기경 김수환을 비롯한 사제와 신도들이 안동에서 기도회 · 시위 · 농성을 벌였으며, 안동교구 주교 드봉

---

5) 천금성, 『10 · 26 12 · 12 광주사태』(길한문화사, 1988), 159쪽.
6) 김재명, 〈유신체제의 버팀목 긴급조치의 남발〉, 『월간중앙』, 1991년 9월, 380쪽.

을 포함한 1백20명의 신부가 대거 참석한 기도회에서 김수환은 "진실이 거짓처럼 되고 거짓이 진실인 것처럼 둔갑하는 현실이 개탄스럽다"고 말했다.[7]

'나의 양심선언은 진실'

그러나 이 사건은 점점 개인 오원춘 사건으로 변질되기 시작했다. 박정권은 가톨릭 쪽의 반발에 대응해 8월 13일 이례적인 옥중 기자회견을 선보였다. 이 회견에서 오원춘은 "내가 납치됐다는 종전의 주장은 거짓말이었다. 가정불화 때문에 집을 떠났다"고 말하면서 얼굴을 제대로 들지 못하고 말을 더듬거렸다.[8] 9월 4일의 제1회 공판, 9월 25일의 제2회 공판 등 재판 과정에서도 희한한 일이 벌어졌는데, 이에 대해 김재명은 다음과 같이 말한다.

"일반적으로 형사 사건의 경우 피고인은 변호인과 한편이 돼 검찰측의 주장을 부인하기 일쑤다. 그러나 오씨는 검찰측 논고를 풀죽은 채 받아들였고, 변호인의 반대 신문엔 그저 눈물을 흘리기만 했다. 그렇다고 그는 변호인들을 거부하지도 않았다. 당시 오씨의 변론을 맡은 변호사는 이돈명 · 유현석 · 조준희 · 홍성우 · 황인철 · 이건호 씨. 이들은 70년대 시국 사건을 전담하다시피 해온 쟁쟁한 인권변호사들이었다. 이들은 오씨의 애매한 태도를 통해 그가 압력을 받아 심리적 위축 상태에 있음을 뻔히 내다보면서 안타까워했다."[9]

사실 안타까워한 정도가 아니었다. 기가 막힐 노릇이었다. 전국에서 신부, 수녀, 가톨릭농민회원 등 5백여 명이 운집해 성가를 부르고 기도

---

7) 김재명, 〈유신체제의 버팀목 긴급조치의 남발〉, 『월간중앙』, 1991년 9월, 380쪽.
8) 김재명, 위의 글, 380쪽.
9) 김재명, 위의 글, 380-381쪽.

를 올리는 등 열띤 응원을 해주는데도 오원춘이 잔뜩 겁을 먹고 엉뚱한 이야기만 해댔으니 속이 탈 노릇이었다. 김정남은 다음과 같이 말한다.

"변호인단이 진실을 말할 수 있는 기회를 그렇게 여러 번 만들어줬는데도, 오원춘은 애써 검사의 편에 섰다. 변호인들은 오원춘에게 터무니없이 진실을 배반당한 것이다. 2회 공판 때였던가. 서울에 올라오는 기차간에서 황인철 변호사는 중앙통로에 주저앉아 엉엉 울었다. '어떻게 이럴 수가 있느냐'는 것이었다. 나도, 그리고 동석했던 변호사들도 모두 울었다. 오원춘 사건의 재판은 이렇게 허무하게 끝났다. 오원춘은 징역 2년 자격정지 2년을 선고받았다. 그는 항소하지도 않았다."[10]

한국교회사회선교협의회는 11월 17일자 성명에서 오원춘 사건과 관련, "문제의 핵심인 농업경제 시책의 실패, 농협의 어용화 등은 은폐하고 오원춘 납치 조작 사건을 재판이란 형식을 빌어 유죄시하여 농촌의 복음화와 민주화, 협동운동에 기여한 가톨릭농민회운동을 저지 내지 탄압"했다고 말했다.[11]

가톨릭의 한 성명에서 지적한 대로 "이 사건은 근본적으로 농민의 권익을 위해 헌신하는 가톨릭농민회에 대한 탄압이며, 또한 그렇게 함으로써 농촌교회의 사목 활동, 현실참여의 길을 막고 더 나아가서는 정의와 인권에 대한 교회 내에서나 사회에서의 활동마저도 봉쇄해 버리자는 데 그 근본 저의"가 있었던 것이다.[12] 이 사건의 파장은 컸다. 안철홍은 다음과 같이 말한다.

"처음에는 천주교 내부의 문제로 시작되었지만 이 사건은 점차 진실이냐 허위냐를 놓고 천주교 · 범민주화운동 세력과 정보부 · 박정희 정권

---

10) 김정남, 〈법정에서 진실을 밝히겠다: 변호사를 울린 오원춘 재판〉, 『생활성서』, 2002년 4월, 48쪽.
11) 한국기독교교회협의회 인권위원회, 『1970년대 민주화운동 (IV)』(한국기독교교회협의회, 1987), 1614쪽에서 재인용.
12) 한국기독교교회협의회 인권위원회, 위의 책, 1749쪽에서 재인용.

의 대결로 확대되었다. 김수환 추기경이 직접 항의미사를 집전하고, 연인원 30만 명이 항의미사에 참가했다. 역사적으로 천주교가 이때만큼 일치된 적이 없었다. 그리고 전체 천주교 차원의 반유신운동이 박정희가 죽을 때까지 계속되었다."[13]

그 뒤 오원춘은 어떻게 되었을까? 김정남은 다음과 같이 말한다.

"그 해 12월 8일, 긴급조치 9호의 해제와 함께 오원춘은 석방되었다. 얼마 뒤 서울에 나타난 오원춘은 다소 영웅이 된 표정으로 '그 동안 수고 많았다'며 변호사들을 찾았지만, 변호인들은 몹시 씁쓰레한 표정이었다."[14]

오원춘의 "석방 소식을 듣고 안동교도소 앞에서 진을 치고 있던 기자들에게 그는 '나의 양심선언이 진실'이란 한 마디만을 남기고 입을 다물었다"[15]니 참으로 기이한 일이 아닐 수 없겠다.

농업정책과 새마을운동의 허구성

'함평 고구마' 및 '영양 감자' 사건은 그 자체의 의미를 떠나서도 박정권의 농업정책과 박 정권이 자화자찬한 새마을운동의 허구성을 폭로해 준 사건이었다. 그간 박 정권은 농촌이 도시보다 잘 살게 되었다는 선전 공세를 집요하게 해왔다. 농가 소득과 도시근로자 가구 소득을 비교해볼 때에, 1970-73년에는 농가 소득이 낮았지만, 1974년에서 1977년까지 농가 소득이 도시근로자 가구 소득보다 약간 높아진 건 사실이다. 박 정권은 바로 이걸 정권 홍보의 주요 사항으로 삼았던 것이다.

그러나 농가 소득은 1978, 79년에는 도시근로자 가구 소득보다 다시

---

13) 안철홍, 〈70, 80년대 재야운동 야사 ③ 유신 말기의 민주화운동: 지식인들, 노동자·농민과 만나다〉, 『월간말』, 1996년 6월, 188쪽.
14) 김정남, 〈법정에서 진실을 밝히겠다: 변호사를 울린 오원춘 재판〉, 『생활성서』, 2002년 4월, 48쪽.
15) 김재명, 〈유신체제의 버팀목 긴급조치의 남발〉, 『월간중앙』, 1991년 9월, 380-381쪽.

낮아졌으며, 농가 소득이 더 높아졌다는 것도 통계적 기만에 근거한 것이었다. 가구별 비교가 아니라 가구원 1인당 실질소득을 놓고 따지면 아주 다른 결과가 나온다. 1977년의 경우 전국 평균 농가의 1인당 실질소득은 도시근로자 가구 1인당 소득의 66.6%에 불과했다.[16]

게다가 소득계산 방식에도 문제가 있었다. 이에 대해 김주숙은 다음과 같이 말한다.

"농가 소득과 도시근로자 가구 소득은 그 성격에 있어서 다른데 농가 소득은 자기자본, 토지, 노동에 대한 미분배된 제보수를 포함한 혼합적 성격을 띠고 있으나 도시근로자 가구 소득은 노동 소득만을 포함시키고 있다는 점이다. 즉 농가는 노동력 이외에 상당한 자본과 그리고 토지를 이용했다는 점에서 단지 노동력의 대가로 받는 도시근로자 가구 소득과 직접 비교한다는 데에는 문제가 있다는 것이다.……도시의 근로자 표본 선정은 모집단에 비해 소득이 낮은 층에 기울어졌는가 하면 반대로 농촌 가구들은 모집단에 비해 소득이 높은 편으로 표본 선정이 기울어졌기 때문에 이 자료로 도시와 농촌가구의 소득 수준을 곧바로 비교하는 데에는 문제가 있는 것이다. 이와 같이 표본 선정의 인위적 조작에도 불구하고 농가의 소득이 도시근로자 가구 소득보다 낮다는 점은 실로 심각한 일이 아닐 수 없는 것이다."[17]

표본 선정의 문제를 구체적으로 지적하자면, "도시근로자 가구 평균 소득이 월수 35만 원 이상의 고소득자를 제외함으로써 실제보다 낮게 나타나고 있는 반면 농가 소득은 1단보(300평) 이하의 저소득층을 제외함으로써 실제보다 높게 나타나고 있다"라는 것이다.[18]

박 정권의 농업정책과 새마을운동이 얼마나 허구적이었는가 하는 것

---

16) 김주숙, 『한국 농촌의 여성과 가족』(한울아카데미, 1994), 79쪽.
17) 김주숙, 위의 책, 80~81쪽.
18) 이지은, 〈오늘의 농촌여성〉, 이효재 엮음, 『여성해방의 이론과 현실』(창작과비평사, 1979, 8쇄 1996), 285쪽.

은 (나중에 이야기할) 1979년에 일어난 두 건의 언론 보도 관련 사건에서
도 여실히 입증된다. 관제화된 언론이라고 해서 애국심이 전혀 없었겠는
가? 언론이 농업 관련 심층 보도를 하기만 하면 박 정권은 무조건 탄압
을 가해 농업에 대해선 절대 쓰지 못하도록 했다. 박정희가 그렇게 농촌
을 아끼고 새마을운동이 그토록 성공했다면, 왜 농촌의 실상이 알려지는
걸 그렇게 두려워했던 걸까?

새마을운동의 명암(明暗)

국민 1인당 평균 2회 받은 새마을 훈련

새마을운동 관련 통계는 워낙 엄청나 입을 딱 벌어지게 만든다. 그러나 충남대 교수 박진도는 새마을운동이 확대되면서 농촌에서 주민이 참여하는 모든 사업에 경쟁적으로 '새마을'이라는 형용사가 붙어 그만큼 새마을 관련 통계가 과대 평가되었기 때문에 경계할 필요가 있다고 말한다.[19]

그 점을 감안하더라도, 사업 건수로 보자면 새마을운동의 최전성기는 1978년이었다. 1972년 3만 2천 건이던 사업 건수는 1978년엔 2백66만 7천 건으로 최대 기록을 세운 것이다. 정부 지원 액수도 1973년 2백13억 원에서 1979년엔 4천2백52억 원으로 늘었다.[20]

---

19) 한도현, 〈새마을운동: 빈곤타파 · 정치기반 겨냥한 '관제운동'〉, 『한국일보』, 1999년 8월 31일, 18면.
20) 황병주, 〈민중, 희생자인가 공범자인가: 박정희 시대의 국가와 '민중'〉, 『당대비평』, 제12호(2000년 가을), 54쪽.

그러나 적어도 1970년대 후반 들어 새마을운동의 주요 기능은 '정치'에 치중되었다. 특히 1973년 5월 31일 수원에 새마을 지도자 연수원이 새로 건립되어 매년 6천여 명의 이수자를 배출하면서 새마을운동은 거대한 '유신정치운동'의 성격을 띠게 되었다.

1974년부터 사회 지도자, 고급 공무원, 경제단체 간부, 장차관, 기업인, 언론계 중진 등도 새마을 연수교육을 받았으며, 1975년부터는 대학교수들도 입교해 교육을 받았다. 1972년에서 1979년까지 각종 합숙 교육을 받은 사람은 약 68만 명에 이르며, 비합숙 교육은 연인원 약 7천만 명으로 국민 1인당 평균 2회 정도의 비합숙 훈련을 받은 셈이다.[21]

이와 관련, 이광일은 "새마을운동은 단지 '잘살기 운동'의 차원에서 추진된 것이 아니라 국가형태의 변화에 대응하여 대중동원의 정치를 적극적으로 모색한 조치였다"라며 다음과 같이 말한다.

"새마을운동은 종속적 성장전략의 산물인 농업, 노동 문제를 농민과 노동자의 무지, 안일과 타성, 그리고 게으름의 탓으로 돌리는 이데올로기 공세를 넘어 그들을 집단적, 조직적으로 동원, 통제하여 이를 해소시키고자 한 시도였다. 즉, 이 운동은 60년대 말 이후 재생산 위기와 그 속에서 효과가 급감한 반공 및 성장 이데올로기를 재구성하고자 한 국가의 헤게모니적 공세 조치였다. 국가는 이와 같은 과정을 거쳐 최소민주주의의 상징인 '제도화된 정당정치'를 무력화시키고 시민사회의 요구를 소외시키면서 배타적이고 독점적인 지위를 구축해 나갔다."[22]

---

21) 전재호, 『반동적 근대주의자 박정희』(책세상, 2000), 82-83쪽; 박진환, 〈새마을운동: 한국 근대화의 원동력〉, 김성진 편저, 『박정희 시대: 그것은 우리에게 무엇이었는가』(조선일보사, 1994), 234-235쪽.
22) 이광일, 〈개발독재 시기의 국가-제도정치의 성격과 변화〉, 조희연 편, 『한국 민주주의와 사회운동의 동학』(나눔의집, 2001), 179-180쪽.

1978년이 되면서 새마을 관련 사업은 절정을 이룬다. 새마을운동은 농민과 노동자를 집단적, 조직적으로 동원, 통제하고자 했던 운동이라는 비판도 있다.

새마을운동의 외화내빈(外華內貧)

새마을운동의 정치적 기능이 강화되면서 농촌에서의 새마을운동도 '정치적 시늉'의 요소를 보이는 등 많은 문제를 드러내게 되었다. 1978년 새마을 사업 실태 조사를 나갔던 충남대 교수 박진도는 자신의 경험을 다음과 같이 말한다.

"내가 방문한 집은 2년 전에 초가 지붕을 슬레이트 지붕으로 바꾸었다고 한다. 지붕은 빨간 페인트로 예쁘게 단장되어 있었다. 그런데 이상한 것은 처마 밑에 굵은 장대가 지붕을 받치고 있었다. 이유를 물어본즉 낮은 토담벽에 슬레이트 지붕을 얹고 보니 지붕 무게를 견디지 못하여

집이 옆으로 기울어져서 그것을 받치고 있다는 것이다. 당시 초가 지붕은 낙후한 농촌의 상징이라 하여 공무원들이 강제로 벗기고 다니는 형편이었으니 지붕개량을 하지 않고는 버틸 재간이 없었을 것이다.……새마을운동은 농민들의 잘살아 보겠다는 의지를 자극하여 농촌의 외형적인 모습을 새롭게 바꾸어 놓았다. 그러나 그것은 소득 증대에는 거의 기여하지 못하고 겉치장에 주력하여 과중한 농민 부담과 소비 조장으로 농가경제를 더욱 압박하는 외화내빈(外華內貧)을 초래했다. 그 결과 한때 요원의 불길처럼 타오르는 듯하던 새마을운동은 점차 농민들에게 배척받게 되고, 강제부역에 지친 농민들은 새마을의 '새'자만 들어도 고개를 가로저었다. 새마을운동의 실태가 이러함에도 불구하고 정부는 텔레비전을 통해 새마을사업과 '좋아진 농촌'을 대대적으로 선전했다."[23]

앞서도 지적했지만, 그렇다고 해서 농촌이 상대적으로 더 잘살게 된 것도 아니다. 박진도와 한도현은 "1970년대에 농가 소득이 증대한 것은 부인할 수 없지만 도시와 비교한 상대소득은 결코 개선되지 않았다"라며 다음과 같이 말한다.

"뿐만 아니라 농가경제가 종래의 자급경제에서 상품경제로 전환됨에 따라 농가지출이 급속히 증대했다. 농업생산의 근대화는 비료, 농약, 농기계의 구입 부담을 늘렸다. 또한 농가 소비의 도시화는 농촌의 소비 생활을 크게 바꾸어 놓았다. 특히 텔레비전의 보급은 자본주의의 소비문화를 농촌에 침투시키는 첨병 역할을 톡톡히 하였다. 농민들은 전기밥솥은 말할 것도 없고 세탁기, 냉장고 등을 앞다투어 구입했다. 향락문화가 농촌 깊숙이 침투하여 술집과 다방이 늘어나고, 부동산 투기 바람이 적지 않은 농촌 마을을 휘저었다. 농가 주택개량 등 환경 개선사업으로 인한 부담도 상당했다."[24]

---

23) 박진도, 〈1970년대 '우리 동네' : '새마을' 바람에 황폐된 농촌〉, 『역사비평』, 제29호(1995년 여름), 94쪽.

'돈에 화신 들린 농촌'

소비향락문화의 대대적인 농촌 침투는 공동체 질서를 왜곡·파괴시키고 배금주의 풍조를 확산시켰다. 월간 『대화』 1977년 8월호에 실린 어느 글은 "지금 농촌은 돈의 화신이 들린 것 같다. 열 대여섯 살 고사리 손들이 돈을 벌겠다고 도시로 도시로 나간다. 식모살이로, 공장으로 말이다"라고 쓰고 있다.[25]

그렇게 돈 벌겠다고 도시로 도시로 몰려 나간 결과는 무엇이었던가? 이미 1970년대 중반 서울 인구의 3분의 1에서 5분의 1에 해당하는 최하 1백만에서 최고 3백만 명이 판자촌에서 비참한 삶을 살아야 했다.[26] 물론 그들은 거의 대부분 농촌에서 올라온 사람들이었다. 이와 같은 현실에 대해 어느 농민은 다음과 같이 분통을 터뜨렸다.

"지금 농촌은 돈에 화신이 들린 것 같다. 열 대여섯 살 고사리 손들이 돈을 벌겠다고 도시로 도시로 나간다. 식모살이로 공장으로 말이다. 그런데 여기서 또 어처구니없는 일이 발생한다. 제 자식놈들 값싼 노임 받으라고 제 아비는 농사 지어 값싸게 내다 판다. 값싼 농산물로 값싼 노임 뒷받침하면 그렇잖아도 돈이 많은 기업가만 돈을 벌게 되지 않겠는가? 어린 자식은 돈 벌겠다고 도시로 나갔으니 일손은 모자랄 것이고 제 아비 값싼 곡가에 자식놈 값싼 노임이니 죽어라 벌어본들 가난할 수밖에. 이래도 농민은 게을러서 못사는 것일까? 곡가는 다른 물가에 영향이 크니 인상할 수 없고 농촌에서 사용하는 생활 필수품은 날만 새면 올라가니 또 한번 가난해질 수밖에 없지 않겠는가?"[27]

24) 박진도·한도현, 〈새마을운동과 유신체제: 박정희 정권의 농촌 새마을운동을 중심으로〉, 『역사비평』, 제47호(1999년 여름), 57쪽.
25) 이상록, 〈서글픈 '공순이'에서 당당한 '노동자'로: 1976년 동일방직 여성 노동자 파업〉, 여성사 연구모임 길밖세상, 『20세기 여성 사건사: 근대 여성교육의 시작에서 사이버 페미니즘까지』(여성신문사, 2001), 359쪽 '각주'에서 재인용.
26) 박세길, 『다시쓰는 한국현대사 2: 휴전에서 10·26까지』(돌베개, 1989), 178쪽.

'농민을 사람으로 대접한 최초의 지배자'

그런 문제들이 있는데도 불구하고 새마을운동에 대해 긍정적인 평가를 내리는 농민들도 많았다. 그런데 이런 긍정적인 평가는 대부분 정신적이거나 정서적인 관점에서의 평가라는 특성을 보인다. 앞서도 지적했듯이, 농민들은 거시적인 경제정책이나 농업정책 차원이 아니라 "정부가 우리를 인간적으로 대접해 준다"는 식의 인간적인 잣대로 새마을운동을 평가하는 경향을 보인 것이다.

이와 관련, 황병주는 1974년 5월부터 발간된 『새마을』 잡지에 큰 의미를 부여한다. 문화공보부에서 제작하여 전국의 모든 농촌 마을에 배포된 이 잡지의 의미에 대해 황병주는 다음과 같이 말한다.

"이 잡지는 한국사에서 거의 최초로 농민이 '주인공'으로 등장한 것이었다고 할 수 있다.……『새마을』에서는 매호마다 '이달의 새마을 지도자'라는 코너를 통해 10여 명의 새마을 지도자를 소개하기도 했는데……이름 없는 이장이나 새마을 지도자 등 대중을 '업적'으로 수식하는 어법은 매우 생경하고 놀라운 것이었다. 어쩌면 박정희는 농민에게 농민을 사람으로 대접한 최초의 지배자로 비쳐졌는지도 모른다."[28]

'농촌 민주주의'의 명암(明暗)

또 황병주는 "새마을운동기의 유신체제는 고도의 폭압성을 띠었지만, 역설적으로 농촌에서는 '박정희식 민주주의'가 경험되고 있었다"면서 다음과 같이 말한다.

---

27) 박세길, 『다시쓰는 한국현대사 2: 휴전에서 10 · 26까지』(돌베개, 1989), 179쪽에서 재인용.
28) 황병주, 〈민중, 희생자인가 공범자인가: 박정희 시대의 국가와 '민중'〉, 『당대비평』, 제12호(2000년 가을), 61쪽.

"이장 선출에 경선제가 도입되고 수시로 마을 회의가 개최되어 모든 새마을사업을 마을민의 참여와 토론을 통한 집단적 결정으로 밀어붙였다. 결정에는 곧 각자의 책임 부여가 포함되고 모든 사람에게 각각 책임을 맡기는 방식으로 사업이 추진되었다고 한다."[29)

흥미로운 건 아마도 박정희의 어용 지식인 집단인 듯한 현대정치연구회가 1976년 1월에 낸 『유신정치의 지도이념』이라는 책도 새마을운동에 관한 한 교과서적인 민주주의 원리를 역설하고 있다는 점이다.

"민주주의는 모든 사람이 스스로 다스리는 것을 말하지만, 모든 사람이 지도자를 선택해서 그를 통해 스스로를 다스리는 것이다. 지도자는 지배자가 아니라 모든 사람의 서로 다른 의견을 조정하고, 전체의 의사가 무엇인가를 파악하며, 모든 사람의 찬동을 얻어서 전체의 의사를 실현한다. 민주주의적 지도자는 자신이 지도자가 되기보다는 모든 사람이 그를 지도자의 위치로 이끌어 올린 사람이기 때문에 그를 이끌어 올린 사람들의 동의 없이 무슨 일도 할 수 없는 것이다. 지도자를 뽑는 일이나 좋은 사업을 선택하는 일은 의사 교환과 토론으로 결정된다. 개인의 이익을 위한 의사 표시가 아니라 부락 전체의 이익을 위한 의견의 제시는 자유로워야 하며, 그것은 모든 사람에 의해 존중되어야 한다. 비록 한두 사람의 의견이 다르더라도 그것이 경시되어서는 안 되며, 사업을 선정하는 데 있어서 의견의 일치가 안 될 때에는 설득을 통해서 총의(總意)에 도달한 뒤에 결정하여야 한다. 총의에 의해서만이 선택된 사업은 성공하게 된다."[30)

민주주의를 모독하고 파괴한 유신체제하에서 농촌에 국한시켜 민주주의적 가치를 역설하는 게 우습긴 하지만, '농촌 민주주의'가 실시되었

29) 황병주, 〈민중, 희생자인가 공범자인가: 박정희 시대의 국가와 '민중'〉, 『당대비평』, 제12호(2000년 가을), 60쪽.
30) 현대정치연구회, 『유신정치의 지도이념』(광명출판사, 1976), 129-130쪽.

다 하더라도 과연 누가 그렇게 할 수 있는 '멍석' 을 깔아 준 것이며 그것
에 어떤 제약조건이 따르는가 하는 점에서 의문의 소지가 있다 하겠다.
그러나 여기서 중요한 것은 그런 '농촌 민주주의' 가 작게는 새마을운동
과 크게는 박 정권에 대한 농민들의 판단에 큰 영향을 미쳤다는 점일 것
이다.

정부가 주도적으로 나서서 만들어 준 '농촌 민주주의' 의 허구성은 곧
드러나고 말았다. 한국정신문화연구원 교수 한도현은 새마을운동의 긍
정적인 측면을 인정하면서도 "정부 주도의 새마을운동이 끼친 부정적 영
향은 대단히 크다" 라며 다음과 같이 말한다.

"농민의 자발성 대신 정부의 동원 능력에 의존한 사회개발로 인해 장
기적으로는 의존적 농민을 만들어냈다. 새마을운동은 지역주민의 자주
성과 지역의 역사성을 해쳤다는 점에서 그 이후의 지역사회 발전이나 새
마을운동의 지속적 발전에 심대한 악영향을 끼쳤다. 역설적으로 '근면 ·
자조 · 협동' 의 새마을운동을 통해 농민이나 농촌 마을은 정부의 지원,
외부의 지원에 더욱 의존하게 되었으며, 그 폐해는 지금껏 계속되고 있
다. 지방자치제 시대를 맞아 지방살리기와 지방 문화 활성화운동이 곳곳
에서 진행되고 있지만 주민들의 주체적 참여는 저조하다. 즉 권위주의적
관제운동이 농촌과 농민에 미친 부정적 효과가 지방자치제가 실현된 지
금에도 상존하고 있는 것이다." [31]

새마을 부녀회의 명암(明暗)

'농촌 민주주의' 의 관점에서 새마을 부녀회도 주목할 만하다. "새마
을 부녀회가 움직이지 않는 마을은 새마을운동이 없다" 는 말이 생길 정

---

31) 한도현, 〈새마을운동: 빈곤타파 · 정치기반 겨냥한 '관제운동' 〉, 「한국일보」, 1999년 8월 31일, 18면.

도로, 새마을운동에서 차지한 여성들의 역할은 지대했다.[32] 새마을 부녀회는 왜 그렇게 새마을운동에 헌신적인 자세를 보였을까? 부녀회장들은 "그전까지 낯설고 어려운 존재로만 보였던 관료들로부터 아주 중요한 일을 하는 의미 있는 존재라는 평가와 대접을 받게 되었"다는 점이 중요하다.[33]

그래서 새마을운동이 남녀평등에 기여했다고 보는 시각도 있다. 그러나 무시받던 여성의 한(恨)을 이용했다고도 볼 수 있는 그런 대접이 과연 농촌 여성에게 좋기만 했는가 하는 건 의문이다. 이에 대해 소현숙은 다음과 같이 말한다.

" '나는 바빴어요. 머슴꾼이었죠' 라는 한 할머니의 회상처럼, 여성들은 집에서나 밖에서나 끊임없이 일해야 했다. 설령 여성들이 집 밖에 나가 일한다고 하더라도 아내로서, 어머니로서 가정에서 해야 할 본분에 대한 의무와 책임은 줄어들지 않았다. 국가가 바랐던 여성은 현모양처이면서 동시에 국가와 사회를 위해 이전보다 더욱 봉사할 수 있는 여성이었던 것이다. 여성들의 노동은 그것이 사회와 국가의 이익에 봉사했을 때에만 의미 있는 것이 되었다. 따라서 자아 실현이나 사회적 지위의 향상은 항상 부차적인 문제였다. 새마을운동이 진행될수록 여성들 사이에서는 국가의 지시에 따라 자신들의 책임을 다해야 한다는 의식이 내면화되어 갔다. 이제 여성들에게 노동은 국가를 근대화시키기 위해 자신들이 해야 하는 사회적 역할로 자리매김되었다. 결국 근대적 국가건설이라는 중요한 역사적 임무 앞에서, 여성들은 가부장제에 기반한 민족주의 가치를 내재화하고 국가에 기여함으로써, 국가가 부여하는 여성으로서의 국민의 권리를 획득할 수 있다는 사고를 갖게 되었다."[34]

---

32) 소현숙, 〈여자가 나서야 나라가 산다?: 부녀 새마을운동의 수수께끼〉, 여성사 연구모임 길밖세상, 『20세기 여성 사건사: 근대 여성교육의 시작에서 사이버 페미니즘까지』(여성신문사, 2001), 189쪽.
33) 황병주, 〈민중, 희생자인가 공범자인가: 박정희 시대의 국가와 '민중'〉, 『당대비평』, 제12호(2000년 가을), 61쪽.

또 이지은은 다음과 같이 말한다.

"적극적인 생산노동 참여, 지역사회사업 참여 등으로 농촌 여성들은 가사노동의 무거운 짐에서 '해방' 되었을까? 그렇지 않다. 그들은 여전히 가사노동의 독점적인 담당자들이다. (중략) 농업노동과 부락 일의 압력이 가중되니 가사노동의 내용은 불충실해질 수밖에 없으며 이것은 자연히 농촌 가정 생활의 희생, 특히 농촌 아동들의 희생과 방치 상태로 나타난다. 사실 늘어난 노동량으로 해서 농촌 여성들이 가장 어려움을 겪는 일은 자녀를 돌보는 일이다. 자녀들을 정신적·육체적으로 건강하게 돌보기에는 농촌 주부들 자신부터가 너무 피곤하며 심지어는 아기를 돌볼 사람이 없어 문고리에 끈을 매어 달아둔 채 들로 나간다는 사람도 있다."[35]

---

34) 소현숙, 〈여자가 나서야 나라가 산다?: 부녀 새마을운동의 수수께끼〉, 여성사 연구모임 길밖세상, 『20세기 여성 사건사: 근대 여성교육의 시작에서 사이버 페미니즘까지』(여성신문사, 2001), 200쪽.
35) 이지은, 〈오늘의 농촌여성〉, 이효재 엮음, 『여성해방의 이론과 현실』(창작과비평사, 1979, 8쇄 1996), 291-292쪽.

인간의 탈을 쓴 이리떼는 누구인가

부(富)의 소수 집중

"노동 3권이 제한된 1972년 346건이던 노동쟁의는 1973년 666건, 1975년에는 1,045건, 1976년 754건, 1977년 1,864건, 1979년 1,697건으로 늘었다. 1970년대 노동운동이 활발해진 것은 노동자의 양적 성장과 열악한 노동환경 때문이었다. 한국노총 아래의 조합원 수를 보더라도 1970년 49만 명(조직률 14.7%)에서 1979년 109만 명으로 늘었고 노조 수도 1970년 419개 지부였던 것이 1979년에는 553개에 이르렀다. 한국노동자들의 노동시간은 세계에서 가장 길었다."[36]

모두가 다 가난하게 산다면 세계에서 가장 긴 노동시간이라 하더라도 일할 수 있는 일터가 있다는 것만으로도 행복할 수 있었을 것이다. 그러나 부(富)의 소수 집중과 그에 따른 상대적 박탈감은 노동시간이 준다 해

---

36) 역사학연구소, 『강좌 한국근현대사』(풀빛, 1995), 350쪽.

도 그 어떤 행복감도 가져다 주지 못할 것이다. 그게 바로 우리 인간이다.

최장집은 "노동자의 생활 수준이 향상되었다는 사실을 부정하기 어려운 반면 급속한 경제성장의 시기에 국민의 전반적 번영과 함께 사회 상층부의 부가 훨씬 더 빨리 증대되었다는 사실에는 의심할 여지가 없다"라며 다음과 같이 말한다.

"재무부에 의해 발표된 조세수입 실적에 관한 자료를 보면 전국에 있는 피고용인 가운데 1976년에는 74.9%, 그리고 1978년에는 76.7%가 근로소득 면세점 이하의 임금을 받았다. 그것은 면세점이 특별히 높았기 때문이라기보다는 도시 임금 생활자의 소득이 그들의 가족을 부양할 수 있는 최저생계비에조차 미치지 못했기 때문이다. 그 반면 전체 피고용인 가운데 단지 0.3%가 총 소득세의 43.1%를 물었다. 이러한 수치가 의미하는 바는 명백하다. 1970년대 후반을 향하여 도시 지역의 저임금 그룹이 예전보다 훨씬 더 빨리 증가하고 있었던 동안 사회의 부는 오직 소수에게로 집중되어 갔다."[37]

인간적 모독에 저항한 인권운동

그러나 1970년대 노동운동은 직접적으로 부(富)의 소수 집중을 문제삼은 건 아니었다. 오히려 정반대였다. 당시 진행되고 있던 부의 소수 집중화 경향 또는 경쟁은 '노동 착취'가 기반이 되었고, 그러한 착취를 가능케 하기 위해 박 정권이 민주화 인사들을 대하듯 폭압적인 노동통제가 노동자들에게 가해졌다는 점이 중요하다.

1970년대 민주노조운동의 중심은 주로 중소기업에서 여성 노동자들

---

37) 최장집, 『한국의 노동운동과 국가』(나남, 1997), 334쪽.

이었다. 그럴 수밖에 없었다. 박 정권의 폭압적인 노동 통제, 한국노총의 어용화, 상대적 임금 우위 등의 이유로 대기업에선 노동운동이 일어나기 어려운 실정이었다. 1974년 9월 울산 현대조선소 노동자 2천5백 명이 임금인상 · 부당해고 금지 · 노조결성 보장을 내걸고 투쟁을 벌였지만, 조직화가 되지 않아 오래 가지 못해 무너지고 말았다.[38]

민주노조운동은 임금인상이나 부당해고 반대, 근로조건 개선 그리고 노조결성과 활동보장 등을 내걸고 싸웠는데,[39] 운동이 크게 일어난 기업의 내부 사정을 자세히 들여다보면 여성 노동자들에 대한 인간적 모독이 투쟁의 주된 동력이었음을 알 수 있다. 즉, 절대 빈곤하에서도 인권운동의 성격이 강했다는 뜻이다. 그러나 박 정권하에서의 인권운동은 불가피하게 반독재투쟁의 성격일 수밖에 없는 것이어서 가공할 정권의 탄압에 직면하지 않을 수 없었다. 민주노조운동에 가장 큰 힘을 보태준 건 종교단체들이었으며, 그 가운데서도 도시산업선교회의 역할이 지대했다. 박 정권을 비롯하여 민주노조운동에 반대하는 세력이 도시산업선교회를 그대로 놔둘 리 만무했다.

산업선교는 무엇을 노렸다?

도시산업선교회에 대한 탄압은 1976년부터 본격화되었다. 각종 책자를 통해 빨갱이로 모는 작업이 대대적으로 전개되었다. 그 해 1월에 발행 배포된 『한국기독교와 공산주의』, 4월에 발행 배포된 『한국기독교의 이해』가 바로 그런 책자들이었다.

그리고 5월과 6월엔 한국특수지역선교위원회 실무자들에 대한 반공

---

38) 역사학연구소, 『강좌 한국근현대사』(풀빛, 1995), 349쪽.
39) 역사학연구소, 위의 책, 351쪽.

법 위반 혐의 구속기소 기도 사건이 일어났다. 또 11월과 12월엔 한국기독교반공연합회가 주관한 목사 라보도(Robert S. Rapp)의 전국 순회 반공 강연회가 있었다.

1977년 1월에 발행 배포된 '미지의 인물'인 홍지영의 『정치신학의 논리와 형태』도 도시산업선교회에 대한 공격이었다. 홍지영은 그 후에도 『산업선교는 무엇을 노리나』(1977. 1), 『이것이 산업선교다』(1978. 3), 『산업선교는 왜 문제시되는가』(1978. 8) 등 산업선교를 공격하는 소책자들을 계속적으로 펴냈다.[40]

1978년 1월 22일 한국교회사회선교협의회는 성명을 통해 다음과 같이 말했다.

"근자에 『산업선교는 무엇을 노리나』라는 책자가 기업주와 어용노동조합을 통하여 노동자들에게 배부되고 있으며, 교계 인사에게까지 광범하게 배포함으로써 산업선교에 대한 근로자, 교회 및 선량한 국민들의 인식을 교란, 현혹시키려 하고 있다. 이 책자의 내용은 한 마디로 산업선교 활동이 공산당 활동과 같으며, 산업선교의 실무자인 성직자가 공산당원일 수도 있다는 요지이고 보면 참으로 가소로운 일이 아닐 수 없다."

그리고 4월 8일 한국천주교주교단도 성명을 통해 다음과 같이 말했다.

"우리 주교단은……홍지영 저 『산업선교는 무엇을 노리나』라는 책자가 다량으로 노동계에 살포되고 있으며, 또한 동일한 내용의 강연회 등을 통해서 그리스도적인 노동운동을 왜곡 해석하여 용공 또는 친공분자들의 노동계 침투처럼 선전 및 선동이 자행되고 있는 사실 역시 묵과할 수 없는 중대한 사태로 본다. 무엇보다도 이 같은 왜곡과 날조는 노동계의 불신과 분열, 더 나아가 종교계에 대한 사회의 불신을 조장함으로써

<hr>

40) 한국기독교교회협의회 인권위원회, 『1970년대 민주화운동 (II)』(한국기독교교회협의회, 1987), 858~883쪽.

끝내는 국민간의 일체감을 근본적으로 파괴하고 사회적 혼란을 일으켜 국가발전 및 공산주의와의 대결에 있어서 무엇보다도 중요한 국민의 단결과 국력의 약화를 초래할 것이며, 국민적 양심으로도 용인될 수 없다는 것은 밝혀 두지 않을 수 없다. 더욱이 이 같은 책자와 강연회가 당국의 묵인 또는 비호 아래 공공연하게 발생, 자행되고 있다는 인상마저 짙은 데는 깊은 우려를 금치 못한다."[41]

'예수의 탈을 쓴 이리떼'

책자 살포와 강연을 통한 공격과 더불어 한국노총의 공격도 강화되었다. 한국노총은 1978년 초 '조직활동대'라는 폭력적인 행동대를 구성하였다. 이것은 민주노조운동이 벌어지는 기업에 투입하는 일종의 특공대 조직이었다. 2월 28일 한국노총 주최 전국화학노조 조직행동대요원 교육에서 노총위원장 정동호는 다음과 같이 말했다.

"일부 불순분자들이 종교를 가장하고 노동조합 조직에 침투하여 조직분규를 야기시키고 사회를 혼란에 빠뜨리고 있다. 이는 국가안보 측면에서 볼 때 중대한 문제다.……우리는 앞으로 종교와 싸워야 한다. 월남전쟁도 종교 때문에 패망한 것이다. 몇백만의 조직의 힘으로써 우리는 행동요원으로써 그들과 싸워야 한다."[42]

또 3월 6일 부산시 노총협의회 주최 노동 문제 특별세미나에서 섬유노조위원장 김영태는 다음과 같이 말했다.

"노동자들이 100억 불 수출, 일천 불 소득에 앞장 서 우리 나라는 큰 발전을 이룩했다. 우리는 더욱 유신정신으로 뭉쳐 정부를 도와 경제성장

---

41) 한국기독교교회협의회 인권위원회, 『1970년대 민주화운동 (II)』(한국기독교교회협의회, 1987), 883쪽에서 재인용.
42) 한국기독교교회협의회 인권위원회, 『1970년대 민주화운동 (III)』(한국기독교교회협의회, 1987), 1193쪽에서 재인용.

에 앞장 서고 공장 새마을운동을 전개해 나가자. 이렇게 잘 돼가는 우리 사회 속에서 예수의 탈을 쓴 이리떼 같은 작자들이 사회를 혼란시키고 근로자들을 선동해 노조를 파괴시키고 있다. 이들은 잘 돼가는 우리 사회를 비방하고 무너뜨리려는 빨갱이와 똑같이 악질적인 놈들이요, 이러한 악랄한 외부 세력들이 도대체 어떤 사람들인가를 우리는 알아야 한다."[43]

'나는 왜 산업선교 회원이 되었나?'

한국노총의 그런 공격에 뒤이어 4월 목사 인명진의 구속, 11월 목사 조화순의 구속 사건 등이 터지는 등 박 정권도 도시산업선교회 소탕에 적극 나섰다.[44] 이들의 주장처럼 도시산업선교회는 과연 '예수의 탈을 쓴 이리떼' 요 '빨갱이'였던가?

8월 예장산업선교수호위원회가 펴낸 팸플릿에 실린 한 여성 노동자의 〈나는 왜 산업선교 회원이 되었나?〉라는 제목의 글은 다음과 같이 말하고 있다.

"10년이 넘도록 임시공으로 일하면서 월급이 오르기는커녕 상여금과 퇴직금도 받지 못하고 일을 해도 생계가 막연한 우울한 노동자, 하루 열두 시간 일요일도 없이 일하는 우리 노동자들의 요구는 어디에서나 거절당하고 맙니다. 우리들은 모두 산업선교회로 몰려갈 수밖에 없습니다. 이리 채이고 저리 채이고 이젠 지쳐 양심의 소리도 외치지 못하는 노동자들에게 산업선교회는 참삶을, 참그리스도인의 삶을 심어 주었던 것입니다. 눈뜬 봉사, 귀먹고 말 못하는 노동자에게 밝은 빛을, 그리스도의

---

43) 한국기독교교회협의회 인권위원회, 『1970년대 민주화운동 (III)』(한국기독교교회협의회, 1987), 1193쪽에서 재인용.
44) 한국기독교교회협의회 인권위원회, 위의 책, 1196-1208쪽.

진리를 외칠 수 있게 해주었던 것입니다. 아침 8시부터 밤 10시까지 뛰어다니는 목사님과 실무자들을 볼 때, 우리의 고통을 나누어 지고자 애쓰는 그분들을 볼 때, 우리의 가슴속에서 끓어오르는 뜨거운 것이 있었습니다. '아! 우리에게도 희망이 있다. 가난하고 약하지만 언젠가 우리의 권리를 찾고야 말겠다'고 외치는 작은 울부짖음이 있습니다. 기계처럼 스위치만 누르면 움직이고 돌아가던 노동자의 머리도 꿈틀거리기 시작했고, 우리는 저항할 줄도 요구할 줄도, 그리고 빼앗긴 권리를 찾기 위해 기업주와 맞서기도 하였습니다."[45]

---

45) 한국기독교교회협의회 인권위원회, 『1970년대 민주화운동 (III)』(한국기독교교회협의회, 1987), 1185쪽에서 재인용.

'공순이'에 대한 사회적 폭력

서울의 '촌놈 차별' 또는 '촌년 차별'

1970년대에 널리 쓰이던 말 가운데 '공순이와 공돌이'라는 말이 있었다. 당시 별 악의 없이 그 말을 쓴 사람들도 많았겠지만, 이 말은 노동자들에게 피맺힌 한(恨)으로 남는 욕설에 가까운 것이었다. 『한국 노동계급의 형성』이라는 책을 쓴 미국 하와이대 사회학과 교수 구해근은 '공순이와 공돌이'에 대해 다음과 같이 말한다.

"이는 예전의 하인과 비슷한 지위를 암시하는 것으로써, 공장에서 일하게 된 천박하고 하찮은 지위에 있는 사람들을 뜻했다. 공순이와 공돌이라는 두 용어는 전통적인 유교적 지위체계가 육체적 노동에 대한 부정적 평가를 변함 없이 유지하면서 근대적 직업 구조에 투사되었음을 보여준다. 특히 공순이라는 명칭은 신분상승의 강한 열망을 품고 농촌을 떠나온 젊고 감수성이 풍부한 많은 여성 노동자들을 괴롭혔다. 그들이 쓴 수기들에는 공장 노동자인 그들에게 사회가 강제로 부여한 부정적인 이미지에 대한 실망으로 가득하다."[46]

지금도 그런 점이 있겠지만 특히 당시의 서울은 '촌놈 차별' 또는 '촌년 차별'이 심한 곳이었다. 촌놈이 서울말 쓰려고 애쓰는 건 요즘 가끔 코미디의 소재로 이용되곤 하지만, 당시엔 아주 진지하고 심각한 생활 투쟁이었다. 사정이 그러했을진대, 여성 노동자들의 경우엔 어떠했을지 미루어 짐작하기 어렵지 않을 것이다. 한 여성 노동자는 자신의 수기에서 다음과 같이 말하고 있다.

"공장에서 일하는 여자는 공순이. 공장에서 일하는 남자는 공돌이. 공순이, 공돌이는 천한 애들. 그렇고 그런 애들. 노는 애들. 공장 다니는 우리들을 사람들은 싸잡아 이렇게 부른다. 언제부터인가 우리들은 공장 다니기 때문에 싫어도 할 수 없이 공순이다. 누가 어디 다니느냐고 물으면 '네. 조그만 회사에 다녀요.' 언제나 이런 식이다. 그래도 공순이들은 공장 다니는 표시가 난다. 아무리 옷을 잘 입고 화장을 잘 해도 표시가 난다. 그 표시를 안 내려고 일부러 옷에 신경 쓰고 머리를 하고 화장을 더 한다. 사람들은 돈도 못 벌면서 사치를 부린다고 하지만 공순이 딱지를 떼려고 그런다."[47]

여기에도 남녀차별이 있었다. '공돌이'보다는 '공순이'가 훨씬 더 사회적 푸대접과 폭력을 당했다. 임금에서도 마찬가지였다. 1975년 한국 노동자들의 시간당 평균 임금은 미국의 10분의 1, 일본의 7분의 1에도 미치지 못하였는데, 1977년 여성 노동자의 임금은 남성 노동자 임금의 41%에 지나지 않았다.[48] '공순이'가 약한 여성이기 때문에 노골적인 조롱을 당하는 경우도 있었다. 한 여성 노동자의 말을 들어 보자.

---

46) 구해근, 신광영 옮김, 『한국 노동계급의 형성』(창작과비평사, 2002), 189-190쪽.
47) 구해근, 신광영 옮김, 위의 책, 190쪽에서 재인용.
48) 이상록, 〈서글픈 '공순이'에서 당당한 '노동자'로: 1976년 동일방직 여성 노동자 파업〉, 여성사 연구모임 길밖세상, 『20세기 여성 사건사: 근대 여성교육의 시작에서 사이버 페미니즘까지』(여성신문사, 2001), 204쪽.

"나는 오늘 어처구니없는 소리를 들었다. 내가 차에서 내려서 조금 걸어갔을 때다. '야! 공순아 이제 오니?' 하는 소리가 들려왔다. 나는 소리가 나는 쪽을 쳐다보았다. 거기에는 남학생 몇 명이 서 있었다. '야, 공순아! 뭘 쳐다보니? 싸가지 없게스리'라고 말을 했다.……나는 속에서 욕이 나오는 것을 참고 집에 왔다. 집에 와서 생각해보니 너무 억울해서 막 울었다. 왜 우리는 그런 소리를 들어야만 하나? 공순이란 소리를 들어야만 하나?"[49]

노동자는 기계였다

구해근은 여성 노동자들이 '공순이 딱지'를 떼기 위해 벌인 노력을 상세히 소개하고 있다. 여성 노동자들이 공장 유니폼을 입고 있는 것을 남에게 보이기 싫어서 휴식 시간에 잠깐 전화를 걸기 위해 공장 밖으로 나갈 때조차도 옷을 갈아 입곤 했다는 것이나, 공휴일에 시내로 쇼핑을 가거나 영화를 보러 갈 때 항상 시집이나 잡지를 손에 들고 다녔다는 이야기에 이르기까지, 그들의 노력은 처절하다고 해도 좋을 정도의 것이었다.[50]

왜 그랬을까? 당시엔 경제개발하기 위해 온 나라가 전쟁하듯이 지휘관 박정희의 구령에 따라 움직이던 때다. 여성 노동자들이야말로 그런 경제개발의 진짜 주역이었다. 그런데 왜 그들을 그렇게 업신여겼을까? 경제개발 이데올로기 자체가 치졸한 계급의식과 위계질서를 이용했기 때문에 더 그랬던 게 아니었을까? 당시 군사작전하듯이 '잘 살아보세' 하고 외치는 판에서 평등 의식은 바람직한 게 아니었을까? 그러나 그건

49) 이상록, 〈서글픈 '공순이'에서 당당한 '노동자'로: 1976년 동일방직 여성 노동자 파업〉, 여성사 연구모임 길밖세상, 『20세기 여성 사건사: 근대 여성교육의 시작에서 사이버 페미니즘까지』(여성신문사, 2001), 201쪽에서 재인용.
50) 구해근, 신광영 옮김, 『한국 노동계급의 형성』(창작과비평사, 2002), 190쪽.

'빨갱이 사상'으로 낙인찍히면서 박멸의 대상으로 간주되었다. 순전히 개인 차원에서 이를 악물고 밑바닥에서 빠져 나와 한 단계라도 더 올라가려는 욕심만이 대접받는 세상이었다.

달리 말하자면, 여성 노동자에 대한 사회적 모독은 군사 정권이 부추겼거나 적어도 방조한 것이었다는 말이다. 여성과 남성을 막론하고 노동자들이 최소한의 인권을 누리기 위해 단체행동을 하는 건 절대 금기였다. 그건 공산주의자들이나 하는 짓으로 간주되었다. 인간의 존엄성? 그런 건 없었다. 특히 공장에 없었다. 단체행동은 인간으로서의 자존심이 있을 때에만 가능하다. 노동 착취를 위해선 노동자들이 굴욕감에 굴복하게 하는 게 좋다. 물론 그런 정교한 기획에 따라 박 정권이 노동탄압을 했다고 보기는 어렵겠지만, 박 정권이 노동자들을 피와 눈물이 있는 인간으로 대접했다고 보기엔 어려운 사건들이 수없이 많이 일어났다는 점에 주목할 필요가 있을 것이다.

1970년 11월 13일 전태일은 분신 자살을 감행하면서 "우리는 기계가 아니다"라고 외쳤다. 그러나 1970년대 내내 박 정권이 노동자들에게 원한 건 '기계 역할'이었다. 공장엔 인간의 감정이 감돌아선 안 되는 그런 곳이었다. 그걸 노래하는 것조차 검열 대상이었다. 이영미의 말마따나, 박 정권 이래 오랫동안

> 대중가요에서는 짝사랑하는 사람이 공원에서 눈물을 흘리는 노래는 허락되지만, 공장에서 눈물을 흘리면 안 된다. 농담이 아니다.…… '공장'이라는 말을 쓰는 것은 대중가요의 관행에서 벗어나는 것인데다가, 그 일탈이 사회에 대한 불만, 비판 의식으로 향할 가능성이 아주아주 작게나마 있다고 판단되는 모양이다.[51]

---

51) 이영미, 「흥남부두의 금순이는 어디로 갔을까」(황금가지, 2002), 305-306쪽.

학력 이데올로기의 폭력

　여성 노동자들에 대한 모독엔 한국 특유의 학력 이데올로기도 가세하였다. 학력을 신분 평가의 주된 기준으로 간주하는 문화는 그때가 훨씬 더 심했다. 먹고사는 것조차 힘들어 고등학교는 물론 중학교도 나오지 못한 사람들이 많은 상황에서 학력은 곧 계급을 말하는 것이었기 때문에 학력을 빙자한 계급 차별이 노골적인 계급 차별보다는 더 낫다고 생각했던 건지도 모르겠다.

　여성 노동자들은 학력 이데올로기에 주눅들린 정도를 넘어서 아예 깊은 한(恨)이 맺혔다. 공개 성명서에서조차 그 한을 토로하곤 했는데, 동일방직 노동자들의 전단은 "배우지 못해 아는 것은 없지만 불의와 타협할 수 없었고 가난하게 살아왔지만 똥을 먹고살 수는 없습니다"라고 말하고 있다.[52] 이에 대해 구해근은 다음과 같이 말한다.

　"1970년대와 1980년대 초 한국 노동자들이 교육에 대해 계속 언급한 것은 어떤 면에서 그들이 평등 의식이나 노동자의 권리 의식을 충분히 발전시키지 못했다는 것을 의미한다. '배우지는 못했지만' 이라는 제한적인 진술은 정의에 대한 그들의 기본적인 정서를 벗어나지 않는 한, (교육을 못 받았기 때문에) 어느 정도의 불공평한 대우는 받아들일 수 있다는 것을 의미한다. 이 경우의 정의는 평등과 다르다. 초기 한국 노동자들이 간절히 요구한 인간적인 대우는 평등한 관계에 대한 요구는 아니었다. 교육 이데올로기는 은연중에 교육받지 못한 사람은 교육을 많이 받은 사람에게 복종해야 하고 사회로부터 많은 것을 요구해서는 안 된다고 규정하기 때문이다."[53]

---

52) 구해근, 신광영 옮김, 『한국 노동계급의 형성』(창작과비평사, 2002), 194쪽에서 재인용.
53) 구해근, 신광영 옮김, 위의 책, 194쪽.

양주군의 새마을 융단공장에서 일을 하고 있는 여성 노동자들.

그러나 앞서 말했듯이, 당시 평등 의식은 곧 공산주의 의식으로 간주되었고 당시의 학력이란 건 오늘날의 학력과는 그 성격이 좀 다르다는 걸 간과해선 안 될 것이다. 1970년대 전반에 농촌을 떠난 여성 중 초등학교 졸업 이하의 학력을 가진 사람이 약 60%(남자는 40%)나 되었으며, 1970년대 후반엔 중학교 졸업 이상의 학력을 가진 사람이 약 60%였다.[54] 또 1990년대 들어 고등학교 진학률은 97%에 이르렀지만, 1970년

---

54) 박진도, 『한국 자본주의와 농업구조』(한길사, 1994), 78-79쪽.

고등학교 진학률은 남자 37%, 여자 24%에 지나지 않았다.[55] 젊은 여자 네 명 가운데 한 명만이 고등학교에 진학했던 것이다.

'상징적 억압에 대한 분노'

학력과 학벌로 기를 죽여 기존 체제에 대한 저항을 무력화시키려고 하는 시도는 지금도 한국 사회에서 왕성하게 자행되고 있지만, 그때 당시의 시도는 아예 노골적인 것이었다. 실제로 회사 관리자, 노동 관련 공무원, 경찰들은 여성 노동자들에게 '교육도 못 받은 주제에', '무식한 것들' 운운하는 언어폭력을 자주 행사하였다.

많은 여성 노동자들이 교회나 사설학원, 때로는 회사가 운영하는 야간 학교에 다닌 것도 바로 그런 폭력에 대한 최소한의 자구책이었을 것이다. 1976년 7월 23일 박정희가 공단 근로자들을 위해 야간 중학교를 개설토록 지시한 것도 여성 노동자들의 그런 희망을 수용한 것이었겠지만, 중요한 것은 공부 그 자체가 아니라 사회적 냉대였다. 한 여성 노동자는 다음과 같이 증언하고 있다.

"내가 그런 인간 이하의 취급을 받는 생활을 하는 것은 못 배웠기 때문이라고 생각해서였죠. 저는 배워서 인간으로서의 취급을 받는다면 10시간의 일들을 하고 난 지친 몸을 이끌고라도 저녁을 챙겨 먹을 시간이 없어 계속 몸이 축이 나더라도 다녀야 된다고 생각했어요."[56]

게다가 언론은 '배움'에 성공한 여공들을 미화하는 데에 앞장 섬으로써 그런 풍토를 강화시켰다. 언론의 그런 보도 태도는 1980년대, 아니 1990년대까지도 계속되어 신문지상엔 〈국졸서 어엿한 '대학생 작업반

---

55) 소현숙, 〈너무 많이 낳아 창피합니다: 가족계획〉, 여성사 연구모임 길밖세상, 『20세기 여성 사건사: 근대 여성교육의 시작에서 사이버 페미니즘까지』(여성신문사, 2001), 184쪽.
56) 구해근, 신광영 옮김, 『한국 노동계급의 형성』(창작과비평사, 2002), 199쪽에서 재인용.

장'으로: 두메소녀의 '근학만세')[57]라느니 〈야간 학교 출신 여공이 '선생님' 되어 돌아왔다〉[58]느니 하는 미담 기사들이 줄을 이었다.

구해근은 "1970년대와 1980년대 일어난 노동자들의 격렬한 항의의 저변에는 이런 상징적 억압에 대한 분노가 깔려 있었다"라고 말한다.[59] 오늘날의 임금투쟁과는 그 성격이 좀 다르다는 뜻이다. 한(恨)으로 들고 일어선 노동자들과 야만적인 탄압으로 일관했던 박 정권의 충돌이 가장 적나라하게 드러났던 사건이 바로 1978년에 일어났던 '동일방직 똥물 사건'이었다.

---

57) 『서울신문』, 1990년 5월 28일자.
58) 『중앙일보』, 1985년 3월 19일자.
59) 구해근, 신광영 옮김, 『한국 노동계급의 형성』(창작과비평사, 2002), 197쪽.

똥물을 뒤집어쓴 동일방직 여성 노동자들

여성 노동자들의 알몸 저항

인천에 동일방직이라는 회사가 있었다. 전체 1천3백 명의 노동자 중 1천 명 이상이 여성 노동자였는데, 이들 여성 노동자들은 도시산업선교회 등의 헌신적인 지원에 힘입어 최소한의 인권을 지키고자 하는 수준의 노조 활동을 전개하였다.

여성 노동자들은 1972년 한국 최초로 여자지부장을 선출해 모범적인 민주노조의 모습을 보여 주었고, 회사는 1975년 말부터 이 노조를 와해시킬 목적으로 남자 대의원들을 동원하여 어용노조화를 시도하였다.[60] 회사측의 이 같은 공작에 대해 정현백은 다음과 같이 말한다.

"여자 공원들이 대부분인 공장에서도 현장의 결정권을 쥐고 있는 것은 남자이고, 여자들의 의견은 참고조차 되지 않는 것이 일반적인 경향

60) 이효재, 『한국의 여성운동: 어제와 오늘』(정우사, 1989, 증보판 1996), 269쪽.

이다. 또 노동조합이 결성되었을 경우에도 그 초기에는 대부분의 간부직은 남성들에 의해 독차지되기가 일쑤이다. 따라서 노동조합을 깨뜨리려고 하는 기업주들은 노동조합의 힘의 원천이 남자 노동자라는 판단 아래 남자 분회 간부를 매수하는데, 이는 상당한 정도로 성공하여 그들은 주로 노동조합의 파괴에 앞장 서게 된다."[61]

지금이야 노동자들이 노조 활동하는 게 뭐가 문제가 되겠느냐고 그러겠지만, 1970년대의 세상은 그렇지 않았다. 정권과 사업주측이 서로 힘을 합해 노조 파괴에 혈안이 되었다. 여성 노동자들은 굳게 단결하여 그런 파괴 공작에 단호히 맞섰는데, 1977년 7월 25일 '세계노동운동 역사상 유례가 없는 놀랍고도 극적인 저항 방식'이 벌어졌다.[62]

오후 6시 반 농성 노동자들을 강제 진압하기 위하여 폭력 경찰이 투입되었다. 이 순간 놀라운 일이 벌어졌다. 20세 안팎의 여성 노동자들이 일제히 작업복을 벗어 던졌다. "아무리 무지막지한 경찰이라도 알몸으로 버티는 우리들에게 손을 대지는 못할 것이다. 모두 옷을 벗자." 누군가의 말에 따라 노조 사무실에서 농성하고 있던 70명이 순식간에 행동을 취했다. 그러나 경찰은 알몸으로 저항하는 이들 여성 노동자들을 덮쳐 곤봉과 주먹을 휘둘러대기 시작했다. 곳곳에서 찢어지는 듯한 비명소리가 빗발쳤고 피를 흘리며 쓰러지는 노동자들이 속출하였다. 한 마디로 당시의 현장은 생지옥 그 자체였다.[63]

경찰은 72명의 여성 노동자들을 체포해 연행하려고 했다. 2백 명의

61) 정현백, 『노동운동과 노동자문화』(한길사, 1991), 432쪽.
62) 구해근, 신광영 옮김, 『한국 노동계급의 형성』(창작과비평사, 2002), 125쪽.
63) 박세길, 『다시쓰는 한국현대사 2: 휴전에서 10·26까지』(돌베개, 1989), 279쪽.

다른 여성 노동자들이 벗은 몸으로 경찰차를 가로막았지만, 경찰의 무자
비한 폭력을 감당해낼 수는 없었다. 여러 부상자가 나왔고 두 명은 충격
을 받아 정신 질환에 걸렸다.[64]

성폭력 형태의 보복

여성 노동자들은 그런 생지옥을 겪고서도 굴복하지 않았다. 그들은
계속 투쟁했다. 비극은 그들의 투쟁 대상이 사업주라기보다는 사실상 박
정희 정권이었다는 점이다. 그러나 박 정권은 노조 활동 자체를 '빨갱이
짓'으로 모는 데에 광분해 있었기 때문에 동일방직 여성 노동자들이 승
리를 거두기는 애초부터 불가능한 일이었다.

1978년 2월 21일 노조 대의원 선거를 앞두고 회사측은 '동일방직 노
동조합 정상화 투쟁위원회'라는 단체를 조직하여 노조원들에게 노조 집
행부를 비난하는 교육을 실시하였다. 그것도 '새마을교육'이라는 미명
하에 말이다.[65]

강의 내용은 산업선교는 용공단체라는 것이었다. "그렇담 왜 국가에
서 산업선교를 그냥 놔두죠?", "정말 빨갱이 단체라면 그냥 놔둘 리가 없
지", "엉터리다", "집어치워라" 등의 질문과 함께 야유가 쏟아져 나오자
성폭력이라는 형태로 보복이 자행되었다. 동일방직의 여성 노동자 석정
남은 다음과 같이 말한다.

"'에잇 개쌍년들, 나가', '쫓아내버려', '죽여라, 죽여, 죽여!' 분위기
는 삽시간에 험악해졌다.……사내들은 우리를 바짝 움켜쥐고 밖으로 질
질 끌어냈다. '어머, 세상에 이런 사람들이 다 있어.' 우리와 같이 끌려

---

64) 구해근, 신광영 옮김, 『한국 노동계급의 형성』(창작과비평사, 2002), 127쪽.
65) 한국기독교교회협의회 인권위원회, 『1970년대 민주화운동 (III)』(한국기독교교회협의회, 1987), 1260쪽.

나온 사람이 외치자 그 중 한 녀석이, '그래 이년들아, 우린 이런 사람이다' 하면서 아랫도리를 홀떡 벗어보이면서 드세게 설쳐대는 데는 완전히 기가 질려 버렸다. 그때 방 안에서 끌려나오지 않으려고 발버둥치던 순이 언니가 외마디 소리를 질러 뛰어가 보니 입술을 물어뜯겨 피가 흐르고 있었다."[66]

입에까지 똥을 집어 넣은 만행

우여곡절 끝에 2월 21일 노조 대의원 선거가 열리게 되었다. 이 선거의 이면엔 박 정권과 회사와 어용노조가 합동으로 꾸민 상상할 수 없을 수준의 더러운 음모가 꿈틀대고 있었다. 새벽 5시 반경 출근한 여성 노동자들이 투표장에 들어서는 순간 벌어진 일은 과연 이게 인간의 세상인가 하는 걸 의심케 하기에 족한 것이었다.

박성기 등 회사측에 매수된 남성 노동자 4명이 분뇨가 가득 담긴 양동이 3개를 들고 투표장 근처에 나타났다. 그들은 고무 장갑을 낀 손으로 투표장 부근에 있던 여성 노동자들에게 달려들어 "이 쌍년들아, 똥이나 먹어라! 이것이 뭔인 줄 아냐? 이게 바로 개가 먹는 똥이다. 개 같은 년들!"이라고 소리지르며 분뇨를 뿌렸다. 그들은 이미 폭도로 돌변해 있었다. 여성 노동자들은 비명을 내지르면서 뒤로 물러섰다. 분뇨를 얼굴에 들이부어도 반항하는 여성 노동자들에게는 이 폭도들이 두 명씩 달라붙어 여성들의 입을 억지로 벌리고는 분뇨를 집어 넣었다. 어떤 자는 여성 노동자의 윗셔츠의 단추를 쥐어뜯고 가슴 속에 분뇨를 처넣었다. 그들의 행동

---

66) 석정남, 『공장의 불빛』(일월서각, 1984), 90-91쪽.

에 참다 못한 오청자라는 여성 노동자가 "너희들이 인간이냐"고 대들었다. 폭도들은 그녀의 머리 위로 분뇨가 든 양동이를 뒤집어 씌워 버렸다. 그녀는 "세상에 이럴 수가 있어!"라고 울부짖으며 주저앉았다. 폭도들은 "건방진 년, 입 닥쳐!"라고 말하고는 돌을 주워 그녀의 얼굴을 때렸다. 그녀의 일그러진 얼굴에서 인분과 피가 흘러 내렸다.[67]

당시 중앙정보부 요원과 경찰관들은 회사의 사무실에서 공장장, 총무과장과 빈번히 접촉하면서 사태의 진행 상황을 상부에 보고하고 있었다. 여성 노동자들이 도움을 요청했을 때 정복 경찰들은 "야! 이 쌍년들아! 가만 있어, 이따가 말릴 거야"라고 말하면서 요청을 거절하였다.[68]

여성 노동자들에게 분뇨를 퍼붓고 입에까지 분뇨를 집어 넣은 남성 노동자들은 회사에 매수되었지만, 단지 그 이유 때문만에 그런 짓을 저지른 건 아니었다. 구해근은 다음과 같이 말한다.

"여성 노조활동가들에게 동정적이었던 한 남성의 고백처럼, 남성들이 여성이 주도하는 노조지도부를 지지하지 않은 것은 '남자들의 자존심' 때문이었다. 여성 노조지도부를 지지하는 몇 명의 남성들은 동료 남성노동자들에 의해서 배척당했고, 노조 활동에서 물러나거나 결국은 여성 노동자들의 믿음을 배반해야 했다. 분명히 뿌리깊은 성차별 이데올로기가 주된 장애물이었다."[69]

1975년 9월에 발생해 이후 몇 년간 지속되었던, 해태제과 여성 노동자들이 '18시간의 곱빼기 노동과 12시간의 주야 철야노동'에서 '8시간

---

67) 이태호, 『불꽃이여 이 어둠을 밝혀라』(돌베개, 1984), 135쪽; 박세길, 『다시쓰는 한국현대사 2: 휴전에서 10·26까지』(돌베개, 1989), 280쪽에서 재인용.
68) 〈우리는 똥을 먹고 살 수 없다: 동일방직 노동자들의 호소 1(1978. 2)〉, 김인걸 외 편저, 『한국현대사 강의』(돌베개, 1998), 357-359쪽.
69) 구해근, 신광영 옮김, 『한국 노동계급의 형성』(창작과비평사, 2002), 131-132쪽.

노동제'를 실시하기 위해 벌인 투쟁 기록도 남성 노동자들의 탄압에 대한 한(恨)을 토로하고 있다. 『8시간 노동을 위하여』에서 손점순은 다음과 같이 절규하고 있다.

"노동자도 사람이다. 기계나 노예가 아니다! 노동자로 태어난 삶! 저주받고 외면당한 이 땅의 돌멩이들이 승리했던 것이다. 그렇다! 우리는 돌멩이들이다. 그러나 그 돌멩이가 비로소 노예노동에서 잠을 깼던 것이다. (중략) 우리는 보았다. 그 처절했던 폭력 현장을……. 우리는 개처럼 두들겨 맞았다. 우리는 우리의 적이 도처에 깔려 있었음도 알았다. 가장 가슴 아픈 적이 있다면 그것은 동료 노동자(남자)들인 것이다."[70]

그러한 성차별 이데올로기는 오늘날의 한국 노동문화에도 여전히 살아 있다. 상층엔 물적 여유가 있어 남성 대 여성의 경쟁 구도가 형성되지 않거나 경쟁이 약한 반면, 비교적 상호 대등하게 만나는 하층에선 경쟁이 매우 치열하기 때문이다. 성차별을 계급 문제와 분리시켜 해결의 우선 순위가 있다고 보는, 즉 계급 문제가 우선이라는 노동·진보 진영의 시각도 그런 성차별을 온존시키거나 강화시키는 데에 일조하고 있다.

'우리는 똥 먹고 살 수 없다!'

여성 노동자들은 회사 안에서의 시위는 물론 회사 밖에서도 회사의 만행을 규탄하는 투쟁을 벌여 나갔다. 이후 나타난 그들의 투쟁 방식은 모두 이 사건에 대해 침묵하는 언론매체에 대한 항의의 성격을 띄고 있다는 점에서 더욱 주목할 만하다. 당시 한국 언론의 실상이 어떠했던가를 이들의 투쟁 활동을 통해서도 알 수 있다는 것이다.

1978년 3월 10일, 여성 노동자 76명은 '근로자의 날'을 기념하기 위

---

70) 손점순, 『8시간 노동을 위하여: 해태제과 여성 노동자들의 투쟁 기록』(풀빛, 1984), 11-13쪽.

해 국무총리와 각료를 포함한 고위 공직자들과 전국 노조지도자들이 모여 있는 장충체육관으로 잠입했다. 텔레비전 생중계를 염두에 두고 시위를 하기 위해서였다.

한국노총 위원장이 연단에 서서 연설을 시작하려고 하자, 동일방직 노동자들이 돌연 일어서서 외쳤다. '동일방직 문제를 해결하라!', '우리는 똥 먹고 살 수 없다!', '김영태는 물러가라!' 시위자들은 재빨리 플래카드를 펼치고 청중들에게 전단을 뿌렸다. 이 일이 일어난 지 몇 분 동안 텔레비전 생방송이 중단되고 난입자들을 제거하기 위하여 경찰과 경비원이 돌진하였다. 시위자들은 심하게 구타당하고, 발길로 차이고, 길바닥에 내동댕이쳐지고, 경찰서로 끌려갔다. 불행하게도 이 시위는 노동자들에게 어떤 긍정적인 결과도 가져다 주지 못했다. 동일방직 공장에서는 남자들이 노조 사무실을 점거하고, 친공산주의 조직에 의해서 세뇌당하고 조종되는 '무식한 여자'들에 대한 규탄을 한층 강화했다.[71]

이 사건으로 4명이 투옥되었지만, 동일방직 여성 노동자들은 그래도 포기하지 않았다. 며칠 후 50여 명의 여성 노동자들은 명동성당에서 무기한 단식투쟁을 벌였다. 경찰은 어떻게 대응했던가? 석정남은 다음과 같이 말한다.

"배고픔 외에 또 하나 우리를 괴롭히는 것은 가족들의 성화였다. 열흘이 넘도록 딸들이 집에 들어오지 않자 이리저리 수소문 끝에 명동성당이라는 이름만 듣고 찾아온 가족들의 태도는 여간 우리를 슬프게 하는 것이 아니었다. 그도 그럴 것이 후에 안 일이지만 단식하는 사람마다 담당

---

71) 구해근, 신광영 옮김, 『한국 노동계급의 형성』(창작과비평사, 2002), 134쪽.

형사가 붙여졌고 형사들은 가가호호 방문하여 '당신 딸이 빨갱이 소굴에 빠져 도망도 못 치고 잡혀 꼼짝없이 굶어 죽게 생겼으니 수단과 방법을 가리지 말고 빨리 구출해야지, 안 그러면 큰일난다.' 이렇게 공갈과 협박을 하였으니 부모들로서야 그럴 수밖에 없었다. 인천 산업선교에서는 이곳보다 더하다고 했다. 시골에 계신 부모님께 전보까지 쳐서 올라오게 하여 산업선교의 담을 부수게 하는가 하면 형사들의 꾐에 빠진 어느 어머니는 긴 바지랑대를 들고 쫓아와 그야말로 수단과 방법을 가리지 않더라는 것이다. 미친 듯이 길길이 뛰는 데는 형사들보다 더 원망스러웠다고 한다."[72]

중앙정보부가 조종한 공작

그들의 단식농성에 마음으로나마 동참하기 위해 전국의 많은 교회와 성당에서 '고난받는 동일방직 노동자를 위한 기도회'가 열렸으며, 3월 20일 명동성당에서도 기도회가 열렸다. 추기경 김수환은 강론을 통해 다음과 같이 말했다.

"동일방직 여성 근로자들은 남자들에 의하여 강제로 입과 몸 속에 더러운 오물을 먹고 뒤집어써야 하는 처참한 대우를 받았다고 했습니다. 그들은 아무리 가난해도 똥을 먹고 살 수는 없다고 기막힌 서러움을 외치고 있습니다. 기회 있을 때마다 조국 건설의 역군, 산업의 역군이라고 부르는 이 연약한 여성 노동자들을 이렇게까지 학대한 그들은 누구입니까? 그것도 백주에 그들을 보호하겠다고 현장에 나온 국립 경찰이 보는 앞에서 저질러졌습니다. 저는 똥물 세례라는 말을 처음에는 믿을 수가 없었습니다. 그러나 현장 사진을 보고 불행히도 사실이었다는 것을 알았

---

72) 석정남, 『공장의 불빛』(일월서각, 1984), 119-120쪽.

습니다. 이 같은 불상사가 있었는데도 경찰당국이 사과했다는 말도, 방관하고 욕한 경찰관이 처벌되었다는 말도 듣지 못했습니다. 반대로 노동절날 우리가 이런 폭행을 당했고 우리들을 빨갱이로 몰고 있으니 시정해 달라고 호소한 편만 질서 문란으로 처벌되고 있습니다. 정부·노총 섬유노조 본부 동일방직 회사에 호소합니다. 우리들이 산업의 역군이라고 부르는 노동자들, 그 중에서 이번 사건에 희생된 여성 근로자들을 살리십시오. 이들을 살리는 길이 여러분이 사는 길이요, 또한 우리 모두가 사는 길입니다."[73]

각 교회에서 기도회가 활발히 열리면서 인천 탑동 성당 신부 김병상을 위원장으로 강원용, 문익환, 백낙청 등 백여 명의 사회 저명 인사들은 '동일방직 사건 긴급대책위원회'를 구성하였다. 이들의 노력으로 모든 게 농성 노동자들의 뜻대로 해결되었다. 노동자들은 12일 만에 단식을 끝내고 환호하였다. 그러나 회사는 타협하는 척 속임수를 썼다는 것이 곧 밝혀졌다.

4월 1일자로 1백24명이 무더기 해고를 당한 것이다. 게다가 이들의 이름은 블랙리스트에 올려져 전국의 공장에 배포되었다. 이들의 재취업을 막기 위해 박 정권이 그렇게 한 것이다.[74]

다른 건 다 제쳐 놓더라도 박 정권의 재취업 방해 공작이 잘 말해 주듯이, "동일방직 사태는 단순한 노사분규나 노동청에서 말하는 노조 안의 조직분규가 아니라 정부·노총·회사가 합작하여 산업선교와 관련된 민주노동운동을 파괴함으로써 산업선교와 노동운동 모두를 말살하려는 첨예한 실례"였던 것이다.[75]

나중에 밝혀진 사실이지만, 동일방직 사태는 중앙정보부가 깊숙이 개

---

73) 석정남, 「공장의 불빛」(일월서각, 1984), 114쪽에서 재인용.
74) 지명관, 「한국을 움직인 현대사 61장면」(다섯수레, 1996), 144쪽.
75) 한국기독교교회협의회 인권위원회, 「1970년대 민주화운동 (III)」(한국기독교교회협의회, 1987), 1267쪽.

입한 사건이었다. 중앙정보부에 끌려가 의문사를 당한 서울법대 교수 최종길의 동생이자 당시 중앙정보부 직원이었던 최종선은 2001년 3월 19일 '민주화운동 관련자 명예회복 및 보상심의위원회' 에 제출한 진술서에서 "1978년 동일방직 노조원들에게 인분을 뿌리고 블랙리스트를 만들어 재취업을 막은 것은 중앙정보부였다"라고 밝혔다.[76]

76) 이수범, 〈"유신독재 대표적 민주노조운동 탄압 사례 '동일방직' 사건 중정 개입"〉, 『한겨레』, 2001년 3월 20일, 18면.

언론의 침묵과 부활절 예배 중단

언론의 침묵

동일방직 여성 노동자들에 대한 박 정권의 만행에 대해 언론은 단 한 줄도 보도하지 않고 완전한 침묵을 지켰다. 석정남은 명동성당에서 단식 농성을 할 때에 언론이 보여 준 태도에 대해 다음과 같이 말한다.

"각 신문사에서 기자들이 다녀갔다. 외국 기자들도 여러 명 찾아와 2월 21일부터 오늘에 이르기까지 사건을 묻기도 하며 사진을 찍어갔다. 우리는 혹시 단식농성이 지상에 공개되지 않을까 하고 기대를 하였으나 국내 신문들은 취재만 열심히 해갔을 뿐 하나도 보도되지 않았다. 반면 외국의 신문에는 똥물을 뒤집어쓴 현장 사진부터 단식농성 현장까지 동일방직 사건이 계속 대서특필되고 있었다. 기사 내용을 직접 읽지는 못하지만 커다란 사진과 함께 자세한 기사 내용을 들으면서 우리 사건이 멀리 다른 나라에까지 알려지고 있다는 데 대하여 흥분과 놀라움을 감출 수 없었다. 그런 외국 신문을 보면서 우리 나라 언론기관에 대하여 다시 한번 분노와 배반감을 느꼈다. 멀리 외국의 신문들은 물론 우리 나라 교계를 비롯하여 많은 학생과 지식인, 노동자들이 동일방직 똥물 사건에 대해 분노를 금치 못하고 있는데 어찌하여 신문은 그것을 외면한 채 꿀 먹은 벙어리란 말인가. 꼭 알려야 할 것은 알리지 않고 봄이 오는 소식만 연일 알려 주는 언론기관이 더욱 얄미운 생각이 들었다."[77]

중단된 기독교방송

얄미운 정도였겠는가. 박 정권의 탄압 대상이 된 여성 노동자들은 언론의 침묵에 대해 분노하지 않을 수 없었다. 1978년 3월 20일 한국기독교교회협의회 사무실과 기독교방송국이 있는 기독교회관 2층에서 한국기독학생총연맹이 주최한 인권강좌가 열렸다. 당시 한국기독교교회협의회에서는 동일방직 똥물 사건 및 대량 해고와 박 정권의 용공 조작에 항의해 실무 목사 13명이 5일째 금식 기도를 하고 있었는데, 인권강좌는 이걸 다루고자 했던 것이다.

인권강좌엔 1백50여 명의 여성 노동자들이 참여하였다. 그러나 취재 기자는 단 한 사람도 보이질 않았다. 이에 동일방직 · 방림방적 · 진로주조 · 해태제과에 근무하는 여성 노동자 40여 명이 9층에 있는 기독교방송국 보도국으로 들어가 방송국장 면담을 요구하였다. 노동자들이 신분을 밝히자 기자들이 내뱉은 말은 다음과 같은 것이었다.

"배우지 못한 것들이 여기가 어디라고 생각하느냐", "공순이들이……."[78]

보라. 기자들, 그것도 기독교방송의 기자들마저도 '배우지 못한 것

---

77) 석정남, 「공장의 불빛」(일월서각, 1984), 115쪽.
78) 이옥지, 「한국 여성 노동자 운동사 1」(한울아카데미, 2001), 313쪽.

들'이니 '공순이' 니 하는 무서운 언어폭력을 행사하고 있지 않은가. '광기 들린 사회'라고 하지 않을 수 없다.

노동자들은 "왜 광릉의 크낙새가 죽으면 크게 보도하고 노동자와 목사가 죽어 가는 것은 거들떠보지도 않느냐"라며 항의했다. 노동자 10여 명이 생방송중인 스튜디오로 들어가는 바람에 잠시 방송이 중단되기도 하였지만, 방송국 직원과 출동한 기동 경찰은 이들을 구타하면서 밖으로 끌고 나갔다. 10여 명의 여성 노동자들이 중경상을 입었고 한 사람은 기절까지 하였지만,[79] 그들의 속을 더 뒤집어 놓은 것은 아마도 "배우지 못한 것들이 여기가 어디라고 생각하느냐", "공순이들이……"와 같은 욕설이었을 것이다.

아마도 그래서 여성 노동자들은 더욱 자신들의 투쟁을 포기할 수 없을 것이다. 생사(生死)의 절규요, 한(恨)의 폭발이 아니었을까?

동일방직 여성 노동자들의 항의농성에 동조 단식하던 『동아일보』해직 기자들은 3월 22일 〈단식을 마치며〉라는 성명서에서 "그들의 시위, 그들의 항의는 이 나라의 전체 언론을 향한 피맺힌 절규"라고 말했다. 또 해직 교수와 기독자 교수들도 3월 24일 〈언론계 여러분들께 보내는 공개장〉을 통해 "이것은 기독교방송국이라고 하는 특정 언론기관에 대한 항의가 아니라 이 땅의 재갈물린 모든 언론기관에 대한 항의임에 틀림없다"라고 말했다.[80]

'언론의 시선을 잡아 보려는 필사적인 시도'

일부 여성 노동자들이 뒤이어 벌인, 3월 26일에 일어난 부활절 예배

---

79) 이옥지, 『한국 여성 노동자 운동사 1』(한울아카데미, 2001), 313쪽.
80) 한국기독교교회협의회 인권위원회, 『1970년대 민주화운동 (IV)』(한국기독교교회협의회, 1987), 1508쪽에서 재인용.

시위투쟁은 독재 정권에 굴종했던 언론의 직무 유기와 보수 개신교의 침묵을 상징적으로 보여 준 사건이었다.

　"동일방직의 대량 해고가 확실시되어 가고 있던 1978년 3월 26일 오전 5시 30분, 여의도 광장에서는 45만 명의 개신교 신자들이 모인 가운데 부활절 예배가 열리고 있었다. 갑자기 목사의 기도 소리가 그치고 여성들의 목소리가 크게 울려 퍼졌다. '노동 3권 보장하라', '동일방직 사건을 해결하라', '우리는 똥을 먹고 살 수 없다', '방림방적의 체불노임을 즉각 지급하라' 등을 외쳤다……. 약 5분 정도 예배와 중계방송이 중단되었고, 이들(여성 노동자 6명)은 치안요원들에 의해 무차별적인 구타를 당하면서 끌려 나왔다.……그들은 150만여 명의 신도가 생중계를 통해 예배 실황을 듣고 있다는 점에 착안하여, 노동자들의 당면 문제를 대규모의 청중과 국민들에게 직접 전달하고자 하였다. 이들 여성 노동자들은 부활절 예배가 라디오로 생방송되고 있던 중에 마이크를 빼앗아 언론에서 다루어지지 않아 국민 대부분이 모르고 있었던, 억울한 자신들의 문제를 국민에게 호소하였다. 그 과정에서 반드시 있을 수밖에 없는 구타 등의 폭력을 감내하고, 감옥까지도 각오한 결연한 행동이었다. 이들 6명은 예배 방해 및 집시법 위반으로 구속되었고 모두 실형(징역 1년, 미성년자 3명은 8개월)을 선고받았다."[81]

　이들 6명은 한 회사에 속한 노동자들이 아니었다. 동일방직·원풍모방·방림방적·남영나이론·삼원섬유 등 여러 섬유기업체에 속한 노동자들이었다. 원풍모방 소속이었던 장남수는 항소 공판에서 다음과 같은 최후 진술을 남겨 방청석을 울음바다로 만들었다.

　"저는 많지 않은 기간이지만 구치소 생활을 하면서, 우리 노동자들이 얼마나 비참하게 살아왔는가를 재삼 확인했습니다. 감옥이라고 하면 죄

---

81) 이옥지, 『한국 여성 노동자 운동사 1』(한울아카데미, 2001), 313-314쪽.

를 지은 사람을 수감해 놓은 곳이므로 무척 살기 힘들고 고통스러운 곳인 줄 알았습니다. 그러나 저희들에게는 그렇지가 않더군요. 구치소에서는 적어도 먹고 잠자는 생활의 기본 문제가 해결되며 무엇을 먹을까 무엇을 입을까 걱정할 필요가 없습니다. 저는 가장 근로 조건이 우수하다고 평이 난 원풍모방 기숙사에 있었습니다. 그러한 저희 기숙사 식당 부식보다 구치소가 더 낫더군요. 그래서 우리 노동자들은 죄인보다 못하다는 것을, 수감된 사람들이 먹는 음식보다 더 못한 음식을 먹으며 방세 걱정, 연탄 걱정으로 찌들리며 인간 이하의 생활을 해왔다는 것을 뼈저리게 느꼈습니다. 저는 지금 마음이 편합니다. 고생스런 바깥 생활, 창살만 없지 감옥같이 살아온 우리들의 바깥 생활보다 육체적으로도 편합니다. 다만 밖에서 걱정할 가족들과 동료들을 생각하면 마음 아플 뿐입니다."[82]

9월 16일 항소심 선고 공판에서 이들은 징역 1년에 집행유예 2년의 판결을 받았다. 6개월간의 징역살이 끝에 석방된 것이다. 구해근은 이들이 그런 시도를 한 이유에 대해 다음과 같이 말한다.

"이 여성들은 교회가 후원하는 활동을 통해서 만난 사이였는데 주류 기독교인들의 보수적인 안이함을 뒤흔들기 위해 매주 교회에서 설교되는 평화·사랑·자유가 공장에서 어떻게 여지없이 짓밟히고 있는지를 보여 주기로 결정하였다. 그들은 또한 노동자들의 투쟁에 조금도 관심을 보이지 않는 언론매체에 분개하였다. 그들의 기습 시위는 한 마디로 사회가 즐기는 풍요를 만들어내기 위해 밤낮으로 일하는 수백만 명의 노동자들이 경험하는 엄청난 불의를 사회에 알리기 위해, 언론의 시선을 잡아 보려는 필사적인 시도였다. 그러나 이 시위자들은 다시 한번 매체의 관심을 끄는 데 실패했다. 그나마 조금 보여 준 매체의 보도는 노동자들의 폭력적인 행동에 초점이 맞추어져 있었고, 이 시위 배후에 외부 세력

---

82) 장남수, 『빼앗긴 일터』(창작과비평사, 1984, 제3판 1991), 116~117쪽.

이 있다는 것을 암시하는 내용이 대부분이었다."[83]

'인권을 강도당한 노동자들의 호소'

언론이 외면하는 가운데 해고당한 동일방직 여성 노동자들이 의존할 수 있는 건 그들이 시시때때로 낸 유인물뿐이었다. 〈인권을 강도당한 노동자들의 호소〉라는 유인물의 몇 대목을 인용해보자.

"(섬유노조로 찾아갔을 때) 노동자가 임금이나 올려주면 되는 거지 권리며 인권이 무어냐고 했습니다. 여자들이 나이 먹으면 시집이나 가지 무슨 노동운동을 하냐구요."

"우리는 더 이상 짓눌림을 참고 있을 수만은 없습니다. 우리도 인간답게 살고 싶으며 가난하고 무식하나마 정의와 민주주의를 노동조합을 통해 배웠습니다. 양심을 지키고 불의에 굴복해서는 안됨을 알고 끝까지 싸우려는 저희가 잘못일까요?"

"배우지 못해 아는 것은 없지만 불의와 타협할 수 없었고, 가난하게 살아왔지만 똥을 먹고도 참을 수는 없었습니다. 추운 겨울날 눈·코·입·귓속으로 스며드는 똥물을 뱉으며 우리는 부둥켜안고 가슴 아프게 울었습니다. 이 넓고 찬란하다는 사회를 향해 순수한 꿈을 키우는 어린 나이의 저희들이 우리도 인간이라고 외친 것이 똥을 뒤집어써야 할 만큼 큰 잘못일까요?"[84]

아무도 그들의 물음에 답하지 않았다.

---

83) 구해근, 신광영 옮김, 『한국 노동계급의 형성』(창작과비평사, 2002), 136쪽.
84) 한국기독교교회협의회 인권위원회, 『1970년대 민주화운동 (III)』(한국기독교교회협의회, 1987), 1276쪽에서 재인용.

'공장의 불빛'으로 승화되다

해고당한 동일방직 여성 노동자들 가운데 15명은 자신들을 해고시키고 다른 곳에 재취업하지 못하도록 '블랙리스트'를 돌리는 실무 공작을 맡았던 섬유노조위원장 김영태가 부산에서 통일주체국민회의 대의원에 입후보한 걸 알고, 5월 14일 밤 부산으로 내려가 김영태의 만행을 폭로한 유인물 4백 부씩을 끌어안고 배포하는 투쟁을 전개했다. 그러나 이들 중 한 명이 경찰에 연행되어 고문 끝에 실토하는 바람에 7명이 선거법 위반으로 구속되었다.

"경찰서 안에서 이들은 김영태가 당선되었다는 소식에 맥이 풀렸으나, '잘 했다. 그러나 그 사람은 이미 당선되게 되어 있다. 무효표는 모두 그 사람 표로 하게 되어 있다'는 경찰의 귀띔을 들었다."[85]

앞서 말한 바와 같이, 동일방직 여성 노동자들의 투쟁은 애초부터 성공할 수 없는 것이었다. 그들의 투쟁은 유신체제라는 거대한 바위에 던져진 한 알의 계란과도 다를 바 없는 것이었다. 여성 노동자들을 '공순이'로 조롱하거나 폄하했던 사람들 역시 유신체제의 그런 야만적인 음모극에 조연 역할을 했다는 걸 부인하긴 어려울 것이다.

그러나 그들의 놀라운 투쟁은 여러 사람들에게 큰 슬픔이자 감동으로 다가왔다. 작곡가이자 가수인 김민기도 그런 사람들 가운데 하나였다. 그는 1978년 〈공장의 불빛〉이라는 노래굿 제작에 참여했다. 대중음악평론가 강헌이 "최초의 언더그라운드의 불법 인디앨범, '3분짜리 유행가'라는 대중음악에 대한 질시를 서사를 통해 분쇄한 최초의 실험"이라고 규정한 이 노래굿은 바로 동일방직 사건을 소재로 한 것이었다.[86] 김민

---

85) 한국기독교교회협의회 인권위원회, 『1970년대 민주화운동 (III)』(한국기독교교회협의회, 1987), 1267쪽.
86) 강헌, 〈김민기 노래굿 「공장의 불빛」(1978)-가장 어두운 곳에서 타올랐던, 가장 명징한 불꽃〉, 『리뷰』, 1998년 봄호, 20쪽에서 재인용.

기는 노래굿에 나오는 노래 전부를 작사·작곡하며 두 달에 걸쳐 만들어 냈다. 당시 노동계의 현실을 풀어낸 이 노래굿은 한국교회사회선교협의 회의 후원으로 카세트 테이프로 제작되어 많은 사람들에게 퍼져갔다.

동일방직 사건에 대해 한국기독교교회협의회 인권위원회는 다음과 같이 말한다.

"정부와 기독교, 어용노총과 민주노조와의 극한적 대립을 불러왔던 이 사건은 유신 후기에 교회 및 민주화운동 세력들이 노동자와 연대한 운동 가운데서도 가장 깊이, 가장 격렬하게 벌인 투쟁이었다. 그것은 산 업선교와 깊은 관련을 맺었던 사건이라는 점도 한 요인이었으나 상상을 초월한 여성·근로자들의 초인적 인권투쟁이 어느 누구도 가만히 바라볼 수 없도록 상황을 몰고 갔다는 것이 정확한 표현일 것이다. 그들은 가난 하고 아직 어리고 많이 배우지도 못하였지만 자기 몫을 포기하지 않고 감옥으로 끌려가면서도 소리치고 주장하였다. 무엇이 그들을 그렇게 만 들었던가."[87]

---

87) 한국기독교교회협의회 인권위원회, 『1970년대 민주화운동 (III)』(한국기독교교회협의회, 1987), 1276쪽.

난장이가 쏘아올린 작은 공

'악(惡)이 선(善)을 가장했던 세상'

동일방직 사건 대책위원회 실무자 중에 조세희라는 소설가가 있었다. 그는 대책위원회 일을 하면서 동일방직 여성 노동자 석정남과 친해졌다고 한다. 조세희는 어느 날 도피 중인 석정남을 자기 집에 재우면서 고깃국을 내놨다. 어떤 일이 벌어졌던가? 안철홍은 다음과 같이 말한다.

"다음 날 아침 석정남이 화장실을 들락거리며 그 귀한 고깃덩이들을 다 설사로 쏟아내는 것이 아닌가. 처음 먹어 보는 고깃국에 탈이 난 것이다. 조세희는 충격을 받았다. 그리고 그 충격을 다스리며 쓴 게 『난장이가 쏘아올린 작은 공』이었다. 조세희는 당시 문인들 가운데서는 소극적으로 민주화운동에 참가했으나, '난쏘공'이란 탁월한 소설을 씀으로써 지금까지 길이 기억되고 있다."[88]

---

88) 안철홍, 〈70, 80년대 재야운동 야사 ③ 유신 말기의 민주화운동: 지식인들, 노동자·농민과 만나다〉, 『월간말』, 1996년 6월, 187~188쪽.

1978년 6월 10일에 나온 조세희의 『난장이가 쏘아올린 작은 공』이라는 소설집은 이후 6개월 동안에 8만 4천 부, 1979년에 7만 부, 1980년에 2만 부 판매를 기록하는, 당시로서는 놀라운 기록을 세웠다.[89] 이 소설은 우화적이긴 하지만 당시로선 금기시되던 경제성장의 어두운 면을 보여준 것이라 그러한 기록은 더욱 놀라운 것이었다.

이 소설은 "70년대의 거대한 사회적 변동 가운데서 가난한 사람들이 얼마나 고난에 찬 삶을 지속해야 했던가를 말하고 그들의 이상과 존엄성이 어떻게 부당하게 훼손되어 갔는가를 탁월하게 증언"하였다.[90]

줄여서 '난쏘공'이라 불렸던 이 소설은 연작소설집으로 1975년부터 1978년까지 『문학과 지성』을 비롯한 여러 잡지에 게재된 것으로 조세희 자신의 경험에 근거한 것이었다. 조세희는 산동네 철거민촌을 찾아다니며 취재를 했고, 자신이 직접 살기도 하면서 빈곤층의 참상을 온몸으로 겪었는데, 이에 대해 그는 다음과 같이 말했다.

"내가 제일 참을 수 없었던 것은 악이 내놓고 선을 가장하는 것이었다. 악이 자선이 되고 희망이 되고 진실이 되고, 또 정의가 되었다. 내가 개인적으로 선택의 중요성을 느끼기 시작한 것은 이 무렵이었다. 어느 날 나는 재개발 지역 동네에 가 당장 거리에 나앉아야 되는 세입자 가족들과 그 집에서의 마지막 식사를 하고 있었다. 그때 철거반이 철퇴로 대문과 시멘트 담을 쳐부수며 들어왔다. 나는 그들과 싸우고 돌아오다 작은 노트 한 권을 사 주머니에 넣었다."[91]

89) 김언호, 『책의 탄생(2): 저자와 독자와 출판인, 그리고 시대정신』(한길사, 1997), 76쪽.
90) 이동하, 〈70년대의 소설〉, 김윤수·백낙청·염무웅 편, 『한국문학의 현단계 I』(창작과비평사, 1982), 147쪽.
91) 김경환, 〈아직도 혁명을 꿈꾸는 난쟁이에게〉, 『월간말』, 1998년 1월호, 24-25쪽에서 재인용.

'우리의 생활은 전쟁과 같았다'

그랬다. 모든 게 전쟁이었다. 조세희의 글쓰기도 전쟁이었고, 탄압을 가하고 탄압을 받는 사람들 모두 전쟁하듯이 세상을 살던 시절이었다. '난쏘공'은 탄압받는 사람들의 전쟁을 이렇게 표현했다.

"천국에 사는 사람들은 지옥을 생각할 필요가 없다. 그러나 우리 다섯 식구는 지옥에 살면서 천국을 생각했다. 단 하루도 천국을 생각해보지 않은 날이 없다. 하루하루의 생활이 지겨웠기 때문이다. 우리의 생활은 전쟁과 같았다. 우리는 그 전쟁에서 날마다 지기만 했다."[92]

그러나 그 전쟁에서 날마다 이기는 사람들도 있었다. 1978년 4월 15일부터 수입자유화 시대가 열려 돈 있는 사람들의 물질 세계는 더욱 풍요로워지기 시작했다. 자가용 승용차도 하루 1백대 꼴로 늘어나 이른바 '마이카 시대'에 점점 다가가고 있었다. 부유한 사람들도 더욱 많은 부(富)를 얻기 위해 전쟁하듯이 살고 있었다. 특히 부동산 투기 전쟁이 그러했다.

'반드시 독자에게 전달되어야 한다'

조세희는 출판사에 다니다가 1976년 직장을 『학생중앙』으로 옮긴 후에는 근처에 있던 서소문 공원에서 소설을 써나갔다. 그렇게 항상 시간에 쫓기고 눈치를 보아야 하는 그런 집필 여건으로 인해 그의 문체는 점점 단문이 되어 갔다. 또 그는 당국의 검열을 통과하기 위해 사실을 묘사하긴 하되 그 형식과 문체에서 동화적인 냄새를 풍기게 하기 위해 애를

---

92) 조세희, 〈작가의 말: 파괴와 거짓 희망, 모멸의 시대〉, 『난장이가 쏘아올린 작은 공: 조세희 소설집』(이성과힘, 2000), 80쪽.

썼다. 그런데 오히려 이런 제약 조건이 그의 소설의 인기를 높여 준 이유가 되었다.[93] 이와 관련, 조세희는 다음과 같이 말한다.

"처음부터 탄압 기구에 의해 내가 낼 책이 판금이 되어도 좋다는 생각을 했다면 나의 작업은 쉬웠을 수도 있다. 하루 자고 나면 누가 잡혀갔고, 먼저 잡혀간 누구는 징벌 독방에서 죽어 가는 지경이고, 노동자들이 또 짐승처럼 맞고 끌려가는, 다시 말해 인간의 기본권이 말살된 '칼'의 시간에 작은 '펜'으로 작은 노트에 글을 써나가며, 이 작품들이 하나하나 작은 덩어리에 불과하지만 무슨 일이 있어도 '파괴를 견디고' 따뜻한 사랑과 고통받는 피의 이야기로 살아 독자들에게 전달되지 않으면 안 된다는 생각을 나는 했었다."[94]

또 조세희는 이런 말도 했다.

"사람이 태어나서 누구나 한번 피 마르게 아파서 소리지르는 때가 있어요. 그 진실한 절규를 모은 게 역사라고 나는 봅니다. '난쏘공'은 내가 너무 아파서 지른 간절하고 피맺힌 절규였어요. 그래서 아마 20년이 흘러도 그 난장이들의 소리에 젊은이들이 귀를 기울이는 걸 겁니다. 시대 문제의 핵심, 인간의 마음에 가까이 갔었기 때문에."[95]

---

93) 〈조세희〉, 강준만 외, 『시사인물사전 5』(인물과사상사, 2000), 136-137쪽.
94) 조세희, 〈작가의 말: 파괴와 거짓 희망, 모멸의 시대〉, 『난장이가 쏘아올린 작은 공: 조세희 소설집』(이성과힘, 2000), 9-10쪽.
95) 〈"너무 아파, 나는 피를 토한다"〉, 『한겨레21』, 1998년 7월 2일, 75면.

서울대 6·12 시위와 '우리의 교육지표'

유인물 배포

1977년 가을부터 긴급조치 9호의 병영체제를 뚫고 터져 나온 학생들의 저항은 생존권과 인간적 존엄을 걸고 결사적으로 항거한 여성 노동자들의 투쟁과 더불어 상승 효과를 내면서 다음 해에도 계속되었다.

1978년 대학가의 저항은 3월 20일 서울농대의 유인물 배포에서부터 시작되어 한동안 반정부 유인물 살포가 주된 투쟁 방법이 되었다. 4월 하순엔 서울대 강의실에 '유신철폐'가 페인트로 쓰여지는 새로운 투쟁 방법이 선을 보이기도 했다.

5월 8일에 나온 서울대의 '학원민주선언문'은 유신헌법 철폐, 구속자 석방, 학생회 부활, 처벌학생 복귀, 노동 3권 보장, 자유언론 등을 결의하고 구체적 행동지침을 다음과 같이 제안하였다.

"① 5월 19일부터 통일주체선거 반대 동맹휴학 단행, ② 해고된 동일방직 노동자들을 위한 모금에의 적극 참여, ③ 유인물 제작·살포, 비판

적 가요의 보급, 낙서를 통한 학내 언론의 활성화, ④ 각종 집회의 최대
한 활용."[96]

6·12 시위의 새로운 면모

드디어 6월 12일엔 서울대에서 대대적인 시위가 벌어졌다. 3천여 명
의 학생들은 박 정권 퇴진을 외치며 3시간이나 캠퍼스 전체를 휩쓸고 다
녔으며, 일부는 관악구청·신림동 등지에 재집결하여 시위를 벌이기도
했다.[97] 6·12 시위는 "규모가 컸을 뿐만 아니라 자연대생들도 적극 참
여하였다는 점에서 의의가 있었다."[98] 또한 6·12 시위는 '끊임없는 투
쟁의 첫 번째 행동지침'을 광화문 네거리의 가두시위로 예고하는 새로운
시위 방법을 등장시켰다.

"이 날 발표된 '학원민주선언문'은 '박정희는 물러나라'고 직접적 표
현을 쓰면서, '6월 26일 오후 세종로 네거리에서 전 대학생·시민 반정
부 집회를 갖는다'고 선포함으로써 학생운동은 새로운 국면으로 접어들
었다. 이에 대해 정부는 소아병적 반응을 보여, 편지 검열, 전화 도청, 당
일의 대대적 연금 및 광화문 일대에 삼엄한 경계망을 폈으나 학생들은
이 골목, 저 골목을 누비며 경찰의 그물을 빠져 나갔다."[99]

한국기독교교회협의회 인권위원회가 펴낸 『1970년대 민주화운동』은
1977년 이후의 학생운동이 "다양한 전략·전술의 개발, 주의·주장에
대한 직접적·구체적 표현, 시위 양태의 극렬화, 대규모 연합 가두시위

96) 한국기독교교회협의회 인권위원회, 『1970년대 민주화운동 (III)』(한국기독교교회협의회, 1987), 1028-
1029쪽.
97) 한국기독교교회협의회 인권위원회, 위의 책, 1028-1029쪽.
98) 서중석, 〈1960년 이후 학생운동의 특징과 역사적 공과〉, 『역사비평』, 제39호(1997년 겨울), 32쪽.
99) 한국기독교교회협의회 인권위원회, 위의 책 , 1028-1029쪽.

의 형태로 발전"한 것 외에도 몇 가지 특징이 있었다고 말한다.

"첫째는 민중과 민족에 대한 진지한 연구와 관심의 고조이다.……둘째는 노동·농촌 문제에 대한 관심의 증대이다.……셋째는 정치·경제적 관심 외에 민중에 기반하고 있는 우리 문화의 뿌리를 찾아 재창조하려는 작업이 이루어졌다는 점이다. 탈춤·판소리·마당극 등을 통해 민중을 대변하고 억눌린 자신들의 감정을 표현하고자 부단히 애썼다. 그리하여 각 대학의 축제에는 의례 탈춤·마당극이 등장하였으며, 연극 공연이 번번이 학교 당국에 의해 제지되기도 하였다. 그 내용이 정치·사회에 대한 날카로운 비판과 풍자였기 때문이었다."[100]

'국민교육헌장'부터 잘못되었다

1978년 6월 27일 전남대 교수 11명은 학원의 민주화와 민주교육, 외부의 간섭 배제를 주장하는 성명서 '우리의 교육지표'를 발표하였다. 원래 이 성명서는 연세대에서 해직된 교수 성내운과 전남대 교수 송기숙이 작성, 전남대 교수들뿐만 아니라 광주 및 서울의 각 대학교수들에게서 찬성 서명을 받아 동시에 발표하기로 되어 있었다. 그러나 서울에서 차질이 생겨 서울에선 유일하게 서명한 이화여대 교수 이효재가 수사기관에 연행되었다.[101]

성내운은 긴급조치 9호 위반 혐의로 구속되었다. 성명서가 발표되면서 그 날로 서명한 전남대 교수 11명 가운데 송기숙도 긴급조치 9호로 구속되었고, 다른 교수들은 전원 해직되었다. 전남대에서는 '연행 교수를 위한 기도회'가 열리는 등 시위가 발생했으며 조선대학에서도 어용교수

100) 한국기독교교회협의회 인권위원회, 『1970년대 민주화운동 (III)』(한국기독교교회협의회, 1987), 1032쪽.
101) 김삼웅 편저, 『사료로 보는 20세기 한국사: 활빈당 선언에서 전·노 항소심판결까지』(가람기획, 1997), 344쪽. 이 성명의 초안은 백낙청이 작성했다고 한다. 김정남, 〈이 법정을 똑똑히 기억하겠다: '우리의 교육지표' 사건〉, 『생활성서』, 2000년 12월, 30쪽.

퇴진, 교육지표 지지선언과 시위가 발생하였다. '우리의 교육지표'는 다음과 같이 선언하였다.

"대학인으로서 우리의 양심과 양식에 비추어볼 때 오늘날 교육의 실패는 교육계 안팎의 모든 국민으로 하여금 자발적 일치를 이룩할 수 있게 하는 민주주의에 우리 교육이 뿌리 박지 못한 데서 온 것이다. 국민교육헌장은 바로 그러한 실패를 집약한 본보기인바, 행정부의 독단적 추진에 의한 그 제정경위 및 선포절차 자체가 민주교육의 근본 정신에 어긋나며 일제하의 교육칙어를 연상케 한다. 뿐만 아니라 그 속에 강조되고 있는 형태의 애국애족 교육도 그냥 지나칠 수 없는 문제를 안고 있다. 지난날의 세계역사 속에서 한때 흥하는 듯하다가 망해 버린 국가주의 교육사상을 짙게 풍기고 있는 것이다. 부국강병과 낡은 권위주의 문화에서 조상의 빛난 얼을 찾는 것은 잘못이며, 민주주의에 굳건히 바탕을 두지 않은 민족중흥의 구호는 전체주의와 복고주의의 도구로 떨어질 위험이 있다. 또 능률과 실질을 숭상한다는 것이 공리주의와 권력에의 순응을 조장하고 정의로운 인간과 사회를 위한 용기를 소홀히 하는 결과가 되어서는 안 된다. 민주주의 교육이 선행되지 않은 애국애족 교육은 진정한 안보에도 도움이 되지 않는다. 민주주의의 실천이 결핍된 채 민주주의보다 반공만을 앞세운 나라는 다 공산주의 앞에 패배한 역사를 우리는 알고 있지 않는가?"[102]

학생을 포섭해야 하는 교수의 비애

송기숙이 1978년 8월 23일 광주지방법원 공판에서 남긴 최후 진술은

---

102) 김삼웅 편저, 『사료로 보는 20세기 한국사: 활빈당 선언에서 전·노 항소심판결까지』(가람기획, 1997), 345쪽.

많은 사람들에게 대학을 무슨 군사훈련소 정도로 격하시키고 모욕한 박정권에 대한 분노와 더불어 그 체제하에서 신음하는 교수들의 처지에 대해 비애를 느끼게 만들었다.

"작년 가을 서울대학생들의 데모가 있었을 때 학생들이 교수들에게 돌을 던졌다는 이야기를 듣고 나는 말할 수 없이 큰 충격을 받았다.……4·19날에 우리 교수들이 무엇을 하는지 아는가? 4월 19일은 물론 그 앞뒤로 며칠 간을-그리고 바로 지난번 통일주체국민회의 대의원 선거 때도 그랬다-교수들이 마치 강의 시간표 짜듯이 누구는 도서관 앞에서 몇 시부터 몇 시, 누구는 사범대학 벤치 옆에서 몇 시부터 몇 시, 이런 식으로 보초를 서서 학생들을 감시해야만 했다. 뿐만 아니라, 학생들이 학원 안에서 진실을 얻어들을 기회가 없기 때문에 교회나 강연회 같은 데에서 소위 문제 인사들이 이야기하는 것을 들으러 가면 교수들은 또 시내에서 조차 지정된 시간, 지정된 장소에서 보초를 서야 된다. 서 있다가 자기가 맡은 학생이 오면 어떻게든지 그를 붙들어서 강연이 끝나는 시간까지 딴 데서 보내도록 해야 된다. 나도 YMCA 앞에서 보초를 섰다가 내가 맡은 학생들을 데리고 가서 저녁을 사주었고 술도 사주었다. 술을 사주라는 명문 지시는 없었지만 하여간 술도 사줬다. 이것이 과연 교수가 할 짓인가? (중략) 교수가 진실을 안 가르쳐 주니까 다른 데서라도 배우겠다고 찾아가는 학생을 붙잡아서 밥 사주고 술 받아주며 못하게 하는 행위는 민족의 역사 앞에 무슨 죄목에 해당할 것인가? 정말 이 나라의 대학교수들은 학생들의 돌팔매질을 당해도 할 말이 없다고 느꼈다."[103]

---

103) 한국기독교교회협의회 인권위원회, 『1970년대 민주화운동 (IV)』(한국기독교교회협의회, 1987), 1698-1699쪽에서 재인용.

박정희의 마지막 취임

파국을 향해 치달은 박정희 정권

박정희 정권은 점점 더 파국을 향해 치닫고 있었다. 박정희와 박정희 이상으로 심한 권력 중독증에 빠진 그 주변 충성파들만 모르고 있을 뿐이었다. 조갑제는 1979년 박 정권의 파국은 이미 1978년에 시작된 것이었다며 다음과 같이 말한다.

"1978년은 긴급조치 9호의 공포에서 벗어난 민주화운동 세력의 저항이 본격화된 해이기도 했다. 3년 묵은 긴급조치 9호는 그 약 기운을 잃어가고 있었다. KSCF(한국기독학생회총연맹)의 중요 학생 사건 일지에 따르면 긴급조치 9호가 선포된 1975년엔 10건, 1976년엔 13건, 1977년엔 23건으로 늘더니 1978년엔 31건으로 급증했다. 1978년의 학생 사건들 가운데 3분의 2는 통일주체대의원 선거와 그들에 의한 대통령 선거 시기를 전후하여 일어났다."[104]

대통령 선거는 1978년 7월 6일이었다. 선거가 끝난 후 한국인권운동협의회는 대통령 선거를 조롱하는 전단을 찍어 뿌렸다. 조갑제는 이 전단에 대해 다음과 같이 말한다.

"유신체제 아래서 수많은 지하유인물이 나왔지만 이 전단과 견줄 만한 것은 달리 없을 것이다. 객관성과 함축성, 유신체제의 본질을 까발린 간결성·해학성으로 해서 이 전단은 예술적 감동마저 주고 있다. 이 전단을 지하유인물 가운데서 베스트셀러로 만든 것은 안전성 덕분이었다. 여기에 인용된 것은 모두 유신체제에 편입된 제도언론과 관제 교과서였기 때문에 법으로 옭아맬 아무런 꼬투리도 찾을 수 없었던 것이다. 더구나 이 전단엔 주관적 서술이 없다. 그런 것은 오히려 군더더기로 느껴질 만큼 비교법이 완벽하다."[105]

공산주의를 닮은 박정희의 선거

도대체 어떤 전단이길래 조갑제가 그토록 극찬을 하는 걸까? 이 전단은 먼저 대통령 선거를 보도한 『한국일보』 7월 6일자와 7일자 관련 기사를 다음과 같이 인용했다.

통일주체국민회의는 6일 상오 서울 장충체육관에서 오는 84년까지 재임할 임기 6년의 제9대 대통령을 선출한다. 국민회의는 6일 상오 10시 개회식을 한 뒤 단일후보인 박 대통령에 대한 제9대 대통령 선출 투표에 들어간다.(7월 6일 『한국일보』 1면)

제2대 통일주체국민회의 제1차 회의는 6일 상오 10시 서울 장

104) 조갑제, 『유고! ①』(한길사, 1987), 59쪽.
105) 조갑제, 위의 책, 67쪽.

충체육관에서 개회식을 갖고 현 박정희 대통령을 제9대 대통령으로 선출했다. 제2대 국민회의 대의원 2,583명 가운데 2,578명이 참석, 박정희 후보가 2,577표(무효 1표)를 얻어(99.9%) 임기 6년의 제9대 대통령으로 당선됐다.(7월 7일 『한국일보』 1면)

이 전단은 다음엔 "위 글은 우리 나라 문교부가 발행한 중학교용 교과서 『승공통일의 길』 2, 페이지 47, 52, 53에서 발췌한 것임"이라는 하단 설명과 함께 '북한 공산 정권의 선거'에 대해 다음과 같이 말했다.

"공산국가에서도 형식상 선거를 치른다. 그러나 그 선거는 민주주의 국가에서 실시하고 있는 선거와는 다른 일종의 사기 행위이다.……우선 공산국가의 선거에서는 **단 한 사람의 입후보자**에 대하여 **찬성이냐 반대냐** 하는 것을 표시할 수 있을 뿐이다. 그러나 유권자는 찬성할 수 있는 자유는 있어도 반대할 수 있는 자유는 없다. 선거라고 하는 것은 글자 그대로 많은 사람 중에서 적격자 한 사람을 고르는 선택 행위인데 **입후보자가 한 사람밖에 없다는 것은** 벌써 선거로서의 **의미가 없는 것이다.** 그들의 선거 결과는 항상 **99% 이상의 투표율과 99% 이상의 찬성**으로 나타난다. 이런 선거 분위기 속에서 반대를 한다는 것은 상상조차 할 수 없는 일이다. 따라서 공산당의 명령에 복종하여야 할 의무만이 있을 뿐 다른 어떤 권리도 인정되지 않는 것이 바로 공산주의 국가들임을 알 수 있다."[106]

『조선일보』의 선전·선동

그랬다. 박 정권은 많은 민주화 인사들을 빨갱이로 몰아 엄청난 고문

---

106) 조갑제, 『유고! ①』(한길사, 1987), 66쪽에서 재인용.

을 가하고 죽음으로 내몰았지만, 박 정권이야말로 '항상 99% 이상의 투표율과 99% 이상의 찬성'을 자랑하는 공산주의의 속성을 그대로 빼박은 체제였다.

언론마저 똑같았다. 공산주의 체제에서 언론은 당의 선전·선동을 도맡아 하는 기관지가 아니던가. 『조선일보』는 그 역할을 하고 싶었던 걸까? 『조선일보』는 7월 7일자 〈제9대 대통령 선출〉이라는 제목의 사설에서 다음과 같이 주장했다.

"우리는 박 대통령의 9대 대통령 당선을 충심으로 축하한다. (중략) 유신체제에 의한 정치적 낭비를 지양한 새 제도에 의해 80년대를 담당할 제9대 대통령은 조용하게 선출됐다 해도, 당사자로서의 박 대통령의 경륜은 앞으로 70년대에 못지않은 보람에 찬 고비고비를 맞을 80년대가 될 것임을 우리는 우리 모두의 과업으로 또한 명심하게도 된다. 박 대통령의 9대 대통령 당선을 국민과 함께 충심으로 축하해 마지않는다."[107]

박정희의 대통령 취임과 김대중의 가석방

박정희가 제9대 대통령으로 취임 선서를 한 건 12월 27일이었다. 박정희는 그 날을 임시 공휴일로 지정하고 통행금지까지 하루 해제하고 고궁을 무료 개방하였으며, 1천3백2명의 수감자를 가석방하는 등 선심 조치를 취하였다. 그러나 취임식은 쓸쓸하기 그지없었다고 한다. 서중석은 다음과 같이 말한다.

"외국의 축하사절로는 만주침략의 중심 인물로 전범 A급이었던 전 일본수상 기시가 이끈 일본인 12명뿐이었다. 유신체제의 '원조격'인 대만에서조차 민주화를 추진하고 있어서인지 사절을 보내지 않았다. 외국 특

---

107) 김삼웅, 『유신시대의 곡필』(신학문사, 1990), 215~216쪽에서 재인용.

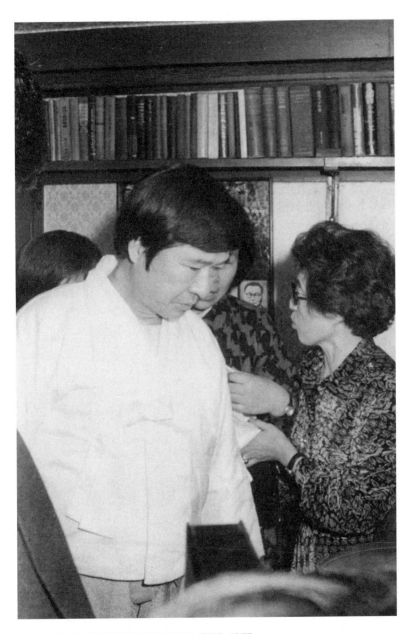

1978년 12월 27일 서울대병원에서 대통령 사면으로 석방되는 김대중.

별경축사절을 공식 초청하지 않았다지만, 어느 나라에서도 체육관에서 당선된 유신 대통령 취임에 경축사절을 보내려 하지 않았다. 그만큼 유신체제로 한국은 따돌림받았고 한국인 모두는 미개인 취급을 받았다."[108]

한편 서울대병원에서 사실상의 감옥 생활을 하고 있던 김대중은 9월 6일 "교도소로 다시 보내달라"는 요구를 법무장관에게 속달로 보내고 무기한 항의 단식을 시작하였다. 9월 8일 재야 인사들은 서울대병원 앞에서 김대중의 투쟁에 동조하는 항의 시위를 벌였고, 김대중은 박정희의 대통령 취임식이 열린 12월 27일 서울대병원에서 가석방되었다. 김대중은 자택 연금을 당했고, 신문 방송은 김대중에 대해 일체 보도를 금지당했다. 그리고 50-100여 명의 사복 경찰이 동교동 자택 주위를 에워싸고 24시간 감시에 들어갔다.[109]

108) 서중석, 〈한국현대사 속의 대통령 선거: 선거와 바람-바람의 정치〉, 『역사비평』, 제60호(2002년 가을), 55-56쪽.
109) 김옥두, 『고난의 한길에도 희망은 있다』(인동, 1999), 209-215쪽.

'탐욕의 문화'를 잉태한 현대아파트

새롭게 창조된 '탐욕의 문화'

"1968년 1천여 만 평의 강남 지역이 본격적으로 개발됨에 따라 반포 지구 아파트 건설을 시작으로 잠실·압구정동에 아파트가 들어서면서 강남은 아파트 숲으로 변하게 된다. 74년부터 강남 지역에서 시작된 아파트 열기는 78년 절정에 달했다.……77년 3월에 분양된 여의도의 H아파트 분양에는 76 대 1이라는 경쟁률을 보이더니 영동 K아파트의 분양 때는 1백24 대 1이라는 엄청난 경쟁률을 보여 사회가 온통 아파트 열기로 달아오르는 듯했다."[110]

그런 아파트 열기를 타고 현대는 1975년 3월부터 강남의 압구정동에 대단위 아파트타운 건설에 착수했다. 그런데 1977년 9월에 착공한 5차

---

110) 고철, 〈한국주택변천사·고층아파트: 땅값 올라 70년대 후반 본격 등장〉, 『중앙일보』, 1994년 7월 13일, 21면.

분 분양에 시비가 일었다. 총 7백28가구의 절반은 사원용, 절반은 일반 분양용으로 승인을 받아 지은 것이었는데, 평당 분양가 30만 원이었던 것이 준공도 되기 전에 3배 이상 뛰어 오른 것이다.[111]

사원용으로 승인받은 아파트를 사원이 아닌 일반인들, 그것도 특수층에만 특혜 분양한다는 소문이 돌았고 이는 곧 사실로 밝혀졌다. 1978년 6월 30일에 터진 이 사건은 여름 한철 내내 아파트 투기 열기와 함께 세상을 더욱 뜨겁게 달구었다.

6월 30일은 때마침 한국정신문화연구원이 개원한 날이었다. 박정희는 개원식에서 '조상의 빛난 얼과 자주정신을 오늘에 되살려서 새로운 문화창조'를 해보자고 역설했지만, 당시 새롭게 창조된 문화는 '부동산 투기문화'였고, 부(富)의 축적을 위해서라면 수단과 방법을 가리지 않는 '탐욕의 문화'였다. 정신문화 자체도 탐욕과 투기의 대상이 되었다. 그해 『한국일보』 12월 26일자엔 검사 신승남의 다음과 같은 글이 실려 있다.

"서울지검 검사 당시 가짜 서화 사건을 다루면서 언젠가 터지고야 말 일이 기어이 터지고야 말았구나 하는 느낌을 받았다. 이 같은 현상은 사회발전이 가져온 수집가의 증가와 공급의 부족이라는 불가피한 현상일지도 모른다. 그러나 최근에 일고 있는 그림이나 골동품에 대한 과열수집 붐은 예술을 사랑하는 문화적 욕구나 문화의 창조적 현상이라기보다는 졸부들의 장식용이나 복부인들의 투기의 대상이라는 데 문제의 심각성이 있는 것 같다."[112]

---

111) 정주영, 『이 땅에 태어나서: 나의 살아온 이야기』(솔, 1998), 364쪽.
112) 이승호, 『옛날 신문을 읽었다 1950-2002』(다우, 2002), 39쪽에서 재인용.

교훈을 남기지 못한 현대아파트 특혜 분양

6월 30일 사정 당국은 현대아파트 특혜 분양을 받은 소위 '사회 지도층' 인사 6백여 명을 밝혀내고 해당 부서에 통보했다. 특혜 분양을 받은 고급 공무원, 장성, 언론인 등 2백59명의 특혜 분양자 명단이 7월 4일 언론에 공개되었는데, 이 중엔 공직자 1백90명, 국회의원 6명, 언론인 34명, 법조인 7명, 예비역 장성 6명 등이 포함되었다. 그리고 뇌물 수수자 5명 구속, 공직자 26명 파면·사직 등 40여 명이 징계를 받았다.[113]

이때에 특혜 분양을 받은 언론인 가운데 한 명이 『조선일보』의 최병렬이었다. 최병렬은 후일 정계에 진출해 대통령 자리에까지 도전해 이 사건이 다시 세인의 입에 오르내렸다. 최병렬은 2002년 어느 인터뷰에서 "78년 현대아파트 특혜 분양 사건 때 구설수에 올랐는데"라는 질문을 받고 다음과 같이 답했다.

"당시 현대 계열사 친구와 우연히 대화한 것이 계기가 되어 우연히 사게 됐다. 나중에 많은 언론인들이 분양받은 것으로 되어 있어 스스로 부끄러워 죽고 싶은 심정이었다. 회사에 사표를 냈는데, 수리가 안 됐다. 그 사건 이후 공직 생활의 귀감으로 삼았으며 큰 교훈이 됐다."[114]

최병렬에겐 큰 교훈이 되었는지 몰라도 이 사건은 한국 사회에 아무런 교훈을 남기지 못했다. 이후 더욱 극성스럽고 교활한 수법의 아파트 분양 비리과 각종 부정부패 사건들이 줄줄이 발생했기 때문이다.

---

113) 김희경 외, 『어처구니없는 한국현대사』(지성사, 1996), 122쪽.
114) 공영운·김세동, 〈한나라당 경선주자 대해부: (2) 최병렬 후보〉, 『문화일보』, 2002년 4월 9일, 5면.

경기 과열에 따른 욕망 과열

현대아파트 특혜 분양 사건은 당시 한국 경제가 어떤 상황에 처해 있었던가를 상징적으로 잘 보여 준 사건이었다. 한국 경제는 1976년 초부터 수출 증대와 중동 특수로 상승 무드를 탔고, 이는 1978년까지 지속되었다. 당연히 경기 과열이 발생했고, 이는 대대적인 부동산 투기로 이어졌다. 『세계일보』 논설위원 주태산은 다음과 같이 말한다.

"과열경제는 한 마디로 돈이 풀리면서 수요가 급증한 때문이었다. 먼저 1976-1978년 중동 특수로 쏟아져 들어온 외화를 제대로 통제하지 못해 해외 부문의 통화 증발을 야기했다. 수출금융과 중화학 지원자금 등 정책금융도 동시에 확대됐다. 돈은 풍성해지는 반면 물자는 부족했다. 이런 수급 불균형이 심화되자 물가가 앙등하기 시작했다. 물가가 뛰면 예금보다는 실물에 투자하는 게 현명하다. 이때도 환물심리가 작용해 건설사들의 부동산 투기가 유난히 기승을 부렸다.……시중의 부동자금은 모두 부동산 시장으로 쏠렸다. 그 결과 신규 아파트값은 분양 즉시 폭등했고, '복부인'과 '프리미엄'이란 신조어가 등장했다. 민영아파트 분양시 청약 창구마다 장사진이었다. 여의도 목화아파트는 44 대 1, 도곡동 개나리아파트는 55 대 1의 경쟁률을 기록했다. 압구정동 한양아파트 분양시에는 24 대 1의 경쟁률에 청약 신청금만 587억 원의 현금이 몰렸다. 목화아파트의 경우 당첨자의 32%가 직업이 없는 부녀자였는데, 분양 1년 내 시가는 배가 됐다. 아파트 분양가도 덩달아 올라 주공아파트의 경우 1976년 평당 28만여 원에서 1978년 48만 원으로 치솟았다. 땅값을 보자. 전국 평균 지가 변동률로 보면 1976년 26% 정도였으나 1977년 약 34%, 1978년 약 49%로 극심한 변동을 보였다. 특히 1978년 서울은 135.7%로서 전무후무한 기록을 작성했다."[115]

당시는 모든 게 하늘 높은 줄 모르고 뛰어 오르던 세상이었다. 임금도 오르고 물가도 오르고 소비 욕구도 올랐다. 주태산은 다음과 같이 말한다.

"늘어나는 수요에 공급이 딸리는 현상은 인력시장에도 나타났다. 대기업 간 스카우트 경쟁이 벌어졌다. 중동 지역의 건설 수출이 늘자 기능인력이 해외로 빠져 나갔다. 창원공단을 비롯한 중화학 투자가 많아지고, 농촌주택 개량 사업이 전개되면서 일손이 부족해졌다. 이에 따라 자연히 임금도 올라갔다. 근로자 평균 임금은 1975년 약 5만 5,000원이던 것이 1978년 12만 2,000여 원으로 올랐다. 소득이 커지면 그간의 개발 성과를 누리고 싶은 욕망(소비 욕구)도 커진다. 세탁기·냉장고·승용차의 수요가 4배나 급증했고, '고추파동'도 있었다. 고추·마늘·고랭지 채소 등 부식용 농산물의 값이 천정부지로 오른 것이다."[116]

부정부패 비판도 긴급조치 9호 위반

국세청은 부동산 투기를 막기 위해 1978년 2월부터 7월 사이 3백63개 동의 아파트 단지를 특정 지역으로 고시했고, 8월에는 비교적 강도 높은 투기억제책인 8·8 조치를 발표하였다. 12월에는 국토이용관리법을 고쳐 토지거래신고제와 허가제도를 만들었다.[117] 그러나 문제는 그런 수준의 것이 아니었다. 박정희의 유신체제 자체가 거대한 부정부패의 반석 위에 구축된 것이라는 점이 문제의 근본이었다. 박정희에겐 부정부패를 척결할 뜻이 있었는가? 없었다. 그건 곧 유신체제의 붕괴를 의미하는 것이었기 때문이다.

현대아파트 특혜 분양 사건은 '경북도교육위원회 교사자격증 부정발

---

115) 주태산, 『경제 못살리면 감방간대이: 한국의 경제부총리, 그 인물과 정책』(중앙 M&B, 1998), 134~135쪽.
116) 주태산, 위의 책. 135쪽.
117) 주태산, 위의 책, 136~137쪽.

급 사건'과 '성낙현 성(性) 추문 사건'과 더불어 3대 스캔들로 불려졌다. 모두 1978년 여름에 터진 이 3대 스캔들은 결코 우연한 일과성의 사건들이 아니었다. 경북도교육위원회 산하 임시직원이 1인당 50만 원에서 1백만 원의 뇌물을 받고 7년 동안 74명에게 초·중학교 교사자격증을 허위 발급해 준 사건은 유신체제 공직 사회의 현주소를 말해 주는 사건이었고, 공화당 국회의원 성낙현이 여고 2년생 2명을 일본인 사장 미야자끼 가즈오의 아파트로 유인해 1년 이상을 농락한 사건은 박정희가 앞장 서 추진해 온 '엽색 문화'의 결정판이었던 것이다.[118]

박 정권은 9월 21일 『월간중앙』에 3개월 휴간 조치를 내렸다. 이유는 단 하나, 3대 스캔들을 비판했기 때문이었다. 『월간중앙』 10월호에 실린 교수 조동필과 이건호 사이의 대담을 정리한 〈비리의 일상 속에서〉와 경북도교위 사건, 현대아파트 부정 분양 사건, 국회의원 성낙현의 치정 사건 등 이른바 3대 스캔들을 고발한 특집 〈이지러진 의식의 회복을 위하여〉가 긴급조치 9호에 위배된다는 것이었다.

중앙일보사는 즉각 주간 김석성을 대기 발령시키고 부장·차장은 사표를 받는 한편 5명의 기자에게도 사표를 강요했다. 중앙 매스컴 기자들은 9월 23일 출판국 기자총회, 25일 각 기별 대책회의, 26일 편집국 기자총회, 29일 중앙 매스컴 전체 기자총회를 잇따라 열고 반발했다. 그 결과 『월간중앙』 휴간 조치는 막지 못했지만, 인사 조치는 전면 철회시키는 데 성공하였다.[119]

118) 한국기독교교회협의회 인권위원회, 『1970년대 민주화운동 (III)』(한국기독교교회협의회, 1987), 1025-1026쪽.
119) 최형민·정연수·서지훈, 『정치권력, 언론권력』(새천년, 2002), 107쪽.

'탐욕의 문화'에 몸을 내맡긴 중산층

투기와 부정부패 열풍 속에서 죽어나는 건 가난한 서민들이었지만, 그들에겐 탈출구가 없었다. 저항의 길은 꽉 막혀 있었다. 점점 더 두텁게 형성되어 가고 있던 중산층은 탐욕의 문화에 몸을 내맡겼다. 이와 관련, 김교식은 다음과 같이 말한다.

"경제 욕구의 충족에서 정권의 정통성을 찾게 됨에 따라 박정희의 통치는 끝없는 경제과실을 약속해야 했으며, 이를 공급하는 것을 정치의 전부로 생각하게끔 되었다. 여기에 중독되다시피 하여 국민 쪽에서도 한 가지 욕구가 충족되면 다음은 또다른 경제 욕구를 요구하여 성장정책은 멈출 줄 모르는 직선행을 계속해야 했다.……이 같은 물질적 상승 작용이 몰고 온 국민적 규모의 과열 현상은 마침내 모두가 앞을 다투어 돈을 벌겠다는 배금사상을 초래했다. 수단과 방법을 가리지 않는 투기열병으로 말미암아 유신 후반의 한국 사회는 정치적 불안과 경제적 열병이 뒤범벅이 된 사회 불안과 혼미의 길을 치닫게 되었다."[120]

---

120) 김교식, 『다큐멘터리 박정희 4』(평민사, 1990), 53쪽.

비밀리에 진행된 국산 미사일 개발

착수 6년 만에 쏘아올린 미사일

1978년 9월 26일 충남 안흥 시험장에서 한국 최초의 지대지 미사일 (유도탄) 백곰(NHK-1)의 시험 발사가 성공했다. 언론매체들은 '한국형 유도탄 개발 성공'이라고 대서특필했으며, 많은 국민들도 놀랍게 생각했다. 유도탄 개발 계획단에 참여했던 박사 이경서는 시험 발사 현장에서 박정희와 연구원들이 느낀 감격에 대해 다음과 같이 말한다.

"시험장에 도착한 박 대통령은 긴장과 기대감으로 얼굴이 굳어 있었어요. 초읽기가 시작되고 지축을 뒤흔드는 폭발음이 시험장을 압도하며 백곰이 하늘로 치솟았습니다. 잠시 후 군산 앞바다 표적에 명중했다는 것이 확인되자 감격의 환호성이 시험장을 뒤덮었습니다. 연구원들은 서로 부둥켜안고 눈물을 흘렸습니다. 박 대통령도 입을 다물지 못했지요. 세계에서 일곱 번째 미사일 생산국이 된 자부심이 박 대통령의 얼굴에 가득했습니다."[121]

박정희가 국방과학연구소에 미사일 개발 지시를 내린 건 1972년 4월 14일이었다. 그때부터 기술도입 계획을 추진하고 해외두뇌 유치에 나서는 등 본격적인 미사일 개발이 시작되었다. 1976년 12월 2일 대전기계창이 준공되었는데, '기계창'은 미사일 개발을 숨기기 위한 위장 명칭이었다. 건설 당시엔 신성농장이라는 또 한번의 위장 명칭을 썼는데 어찌나 보안이 삼엄했던지 충남도경국장조차 정문까지 왔다가 들어가지 못하고 돌아갔을 정도였다.[122]

미국의 견제

미사일 개발에서 가장 중요한 것 중의 하나가 '추진제(미사일의 동력으로 자동차의 엔진에 해당되는 부분)'였는데, 미국이 이 제조 기술을 주지 않아 결국 프랑스에서 도입했다. 미국은 돕는 척하면서 계속 견제하는 입장이었던 것이다. 국방과학연구소 소장 심문택은 다음과 같이 말한다.

"군사원조를 담당했던 미 합동군사고문단 관계자들은 대전기계창 준공식 때 추진제 시험 광경을 보고 안색이 변했어요. 검은 연기가 나지 않는 최신형 추진제라는 것을 알았기 때문이지요. 미국은 LPC(록히드추진기관사라는 회사 이름)의 장비를 넘길 때 추진제 기술을 주지 않아 우리의 독자 개발이 불가능할 것으로 생각한 것 같아요. 얼마 후 미 국방부 안보담당 차관보가 내한했지요. 그는 유도탄 탄두는 무엇을 쓰고 다음 단계는 핵무기를 탑재하려는 것 아니냐며 꼬치꼬치 캐물었어요."[123]

121) 특별취재팀, 〈실록 박정희 시대·국산 미사일 개발: 착수 6년 만에 쏘아올린 '신화'〉, 『중앙일보』, 1997년 11월 13일, 10면에서 재인용.
122) 특별취재팀, 위의 글, 『중앙일보』, 10면.
123) 특별취재팀, 위의 글, 『중앙일보』, 10면에서 재인용.

미국의 간섭은 미사일 사거리에까지 영향을 미쳤다. 일부 기술을 넘겨 주면서 '1백80Km 제한 합의서'를 요구한 것이다. 180Km면 휴전선에서 평양까지 갈 수 있는 사거리였다. 탄도 중량도 1천 파운드까지로 제한되었다. 이 합의서는 나중에 외교 문서화 되어 이후 한국의 미사일 개발의 족쇄로 작용하게 되었다.

박 정권의 핵 개발은 어느 수준에 이르렀던 걸까? 『중앙일보』 1997년 10월 27일자가 입수해 보도한 '원자력이용개발 제4차 5개년계획(과학기술처. 1978년 2월)'과 한국핵연료개발공단의 '사업계획서(1977-80년)' 등의 문건들과 핵심 관계자들의 증언에 따르면, 70년대 중반 이미 핵폭탄 설계까지 마친 상태였으며 1985년에 원자폭탄을 보유할 계획인 것으로 밝혀졌다.[124]

그런가 하면, 박정희의 공보비서관을 지낸 선우연은 자신이 1979년 1월 2일 박정희에게서 다음과 같은 말을 직접 들었다고 주장하고 있다.

"81년 전반기에 핵폭탄이 완성된다고 국방과학연구소장한테 보고 받았어.……81년까지 완성이 되면 그 해 국군의 날 여의도 행사를 부활시켜서 무기 사열할 때 원자탄을 세계에 공개하겠어. 그리고 그 자리에서 사퇴 성명을 내고 물러나는 거야."[125]

신군부의 이상한 행태

박정희가 죽고 나서 이상한 일이 벌어지기 시작했다. 전두환을 포함한 신군부측 장성들이 '한국형 유도탄은 사기극'이라는 소문을 흘리고 다닌 것이다.[126] 1980년 8월엔 유도탄 개발팀이 해체되었다. 또 신군부

124) 특별취재팀, 〈'85년 원폭 보유' 계획 세웠다〉, 『중앙일보』, 1997년 10월 27일, 1면.
125) 〈집중연재 박정희 육성증언: 선우연 공보비서관, 8년간의 육성 비망록 여섯 권, 역사적인 대공개!〉, 『월간조선』, 1993년 3월, 135쪽.
126) 정진석, 『총성 없는 전선: 격동의 한 · 미 · 일 현대 외교 비사』(한국문원, 1999), 169쪽.

는 1981년 1월 핵연료개발공단을 원자력연구소와 통합, 에너지연구소로 이름을 바꾸고 핵 개발에 관한 연구는 물론 원자력이란 용어조차 사용하지 못하게 했다. 핵 개발 관련 과학자들은 폐기물 처리 시설 부지 선정 등 '허드렛일'로 내몰렸고 핵심 관계자들은 쫓겨났다.[127] 1982년 말엔 미사일 개발팀 등 국방과학연구소 직원 8백여 명이 해고되었다.[128]

이러한 일련의 조치에 대해『중앙일보』특별취재팀은 "미국으로부터 쿠데타의 정당성을 추인받기 위한 조치였다"라고 말한다.[129]『한국일보』 논설위원 정진석도 다음과 같이 말한다.

"미국은 한국이 추진했던 자주국방 계획과 '핵 개발'을 저지하기 위해 전두환 정권의 출발을 용인해 주었는지도 모른다. 신군부측이 '핵 개발 포기 각서'를 미국에 써주고 워싱턴으로부터 5공에 대한 '신임장'과 안보 무임승차라는 대가를 받았을지도 모를 일이다. 전 대통령 집권 중에 핵 개발에 관한 얘기는 더 이상 나오지 않았다. 91년 11월 8일 노태우 대통령이 발표한 '한반도 비핵화 선언'이 '핵주권 포기 선언'으로 해석되는 이유도 주목해 볼 대목이다."[130]

127) 중앙일보 특별취재팀,『실록 박정희』(중앙 M&B, 1998), 275쪽.
128) 중앙일보 특별취재팀, 위의 책, 281쪽.
129) 중앙일보 특별취재팀, 위의 책, 275쪽.
130) 정진석,『총성 없는 전선: 격동의 한·미·일 현대 외교 비사』(한국문원, 1999), 171쪽.

'보도되지 않은 민주 · 인권일지' 발표

언론은 관민합작이 만든 악덕 상품

해직 언론인들이 극심한 고통을 겪고 있는 동안 권언유착(勸言癒着)의 길로 들어선 신문사들은 혼(魂)을 빼앗긴 번영을 구가하고 있었다. 신문 사들은 1976년에 경쟁적으로 고속윤전기를 도입하였고 증면과 더불어 광고지면을 크게 확대하였으며 무가지를 살포하는 등 신문사들간 판매 경쟁을 치열하게 전개하였다. 그러한 경쟁이 너무 치열하자 한국신문협 회가 1975년 5월, 1977년 7월, 1979년 9월 등 세 차례에 걸쳐 확장지 및 무가지 규제 · 월정 구독료 엄수 · 첨가물 사용 금지 등을 주요 내용으로 하는 신문 판매에 대한 정상화 결의를 하기까지 했다.[131]

언론은 이제 더 이상 '정신 상품'이 아니었다. 1975년 『동아일보』와

---

131) 문종대, 〈1970년대 신문산업의 자본 축정 과정〉, 김왕석 · 임동욱 외, 『한국 언론의 정치경제학』(아침, 1990), 210쪽.

『조선일보』에서 강제 해직된 1백46명의 기자들이 결성한 '동아자유언론 수호투쟁위원회(동아투위)'와 '조선자유언론수호투쟁위원회(조선투위)' 는 1978년 4월 7일 제22회 '신문의 날'을 맞아 발표한 성명서에서 "오늘의 언론은 관민합작에 의한 악덕 상품에 지나지 않는다"라고 규정짓고, "우리는 그 동안 생산자 아닌 소비자의 입장에서 언론이라는 새로운 공해가 민중에게 끼치는 체제 중독 현상에 몸서리칠 따름"이라고 말했다. 이 성명서는 이어 다음과 같이 말했다.

"이제 한국의 언론·언론인은 한 줌의 양심마저 던져 버렸다. 자기상품을 선전하기 위해서는 공공기관의 이름마저 도용하는 『조선일보』, 보도기관의 사명을 다하지 못한다 하여 해고 근로자들의 항의를 받고 방송이 일시 중단되어도 해명조차 못하는 기독교방송, 더구나 지난 달 26일 여의도에서 있었던 부활절 예배 때 발생한 기독교방송의 중계방송 중단사건 등등. 최근 국내 보도기관들의 이러한 자세는 단순히 힘있는 자들의 오만이라고만 탓할 수 없고, 무지에서 오는 야만적 행위라고 지탄할 수밖에 없다.……우리가 말하는 사이비 언론은 곧 제도언론이요, 나아가서 힘있는 자들이 소유하고 있는 이 땅의 모든 언론이다. 이들이 제작하는 매체들은 한결같이 민중들에게는 자유로운 선택권이 없다. 가정에서, 길거리에서, 그리고 밤낮으로 보거나 들어 줄 것을 강요하고 있다. 이 사이비 언론은 최근 120여 명의 근로자가 하루 아침에 해고된 동일방직 사건을 비롯하여 성직자·교수·언론인·학생들의 의로운 민주투쟁과 농민들의 아우성을 일체 외면하고 있다. 우리는 민주·민족언론선언의 주지에 따라 오늘의 모든 신문·방송을 거부하는 범국민 연합전선을 펼 것을 주창한다. 오늘의 사이비 신문·방송이 이 땅에서 사라질 때까지 민주국민은 모든 힘을 합쳐 투쟁하자."[132]

---

132) 조선자유언론수호투쟁위원회, 『자유언론, 내릴 수 없는 깃발: 조선투위 18년 자료집 1975-1993』(두레, 1993), 263-264쪽.

은폐·왜곡된 2백50여 건 기사화 시도

그로부터 6개월여 후인 10월 24일에 일어난 이른바 '민권일지 사건'도 70년대 말의 참담한 언론 상황을 잘 보여 주었다.

해직 언론인들은 10월 24일 명동 한일관에서 10·24 자유언론실천선언 4주년을 맞아 '보도되지 않은 민주·인권일지(1977년 10월–1978년 10월)'를 발표했다. 이는 당시 1년간 언론에서 전혀 보도하지 않았거나 보도했더라도 박 정권을 홍보하거나 비호하는 등 왜곡 보도한 사건들, 특히 전국 각 대학의 학생운동, 종교계, 노동자 그리고 여러 민권단체의 인권운동 등 모두 2백50여 건을 기사화한 것이었다.

이것도 긴급조치 9호 위반이라 하여 동아투위 위원 10여 명이 구속되었다. 다른 동아투위 위원들은 10월 25일부터 종로구 청진동 사무실 앞길에서 도열하여 연행 구속 사태에 항의하고 그들의 석방을 요구하는 침묵 시위를 벌였다. 이 침묵 시위에는 조선투위의 동료 기자들과 많은 민주 시민들이 참여하였다. 그러나 박 정권은 침묵 도열 시위 16일 만인 11월 8일에 기동대 병력을 동원하여 시위자들을 모두 강제 해산했다.[133]

'앵무새 보도원으로 전락한 언론'

11월 13일 한국인권운동협의회·해직교수협의회·한국기독자교수협의회·자유실천문인협의회·백범사상연구소·동아자유언론수호투쟁위원회·조선자유언론수호투쟁위원회 등 7개 단체는 〈표현과 언론의 자유에 대한 공동성명〉을 발표하였다. 잇따른 표현과 언론의 자유에 대한 탄압 공세에 대응하기 위해 발표된 이 성명은 10여 건에 이르는 최근 탄압

---

133) 민주언론운동협의회 편, 『보도지침』(두레, 1988), 29–30쪽.

사례들을 열거한 뒤 다음과 같이 말했다.

"교수들은 학생들을 감시하기 위해 술을 사먹이고, 심지어 학생들로부터 돌팔매를 맞는 지경에 이르렀으며, 언론인들은 당국이 나누어 주는 자료를 앵무새처럼 옮기는 완전무결한 '보도원'으로 전락했다. 이제 이 땅의 표현과 정보소통의 자유는 완벽한 당국의 통제 아래 놓이게 되었으며 획일화된 사고와 이성을 잃은 강변만이 판을 치고 있다. 현 집권층은 입만 열면 '정신문화 창달'을 뇌이고 '서정쇄신'을 강조한다. 있는 것을 있다고 말하는 양심의 소리들을 짓누르면서 어떤 기괴망측한 '정신문화'를 만들어 보려는 것인가? 자신들은 온갖 권력, 금력을 휘두르면서 누구에게 '서정쇄신'을 강요하려는 것인가? 우리는 오직 힘만을 믿고 진실을 허위로, 논리를 궤변으로 뒤엎어 보려는 현 집권층이 우리 사회 안에 그나마 어렵게 남아 있는 모든 '가치 있는 것', '인간적인 것', '민족적인 것'을 깡그리 파괴하고 있다고 생각한다. 지금과 같은 상태가 개선되지 않을 경우 정신문화 창달은커녕 민족문화 전반에 심각한 단절과 왜곡 현상이 빚어질 것으로 우려되므로 우리는 다시 한번 집권층의 맹성을 촉구하면서……."[134]

'선진농업 한국'?

이처럼 언론자유를 위한 열망은 언론사 밖에서 분출되고 있었다. 1975년 이후 언론사 내부의 궐기는 전혀 없었다. 굳이 하나 찾자면, 1979년 6월 19일에 일어난 『경향신문』 편집국 기자들의 편집권 자율성 쟁취 결의를 들 수 있겠다.

---

134) 한국기독교교회협의회 인권위원회, 『1970년대 민주화운동 (IV)』(한국기독교교회협의회, 1987), 1667-1668쪽에서 재인용.

이 사건의 발단은 『경향신문』 1979년 6월 16일자 1면에 실린 〈전환기 오늘의 농촌, 선진농업 한국 발돋움하다〉라는 제목의 기사가 지나치게 편향된 보도라는 기자들의 항의에서 비롯되었다. 과장과 왜곡도 정도 문제지, 다 죽어 가는 농촌을 앞에 놓고 '선진농업 한국 발돋움' 운운하는 작태를 도저히 용납할 수 없었을 것이다.

기자들은 그런 항의와 함께 편집국장 퇴진 등을 요구하는 결의문을 채택하고 농성에 돌입하였다. 기자들은 결의문에서 "국민을 우롱하는 보도 자세에 환멸을 느끼고 유린된 편집권의 자율성을 되찾기 위해 궐기했다"라고 밝혔다. 기자들의 궐기는 편집국장의 요구 수락으로 일단락되었고, AP통신은 이 사건을 보도하면서 "75년 이후 한국 언론계에서 일어난 최초의 언론자유 궐기"였다고 평했다.[135]

궐기까지 가진 않았지만, 『경향신문』의 기사가 나오기 이틀 전에 『조선일보』에서 벌어진 필화 사건도 박 정권의 농업정책과 새마을운동이 얼마나 기만적인가 하는 걸 유감없이 보여 주었다.

『조선일보』가 어떤 신문인가? 70년대 내내 박 정권에 대해 우호적인 신문이었다. 그런데도 박 정권은 이 신문이 1979년 6월 14일자 1면 머릿기사로 게재한 〈새 농정(農政) 펴야 한다〉는 주제의 기획기사조차 참아내질 못하고 탄압을 가했다. 1987년에 발행된 『신문편집인협회 30년사』는 다음과 같이 말하고 있다.

"1979년 6월 14일, 조선일보사 경제부 농수산부 출입 최준명 기자는 동일자 1면 톱기사로 실린 〈방황하는 농촌〉 제하의 기획기사가 말썽이 되어 당국에 연행되었다. 이 기사와 관련되어 사회부 유정현, 사회부 정운성, 사진부 민경원 기자도 같이 연행되었다. 이 기사는 『조선일보』 전국 취재망이 농정의 실패로 나타난 이농(離農) 현상, 무너져 가는 농촌경

135) 경향신문사 사사편찬위원회, 『경향신문 50년사』(경향신문사, 1996), 365쪽.

제, 잠식되어 가는 농토 등에 관해 심층 보도하려는 연재물의 첫회 기사였다. 연행된 네 기자는 3박 4일 동안 취재 내용에 대한 사실 여부 등에 관해 철야신문과 정신적 육체적 고통을 받고 6월 17일 풀려 나왔다. 이 기획기사는 당초 10회를 연재하려고 취재한 것이었으나 당국의 압력으로 1회만 나간 채 중단되었다."[136]

---

136) 조선일보 70년사 편찬위원회, 『조선일보 70년사 제2권』(조선일보사, 1990), 1327-1328쪽에서 재인용.

신문들의 판매전쟁과 독과점화

『중앙일보』와 『조선일보』 1백만 부 돌파

1970년대 후반 신문들은 유신체제에 체념해 굴종하면서 신문을 이윤 추구의 수단으로만 생각해 판매 경쟁에만 몰두하였다. 독자들도 그런 현실을 인정했던 것인지 신문들은 외형적으론 놀라운 성장을 거듭했다.

급속한 경제성장과 함께 언론의 주요 기능은 '광고매체'로 변화되었다. 70년대 연평균 GNP 성장률은 10%를 웃돌았는데, 광고 성장률은 이것을 능가했다. GNP에서 광고비가 차지하는 비중은 1972년의 0.55%(190억 원)에서 1979년에는 0.71%(2,186억 원)로 증가하였으며, 광고비 역시 같은 기간 중 13배가 넘는 급성장을 기록했다.[137]

신문 총 발행부수는 1970년에 2백만 부에서 1980년에 5백40만 부로 추산되었다. 총 광고비는 1970년에 1백52억 원에서 1979년에 2천1백80억

---

137) 한국방송광고공사, 『한국방송광고의 역사와 문화』(한국방송광고공사, 2001), 60쪽.

원으로 14배 이상 확대되었으며, 신문 광고비는 16.6배로 늘었다.[138]

그런 상승 국면에서 신문들간의 치열한 판매 경쟁에 불을 붙인 장본인은 다름 아닌 『중앙일보』였다. 『중앙일보』는 이미 1972년 9월 신문협회의 결의를 무시하고 서울과 부산간 신문 수송을 단독으로 강행하여 신문협회 산하 판매협의회에서 제명당한 적이 있으며, 1974년 8월에도 부산 지방에 대한 단독 수송을 실시하여 또 한번 제명을 당했다. 특히 1975년 신문의 날 휴간 위반 사건은 다른 신문들의 분노를 사기도 했다.[139]

그러나 다른 신문들의 그런 분노는 일종의 '밥그릇 싸움'의 성격이었을 뿐, 신문 판매시장의 정상화를 바라는 뜻에서 비롯된 건 아니었다. 신문들간의 판매 경쟁은 이전투구(泥田鬪狗)식 싸움으로까지 비화되어, 급기야 한국신문협회가 나서서 1977년 8월 20일 '신문 판매 정상화를 위한 결의문'을 채택하기에 이르렀다. 각 신문의 1면에 사고(社告)로 실린 이 결의문의 일부를 인용하면 다음과 같다.

"국내 신문계는 독자 여러분의 끊임없는 성원에 힘입어 날로 발전을 거듭, 1977년 8월 집계에 의한 총 발행부수는 5백만 부를 돌파하고 있어 세계 수준의 상위권에 속하고 있습니다. 그러나 한편으로는 각사간의 무절제한 과당 경쟁으로 말미암아 판매일선에서 여러 가지 폐단을 일으키고 있는 것도 사실입니다. 각사간의 심한 마찰은 물론 무가지를 남발하는 일, 7백 원의 월정 구독료를 그 이하로 할인 판매하는 일, 경품 및 출판물 등을 첨부하여 구독을 권유하는 일 등을 자행, 판매질서를 어지럽히고 독자에게 폐해를 끼치며 신문의 위신을 손상케 하고 있습니다."[140]

어찌되었건 『중앙일보』의 공격적인 경영은 큰 성과를 거두었다. 『중앙일보』의 주장이긴 하나, 1974년 3월 하루 평균 발행부수는 50만 8천

138) 최형민·정연수·서지훈, 『정치권력, 언론권력』(새천년, 2002), 109쪽.
139) 정진석, 『한국 현대언론사론』(전예원, 1985), 435-436쪽.
140) 조선일보 70년사 편찬위원회, 『조선일보 70년사 제2권』(조선일보사, 1990), 1249-1250쪽에서 재인용.

부였으나, 1975년 9월 22일에는 70만 부를 돌파하였으며 1978년 12월 12일에는 1백만 부를 넘어섰다.[141]

『조선일보』는 1979년 2월에 1백만 부를 돌파했다고 주장했는데, 이는 당시 신문 총 발행부수가 5-6백만 부로 추산되던 상황에서 일부 신문들의 독과점화가 심화되고 있다는 걸 말해 주는 것이었다.

'용인 자연농원의 내막'

당시 4대 일간지라 할 『동아일보』·『조선일보』·『한국일보』·『중앙일보』 가운데 『조선일보』와 『한국일보』는 조간이었고, 『동아일보』와 『중앙일보』는 석간이었기 때문에 『중앙일보』의 공격적인 경영을 가장 불편하게 생각한 신문은 단연 『동아일보』였다. 1970년대 후반에 일어난 『동아일보』의 삼성그룹 비리 폭로 시리즈도 그런 배경과 무관하지 않았을 것이다.

『동아일보』와 『중앙일보』 사이에 가장 눈에 띄게 감정 대립으로 나타난 사건은 1976년 5월의 용인 자연농원에 대한 집중 보도와 1978년 4월의 삼성조선의 시추선 설계도면 절취 관련 사건 폭로, 그리고 1980년 3월의 용인 자연농원의 돼지분뇨 방류 사건 등이었다.

『동아일보』는 1976년 5월 10일자에서 "입장료 비싼 용인 패밀리 랜드, 빈약한 시설에 과대 선전만"이라는 제하의 기사를 사회면 톱으로 보도한 이후 4일 동안 연달아 사회면의 많은 부분을 자연농원 기사로 다루었다. 5월 17일자부터는 사회면 기사와 함께 "용인 자연농원의 내막"이라는 시리즈 기사를 연재했으며, 5주 만인 6월 28일부터는 삼성그룹의 땅 투기를 공격하는 "땅의 애사(哀史)"라는 시리즈를 연재했다.[142]

141) 정진석, 『한국 현대언론사론』(전예원, 1985), 435-436쪽.
142) 정진석, 위의 책, 447-449쪽.

삼성조선의 시추선 설계도면 절취 사건

1976년에 벌어진 『동아일보』와 『중앙일보』 사이의 전쟁은 2년 후에 재개되었다. 『동아일보』는 1978년 4월 12일자에 '삼성조선 관련 혐의 설계도 절취 사건'을 보도했는데, 이때엔 『중앙일보』가 반격에 나서 이 사건의 보도가 『동아일보』의 왜곡 조작이며 특정 회사를 헐뜯기 위한 감정에 치우친 것이라고 주장했다. 『동아일보』가 계속 사건을 파헤치자 삼성은 『중앙일보』 광고를 통해 대응했다. 삼성은 『중앙일보』 4월 15일자에 낸 세 번째 광고에선 『동아일보』를 다음과 같이 원색적으로 비난했다.

"이제 악의와 중상과 허구의 보도로써 진실을 고의로 외면하고 국민의 이목을 현혹해 온 『동아일보』의 반사회적 누습이 또다시 천하에 드러났습니다. 『동아일보』는 최근 10년간만도 폐사 관계 제사(諸社)에 대한 근거없는 비방 기사를 무려 518건이나 다루었으며, 의도적인 과장 보도와 논평까지 합치면 실로 700여 건에 이르고 있습니다. 『동아일보』는 계속 실추되고 있는 사세를 만회해 보겠다는 저의에서 앞으로도 더욱더 반사회적, 반도의적인 비열한 수법으로 우리를 헐뜯는 데 발벗고 나설 것이라는 것은 짐작하고도 남음이 있습니다."[143]

이 광고의 내용이 말해 주듯이, 삼성은 『동아일보』와 전면전도 불사하겠다는 공격적인 태도를 보였다. 그러나 삼성의 적은 『동아일보』만이 아니었다. 삼성의 주장대로 『동아일보』가 삼성에 대해 부당한 공격을 했다면, 삼성의 『중앙일보』 역시 그런 부당한 공격을 다른 재벌그룹을 향해 한 적은 없었을까? 후일(1980년 3월)에 일어난 삼성그룹과 현대그룹의 한판 싸움은 그런 질문을 던져봄직한 사건이었다.

---

143) 정진석, 『한국 현대언론사론』(전예원, 1985), 451쪽에서 재인용.

1979년

제10장

박정희 시대의 종말

고문을 생활화한 야수 정권

'중간집단운동'에 대한 탄압

1979년 4월 16일 중앙정보부는 소위 '크리스천 아카데미 사건'을 발표하였다. 이는 "사회주의 국가 건설을 위한 크리스천 아카데미 내 불법 용공 비밀서클 결성"이라는 제목의 반공법 위반 사건이었다. 3월 9일부터 4월 4일까지 중앙정보부에서 관련자들에 대해 갖은 고문을 해서 조작해낸 이 사건은 박 정권의 말기적 증상을 잘 보여 주었다.

1980년 1월 항소심 판결에서 이우재는 징역 및 자격정지 5년, 한명숙은 2년 6월, 장상환은 2년을 선고받았으며, 신인령은 집행유예, 김세균은 선고유예, 황한식과 정창렬은 무죄 판결을 받았다.[1]

크리스천 아카데미를 주도했던 목사 강원용도 중앙정보부에 불려가 심문을 받는 등 고초를 겪었다. 그는 그간 '중간집단운동'을 추구해왔

---

1) 이우재, 〈1979년 크리스천 아카데미 사건〉, 『역사비평』, 제12호(1991년 봄), 306-323쪽.

다. 중간집단운동은 무엇이었던가? 그는 1986년에 있은 신학자 유동식과의 '대화'에서 다음과 같이 말했다.

"더 많은 피를 흘리는 투쟁으로 나아가는 것은 막아야 한다고 생각했습니다. 보다 근본적인 이유는 한쪽을 선택해서 나는 옳고 너는 틀렸다, 그러니 싸우자 하는 식으로 문제 해결의 실마리는 찾아질 수 없는 상황이었다는 것이에요. 그 동안 아카데미에서 중간집단운동을 해온 것도 바로 '화해'라는 것을 지향했기 때문입니다. 나는 이것을 '화해신학'이라고 자주 이야기해요."[2]

또한 강원용은 1986년에 있은 신학자 고범서와의 '대화'에서도 다음과 같이 말했다.

"급진적인 과격파들로부터는 저 사람들은 화해, 양극화 해소, 함께 사는 사회를 그럴 듯하게 내세우지만 교묘히 사람들을 세뇌시켜 결과적으로 사람들을 친체제로 몰고 가려는 데 근본적인 목적이 있다라는 비난을 얼마나 많이 받았습니까? 이 때문에 70년대 내가 국내·국제적으로 굉장히 곤란한 지경에 빠졌고 한국의 반동분자의 괴수로까지 지칭되었습니다. 그런데 다른 한쪽인 정권측에서는 우리 아카데미를 불순집단으로 몰아세워 결국 우리를 완전히 해산시키려고 79년 사건을 만들지 않았습니까? 요컨대, 한쪽으로부터는 혁명가를 만드는 집단이라고 해서 물리적인 제재를 받았고, 다른 한쪽으로부터는 완전히 친체제파를 양성한다고 해서 공격받았던 거죠. 나는 이와 같이 양극으로 치우쳐 있는 힘이 약화되어야 발전도 되고 민주화도 된다고 보는데 오늘날까지도 실마리를 못 풀고 있습니다."[3]

강원용의 항변은 박 정권의 광기가 어떠했던가를 잘 말해 주는 것임

---

2) 유동식, 〈한국기독교신학〉, 『강원용과의 대화』(평민사, 1987), 220쪽.
3) 고범서, 〈기독교사회운동〉, 『강원용과의 대화』(평민사, 1987), 329쪽.

이 틀림없다. 중간에 서서 화해를 모색해보겠다는 중간집단운동에 대해서조차 박 정권은 반공법을 갖다 들이밀고 악독한 고문을 자행했으니 말이다.

당시에 나온 각계 각층의 많은 성명서·호소문·진정서들의 내용을 종합해보더라도, 이 사건의 결론은 "크리스천 아카데미의 중간집단교육이 노동자·농민·여성을 의식화시킴으로써 정부 정책에 비판적이 되어가자 이를 막기 위해서, 나아가 기독교민주화운동을 위축시키려는 탄압책의 일환으로서 사건을 조작·왜곡했다"라는 것이었다.[4]

고문 (拷問)의 상습화·생활화

크리스천 아카데미 사건은 박 정권이 이른바 시국 사건을 다루는 방식의 전형을 보여 주었다. 법을 집행하는 기관들은 인권침해를 아예 상습화, 생활화하였고, 고문(拷問)을 하지 않으면 입에 가시가 돋는다는 듯 그것마저 상습화, 생활화하였다.

"유신체제하에서 정치적 사건의 피의자들은 우선 수사–구속 과정에서부터 그나마의 법률적 보호조치 받지 못했다. 수사 기간의 자의적 연장과 그 과정에서의 고문과 인권유린(보통 10–30일간 비밀장소에서 비밀수사를 받는 일이 비일비재했다), 당연시된 구속 기간의 연장(구속 후 기소까지의 기간으로서 보통 이 기간이 지나야 가족 면회가 허락되었다), 피의자에게 가장 중요한 권리인 변호사 면담의 제한, 가족 접견에 이르기까지 정치범들에게만 차별적으로 적용되는 인권침해와 부당한 처우는 하나둘이 아니었다.······크리스천 아카데미 사건의 경우도 79년 3월 9일 중앙정보부로 연행되어간 후 4월 16일 신문에 대대적으로 보도됨으로써

---

4) 한국기독교교회협의회 인권위원회, 「1970년대 민주화운동 (IV)」(한국기독교교회협의회, 1987), 1552쪽.

가족들이 사건을 알 수 있었으며, 5월 4일 기소된 후 5월 중순에야 가족들은 고문의 악몽에 시달리는 그들의 모습을 감옥 창살을 통해 겨우 볼 수 있었다."[5]

한국기독교교회협의회 인권위원회는 "유신 말기에 폭력과 고문으로 조작된 사건 가운데 가장 잘 드러난 것이 아카데미 사건이었다"라며 다음과 같이 말한다.

"기독교인권운동 세력을 중심으로 국내외에서 보여 준 피고들에 대한 신뢰와 관심, 피고들의 용기가 이만큼이라도 사실을 폭로할 수 있었다. 고문받은 사실을 폭로한 후에 받을 더욱 끔찍한 고문의 보복과, 고문받을 때의 치욕감 때문에 많은 고문 사실들이 은폐되어 버렸기 때문이었다."[6]

아카데미의 농촌사회 교육을 받은 30여 명의 농민과 산업사회 교육을 이수한 노동조합 여성지부장들도 끌려가 조사를 받았는데, 그들도 고문을 당했다.

"2, 3일 후 석방된 여성 노동자들이 당한 고문과 욕설로 미루어 다른 연행자들이 어떠했으리라는 것을 짐작할 수 있었다. 수사관들은 20대인 이들의 뺨을 때리고 구둣발로 하복부를 걷어차며, '너희들이 사람인 줄 아느냐', '찬물 먹을래, 뜨거운 물 먹을래, 매운 거 먹일까', '능구렁이 같은 년', '빨가벗기기 전에 말해' 하는 욕설과 함께 책상 위에 무릎을 꿇어 앉힌 뒤 오금에 각진 몽둥이를 끼우고 허벅지를 구둣발로 짓눌렀으며, 두 손 들고 맨발로 서 있게 하고는 구둣발로 발등을 짓이기는 등 온갖 모욕과 고문을 당했다고 겁에 질려 털어놓았다."[7]

---

5) 한국기독교교회협의회 인권위원회, 「1970년대 민주화운동 (IV)」(한국기독교교회협의회, 1987), 1340-1341쪽.
6) 한국기독교교회협의회 인권위원회, 위의 책, 1546쪽.
7) 한국기독교교회협의회 인권위원회, 위의 책, 1526-1527쪽.

박 정권은 '야수(野獸)의 정권'

박 정권을 '야수(野獸)의 정권'이라고 해도 좋을 정도로 고문은 가혹했다. 피고들은 구체적으로 어떤 고문을 받았던가? 8월 재판에서 변호사 반대심문을 통해 다음과 같은 고문 사실이 밝혀졌다.

"몽둥이로 때리고, 야전침대 각목을 무릎 사이에 넣고 양쪽에서 밟으면서 '간첩도 이렇게 네 시간이면 다 얘기한다'고 하면서, 야전침대봉이 부러지니까 또 가져다가 밟고, 그리고 담뱃불로 지지고(등을 가리켜 보임), 벽에 세워 놓고 주먹으로 가슴을 쳐서 숨을 못 쉬어 골병들었다.……25일 조사받는 동안 거의 17-18일을 그렇게 했다."(이우재)

"따귀를 맞고…힘찬 구둣발로 몰아대며…야전침대 커다란 각목으로 온몸을 두들겨 맞았는데 난 도저히 살아날 거라고 생각지 못했다.……어디를 어떻게 맞았는지 기억조차 안 난다. 나중에 일어나 보니 뼈 마디마디는 부어 있고…온몸에 피가 맺히고 멍이 들어…걷지도 못했다. 나중에 지하실로 옮길 때 수사관이 부축해 옮겼다.……나는 자살하고 싶었다. 그리고 거기서 나는 완전히 항복했다. '선생님께서 하라는 대로 다 하겠다'며 무릎꿇고 두 손으로 빌었다."(한명숙)

"처음에는 앉혀 놓고 주먹으로 때리고 발길질을 했는데, 나중에는 일으켜 세워 가지고 주먹질, 발길질 할 것 없이 아주 무자비하게 때렸다. 이렇게 맞다 보니 얼굴이 붓고 입술 안이 부어 터져서 식사도 전혀 못했다. 그 다음에는 꿇어 앉혀 놓고 침대 각목을 넣고 패다가 나중에는 발가벗겨 놓고 때렸다. 그때의 모욕감과 수치감, 그리고 그것으로 인해 앞으로 어떻게 될 것인가 하는 완전한 공포감에 질려버렸다. 발가벗겨 놓고 한 시간 두 시간 맞다 보니 살고 싶은 마음이 없어 혀를 깨물어 보았으나 용기가 없어 죽지 못했다."(황한식)

"발가벗겨 놓고 각목으로 패고, 이렇게 세워 놓고 쥐어박으니까 갈대처럼 (나는) 쓰러졌다. 각목을 다리 사이에 넣고 문지르고, 드러눕혀 놓고는 바늘 같은 걸로 불알을 쑤시고…맞는 것보다 더 치욕적이었다.……죽겠다고 앞에 있던 볼펜으로 이렇게 뒷목을 찌르니 볼펜이 찌그러지고 피가 솟아 흘렀으나 그래도 정신은 있었다. 그래서 혀를 깨물고 했는데……얻어맞다 보니 귀에서 피가 나고 귀가 완전히 멀어 귀머거리가 되는 줄 알았다. 지금도 귀에서 소리가 난다. 다음으로 그들은, '네 처가 애를 낳을 때가 다 되었는데 네 처를 데려다가 방방으로 돌려가며 치욕을 주어야겠느냐'고 했다."(김세균)

"나를 의자에 붙들어 매고 눈을 가린 후 가슴에 총을 갖다대며 장탄을 했다. 나는 그것은 참을 수 있었다. 그러나 '너만 죽일 줄 아느냐. 너를 죽이고 나서 너의 가족들을 모조리 죽여 길바닥에 내동댕이치고 교통사고로 위장해 버리겠다'는 말을 듣고 그 장면을 눈앞에 죽 그렸을 때 말할 수 없는 충격을 받았다. 그 충격을 참아내기 위해 나는 혼신의 힘을 다했고, 겨우 정신을 잃지 않았다. 이를 악물고 그 충격을 겨우 참아냈지만 그 고통은 도저히 표현할 수 없다."(정창렬)[8]

통혁당 사건

박 정권의 정보기관들은 정권 말기적 증상을 드러내는 데에도 치열한 경쟁을 했다. 중앙정보부가 크리스천 아카데미 사건을 발표한 지 4일 후인 4월 20일, 치안본부는 "북괴 지령에 따라 통혁당을 재건하여 통일전선을 형성하고 결정적 시기에 봉기하여 대한민국을 전복, 적화를 기도해 오던 고려대노동문제연구소 총무부장 임동규 등 7명을 간첩 및 국가보

---

8) 한국기독교교회협의회 인권위원회, 『1970년대 민주화운동 (IV)』(한국기독교교회협의회, 1987), 1540-1546쪽에서 재인용.

안법 등 위반 혐의로 구속·송치했다"라고 발표했다.

이 사건은 크리스천 아카데미 사건과 비슷한 시기에 조사가 착수되어 한 달 후 같은 시기에 대대적으로 발표된 것인데, 크리스천 아카데미 사건은 중앙정보부 작품인 반면, 이 사건은 치안본부 작품이라는 차이가 있었다.

1980년 4월 22일 항소심에서 임동규는 무기(남민전 사건에도 연루), 지정관은 징역 및 자격정지 7년, 양정규는 징역 2년 자격정지 2년 6월, 박현채는 징역 및 자격정지 2년 선고를 받았다.[9]

---

9) 한국기독교교회협의회 인권위원회, 『1970년대 민주화운동 (IV)』(한국기독교교회협의회, 1987), 1780-1784쪽.

김영삼의 신민당 총재 복귀

야야 역전을 이룬 12·12 총선

1978년 12월 12일에 치러진 제10대 국회의원 선거에서 공화당은 68석, 신민당은 61석을 획득하였다(통일당 3석, 무소속 22석). 1973년 국회의원 선거에선 공화당 73석, 신민당 52석, 통일당 2석, 무소속 19석이었으니, 신민당으로선 약진을 한 셈이었다. 신민당은 총 득표율에서도 32.3%를 얻어 31.2%를 얻은 여당인 공화당을 1.1% 앞서 사실상 야당의 승리를 이루어냈다. 신민당이 내분으로 온갖 추태를 다 보여 주었고, 선거에서도 또다른 추태를 유감 없이 드러내 보였는데도 어떻게 그런 결과가 나왔을까?

"국회 또한 국정은 뒷전에 두고 여야가 사이좋게 갈라먹기에만 급급했다. 78년 12·12 총선은 공공연히 공화·신민이 한 진영이 되어 무소속과 군소정당을 비난하는 '밀월'을 즐겼다. 학생과 기독교 민주화 세력들이 전면 거부를 선언하는 가운데 금권이 난무하는 타락 현상 중에서도 선거 결과는 민심의 방향만은 잃지 않았다."[10]

민심은 신민당이 아무리 타락상을 보여도 그것보다는 박 정권의 말기적 증상이 더 큰 문제이며 신민당의 타락상도 박 정권에 큰 책임이 있다는 판단을 내렸던 걸까? 12·12 선거는 여야표 역전과 두드러진 무소속 진출에 의미가 부여된 가운데 박 정권에 위기감을 안겨 주었다.

박정희의 비서실장 김정렴은 선거 직후 정보 채널의 집중 포격을 받고 밀려나고 말았다. 후임엔 김계원이 임명되었다. 박 정권의 야수화(野獸化)를 주도한 정보기관들이 패배 책임을 김정렴과 그의 경제팀에 돌린 결과였다.[11]

백두진 파동과 이철승의 '사쿠라' 정치

여야를 역전시킨 12·12 총선 결과에도 불구하고 이철승의 신민당은 그 의미를 제대로 깨닫지 못했다. 1979년 3월에 일어난 백두진 파동이 그것을 잘 보여 주었다. 이는 박정희, 아니 당시 사실상 박정희를 대행했던 경호실장 차지철이 자신의 측근인 유정회 의원 백두진을 국회의장에 내정함으로써 일어난 사건이었다.

국민의 직선에 의하지 않고 어용기관인 통일주체국민회의에서 선출한 유정회 의원을 국회의장에 앉히는 것은 국회와 국민에 대한 모독이라는 것이 신민당의 주장이었고, 이에 공화당 일부 의원들도 내심 동조했다. 신민당은 의장 선출 때 본회의장을 퇴장하기로 방침을 세웠다. 공화당은 신민당의 퇴장은 유신체제에 대한 도전이라고 협박했다. 이철승의 신민당은 그런 협박에 굴복해 우여곡절 끝에 결국 백두진은 국회의장에

---

10) 한국기독교교회협의회 인권위원회, 『1970년대 민주화운동 (III)』(한국기독교교회협의회, 1987), 1021쪽.
11) 김충식, 『정치공작사령부 남산의 부장들 2』(동아일보사, 1992), 293-294쪽.

선출되었다.

4월의 지구당 개편대회에서 김영삼은 "백두진 파동에서 나타났던 신민당의 참담한 굴종을 내세워 이철승 노선을 맹타"했고, 다른 의원들도 이철승의 중도통합론을 공격하였다.[12] 김충식과 이진은 그 당시의 신민당 지도부에 대해 각각 다음과 같이 말한다.

"이철승 지도부는 당내외에서 당권에만 안주하는 '사쿠라' 라는 비판을 받고 있었다. 창경원 벚꽃(사쿠라) 나무엔 누군가 '이철승' 이란 명패 수십 개를 달았다. 더러는 '나무를 사랑합시다. 박철승' 이라는 희화적인 명패도 있었다."[13]

"야당 역시 차(車) 실장의 눈치를 봤다. 신민당 당수인 이철승 씨는 '이야기 좀 하자' 는 차 실장의 연락을 받으면 여지없이 안가를 찾아갔고 '새가 듣고 쥐가 들을까' 신경을 쓰면서도 청와대 내 경호실장 방을 다녀간 신민당 간부들도 적지 않았다."[14]

이철승은 차지철과 접촉한 일은 "참여하의 개혁이라는 정치 소신에 따른 당연한 것이었다"라고 반박했지만,[15] 그의 소신은 이미 대세를 벗어나고 있었다.

김대중과 김재규의 지원

1979년 5월 30일 이철승이 지은 마포 새 당사에서 열린 신민당 전당대회에선 김영삼이 김대중의 도움을 받아 이철승을 누르고 2년 6개월 만에 총재로 복귀하였다. 1차 투표에선 이철승 292표, 김영삼 267표, 이기택 92표, 신도환 87표였고, 2차 투표에서 김영삼 378표, 이철승 367표

---

12) 이영석, 『야당 40년사』(인간사, 1987), 351쪽.
13) 김충식, 『정치공작사령부 남산의 부장들 2』(동아일보사, 1992), 297쪽.
14) 김진, 『청와대 비서실 1』(중앙일보사, 1992), 89쪽.
15) 김진, 위의 책, 127쪽.

로 11표 차로 김영삼이 승리하는 역전극이 벌어졌다.

김영삼이 자신의 회고록에서 이때 거둔 승리를 감격에 겨워 묘사한 것도 무리는 아니다. 김영삼은 신민당사 앞에서는 "약 3천 명의 인파가 몰려와 만세를 부르고 애국가를 열창"했다고 밝히고 있는데,[16] 그건 틀림없는 사실이었다. 왜 그랬을까? 이영석은 다음과 같이 말한다.

"5·30 전당대회는 정치 부재의 땅에 정치의 열기를 확산한 집회였다. 그것은 신민당원만의 관심거리가 아니었다. 거리의 라디오가 대회 소식을 알릴 때마다 시민들은 발길을 멈추었다.……숨가빴던 8시간의 대회, 그것은 극적인 흥분을 자아낸 일대 드라마였다. 확실히 김영삼의 승리는 바람의 승리였다. 이철승 연합부대가 강대한 힘으로 묶어 놓은 조직을 뛰어 넘은 것은 민주 회복·야당성 회복이라는 명분의 바람이었다."[17]

그런데 재미있는 건 김영삼이 이 회고록에서 자신의 승리와 관련, 김대중의 지원을 단 한 마디도 언급하지 않고 있다는 점이다. 과연 김대중의 지원 없이 김영삼이 당선될 수 있었을까?

전당대회 전날 중국집 아서원에서 열린 대의원 단합대회엔 김대중이 참석하여 8백여 명의 대의원들에게 김영삼 지지를 호소했다. 김대중은 약 한 시간 동안 연설하면서 "이번 전당대회는 당내의 친유신파와 반유신파의 대결이다"라고 규정하고 김영삼에 대한 전폭적인 지지를 호소하였다.[18] 김대중은 "이철승 씨의 중도통합론은 우선 말이 되질 않는다"라며 다음과 같이 말했다.

"택시 합승을 하더라도 방향이 같아야 되는 것이다. 신촌으로 가는 사람과 동대문 가는 사람은 합승이 불가능하다. 길 가운데 중도(中道)에서 통합하는 이치는 그런 것이다. 독재는 북쪽이고 반(反)독재투쟁은 남쪽

16) 김영삼, 『김영삼 회고록: 민주주의를 위한 나의 투쟁 2』(백산서당, 2000), 113쪽.
17) 이영석, 『야당 40년사』(인간사, 1987), 354-355쪽.
18) 조갑제, 『유고! ①』(한길사, 1987), 80쪽.

인데, 정반대 방향으로 가는 사람끼리 어떻게 중도통합이란 말인가. 내일 전당대회는 친유신파와 반유신파의 대결이다. 반드시 김영삼 동지를 총재로 당선시켜야 한다."[19]

이와 같은 "김대중의 열변은 대의원들 사이에 바람을 일으켜 김영삼이 총재로 당선하는 데 기여했다."[20] 그런데 한 가지 궁금한 게 있다. 김대중은 당시 연금 상태에 있었는데 어떻게 아서원에 참석할 수 있었을까? 이는 김영삼의 총재 당선을 바란 중앙정보부장 김재규가 모른 척하고 하루 동안의 외출을 눈감아 주었기 때문에 가능한 것이었다. 이철승은 차지철의 지원을 받았고,[21] 수십억 원의 자금 살포가 있었지만,[22] 김재규의 지원(?)을 받은 김영삼이 바람을 타고 승리할 수 있었던 것이다.

---

19) 김충식, 「정치공작사령부 남산의 부장들 2」(동아일보사, 1992), 306쪽.
20) 조갑제, 「유고! ①」(한길사, 1987), 80쪽.
21) 한용원, 「한국의 군부정치」(대왕사, 1993), 338-339쪽; 조갑제, 위의 책, 80쪽.
22) 윤재걸, 「청와대 밀명: 윤재걸 르포집」(한겨레, 1987), 41쪽.

지미 카터의 한국 방문

카터의 방한(訪韓) 반대운동

1979년 1월 17일 일시 귀국한 주미대사 김용식은 "박정희-카터 정상회담이 79년 중에 열리기로 합의되어 있다"라고 밝혔다. 그러나 이는 어디까지나 박 정권의 희망 사항이었을 뿐, 구체적으로 확정된 건 아니었다. 당시 국회 외무위원장을 맡고 있던 이동원은 1979년 5월 말의 상황에 대해 다음과 같이 말한다.

"'카터 미 대통령 6월 중순경 일본 방문.' 당시로선 가뭄 끝에 단비를 만난 격이었다. 으르렁거리는 한ㆍ미 관계를 개선할 절호의 찬스. '어떻소 김형, 이유 불문하고 이번에 카터와 각하를 만나도록 해야 합니다. 그러니 카터가 한국도 꼭 거쳐 가도록 공작 좀 하는 게.……' 병색이 완연했지만 삼청동 모 요정에서 만난 김재규의 눈은 내 말이 채 끝나기도 전 빛을 뿜는다. '옳습니다. 이 장관 말이 옳고 말고요.' 그 순간만큼은 건강의 화신 같은 우렁찬 목소리였다. 그 후 차지철ㆍ김계원 등과도 의중을 떠본 난 '할 수 있다'는 확신하에 밀어붙인다. 즉, 난 글라이스틴 대사의 옆구리를 찌르는 측면지원을 맡고, 외무부나 김용식 주미대사는 구두가 닳도록 뛰어다닌다. 아마 박 대통령 시절 마지막 '캔두(CAN DO) 정신'이었으리라."[23]

어찌되었건 김용식의 발언은 적어도 4월부터 카터의 방한(訪韓) 가능성을 반(反)유신 세력의 주요 의제로 떠오르게 만들었다. 인권정책을 내세운 카터 행정부가 각종 인권유린은 말할 것도 없고 '야수(野獸)의 정권'이라고 해도 좋을 정도로 잔인한 고문(拷問)을 밥 먹듯이 저지르는 박 정권과 회담을 하는 게 온당하느냐는 항의 성명들이 잇달아 발표되었다. 이에 대해 한국기독교교회협의회 인권위원회는 다음과 같이 말한다.

"'어느 정부든 국민을 고문하고 신념 때문에 그들을 투옥할 때 좌시할 수 없다'고 선거운동 중에 천명한 카터 후보의 미국 대통령 당선은 유신 독재체제하에 있던 한국 국민에게 새로운 희망을 품게 하였다. 누가 무어라고 표현하든 미국이 해방 후의 한국에게 절대적 영향력이 있음을 부인할 수 없는 현실에서 '도덕정치'와 '인권존중'을 정치이념으로 표방한 카터의 등장은 유신헌법과 긴급조치로 목을 졸리운 한국민에게 고무적인 일이 아닐 수 없었다. 그러나 카터 대통령의 방한 발표는 이런 꿈과 희망을 일시에 환상으로 되돌려 놓았다. '혹시'하던 기대는 '역시'로 낙착되고, 가족을 정치범으로 감옥에 둔 양심범가족협의회의 성명을 선두로 인권운동 세력들은 카터 방한에 대하여 실망과 분노로써 반대하였다."[24]

---

23) 이동원, 『대통령을 그리며』(고려원, 1992), 338-339쪽.
24) 한국기독교교회협의회 인권위원회, 『1970년대 민주화운동 (IV)』(한국기독교교회협의회, 1987), 1566쪽.

양심범가족협의회와 동아투위의 성명

양심범가족협의회는 4월에 발표한 〈카터 대통령에게 보내는 공개서한〉을 통해 1천5백여 명의 정치범들이 처해 있는 현실, 사회안전법의 가공할 폭력, 행동 감시와 전화 도청, 그리고 이 모든 것을 은폐하고 미화하는 언론통제와 조작을 지적하였다.[25]

동아투위는 4월 27일에 발표한 〈현 시국에 대한 우리의 견해〉에서 대학과 언론의 타락을 다음과 같이 지적하였다.

"오늘날 대학 캠퍼스에서 학생들에게 진실을 가르쳐야 할 교수들은 술을 사먹이는 등 사도와는 거리가 먼 갖가지 행동을 할 수밖에 없게 되었으며, 수많은 학우들을 감옥 안으로 또는 학교 밖으로 빼앗긴 학생들은 대학가요제다, 호국단간부 해외여행이다 하여 마멸을 강요당하고 있다.……오늘의 한국 언론은 현 체제의 목소리를 확성하는 일에나 급급할 뿐 불길한 경제위기 징조와 더불어 유례없는 물가고에 시달리는 서민 대중이나 억압당하는 민중의 신음 소리는 아예 외면하고 있다. 이제 제도 언론은 공범자의 위치에서 능동적인 억압자의 자세로 탈바꿈했다."[26]

'김일성과 면담할 용의 있다'

신민당도 가세하였다. 신민당 총재 김영삼은 6월 11일 외신기자클럽 초청연설에서 "우리는 카터 미 대통령을 환영하나 그의 방한이 특정 정권을 도와 주는 데에 그치는 결과를 가져오면 우리 국민은 크게 실망할 것이다"라고 말했다.[27]

---

25) 한국기독교교회협의회 인권위원회, 『1970년대 민주화운동 (IV)』(한국기독교교회협의회, 1987), 1565쪽에서 재인용.
26) 한국기독교교회협의회 인권위원회, 위의 책, 1565쪽에서 재인용.
27) 천금성, 『10·26 12·12 광주사태』(길한문화사, 1988), 145쪽.

김영삼은 아울러 "남북의 긴장 완화를 위해 김일성과 면담할 용의가 있다"라는 발언을 했는데, 박 정권은 이 발언을 물고 늘어졌다. 즉각 공화당과 유정회는 "3천5백만 국민의 총의로 지지해온 남북 당국간의 대화를 근본적으로 저해하는 행위"로 규정하고, "김영삼 총재가 북괴 김일성의 말대로 북과 노동당의 일관된 입장에 부합함으로써 결국은 북괴 주장에 동조하는 반국가적 행위를 자행한 것으로 이는 마땅히 규탄되어야 한다"라고 주장했다.[28]

6월 19일엔 대한상이군경회 · 이북5도 도민회 · 대한반공청년회 등의 단체들이 김영삼 규탄 성명을 발표했고, 이 단체들의 회원 1백50여 명은 마포당사에 난입하여 당원들을 폭행하고 집기를 부수는 난동을 벌였다.[29]

그밖에 서로 질세라 전국금속노조 · 반공연맹 · 유도회 등도 들고 일어났으며, 6월 25일엔 광복회 등 64개 단체가 총력안보중앙협의회라는 연명(連名)으로 김영삼을 겨냥해 〈잊었는가 6 · 25의 비분(悲憤)을〉이라는 5단통 광고를 중앙 일간지들에 게재하였다.[30]

박정희와 카터의 갈등

6월 29일 미국 대통령 지미 카터는 2박 3일 일정으로 한국을 방문했다. 동경에서 열린 선진 7개국 정상회담을 마치고 내한한 것이었다. 그러나 6월 30일과 7월 1일 두 차례에 걸쳐 청와대에서 열린 한미정상회담은 국제 관계에서 그 유례를 찾기 어려울 정도로 최악의 것이었다. 회담 진행 방식은 사전 협의가 되어 있었지만, 박정희는 그것을 무시하고 혼

---

28) 천금성, 『10 · 26 12 · 12 광주사태』(길한문화사, 1988), 145쪽.
29) 임영태, 『대한민국 50년사 2』(들녘, 1998), 55-56쪽.
30) 천금성, 위의 책, 146-147쪽.

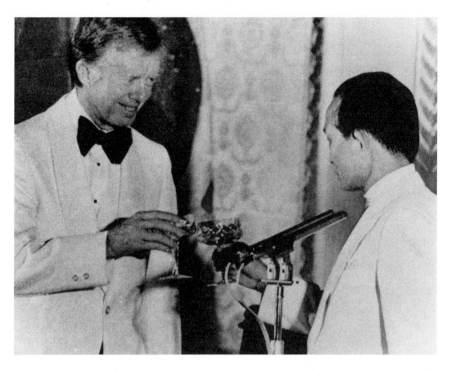

한국을 방문 박 대통령을 만나고 있는 지미 카터 미국 대통령. 그러나 두 차례에 걸쳐 청와대에서 열린 한미정 상회담은 국제 관계에서 그 유례를 찾기 어려울 정도로 최악의 분위기였다.

자 일방적으로 주한미군 철수에 반대하는 자신의 견해를 40여 분간이나 장황하게 설명했다. 이에 대해 카터는 어떻게 대응했을까? 『한국일보』 논설위원 정진석은 다음과 같이 말한다.

"박 대통령의 발언 중 카터 대통령은 옆에 있던 브라운 장관에게 웃으며 귀엣말을 건네는가 하면, 지루하다는 기색을 여러 번 비추며 메모지에다 만화 같은 것을 그리기도 했다. 그럼에도 박 대통령의 '훈시'는 그칠 줄 몰랐다. 박 대통령이 약속을 깨고 철군 문제를 들먹이자 다음 날 2차 회담에서는 미국측이 한국의 인권 문제를 거론하며 구속 중인 정치범의 석방을 요구했다. 카터는 준비해 둔 100명의 정치범 구속자 명단까지 내밀면서 밴스 국무장관에게 이를 발표토록 했다. 박 대통령의 자존심이 여지없이 구겨졌음은 물론이다. 박 대통령은 이에 대해 '한국에는 한국식의 인권이 있다'며 카터의 구속자 석방 요구를 '지나친 내정 간섭'이라고 몰아붙였다. 박·카터 회담은 결국 참담하게 막을 내렸다."[31]

밴스는 후일 자신의 회고록에서 당시 회담에 대해 다음과 같이 말했다.

"우리가 사전에 주의를 주었는데도 박 대통령이 회담 첫머리부터 45분 동안 주한미군 철수가 초래할 위험성에 대해 언급하자 분위기는 걷잡을 수 없이 가라앉았다. 카터 대통령 바로 옆자리에 앉아 있던 나는 대통령이 울화를 참고 있는 모습을 뻔히 보고 있었으나 내버려 둘 수밖에 다른 방도가 없었다. 확대 및 단독회담이 모두 끝난 뒤 카터 대통령은 너무도 흥분한 나머지 박 대통령에게 들은 얘기나 자신의 생각을 나에게 정확히 전달하지 못할 정도였다."[32]

그러나 『워싱턴 포스트』의 한국 특파원을 지낸 돈 오버도퍼의 책은 카터 행정부의 내부 갈등에 더 무게를 두고 있다. 오버도퍼는 박정희의 45분 연설을 듣는 동안 카터가 메모를 한 건 배석한 국방장관 브라운에게 "만일 박정희가 계속 이런 식으로 나온다면 한국에서 미군을 전원 철수시키고 말겠소"라는 내용이었다고 말한다.[33]

"박 대통령과의 대담을 마친 카터는 밴스·브라운·브레진스키·글라이스틴을 대동하고 미국 대사관저로 향했다. 리무진 안에서 카터는 분기탱천한 어조로 박 대통령을 비난하면서 어떠한 반대 의견을 무릅쓰고라도 주한미군 철수를 강행할 것이라고 말했다. 또한 그는 보좌관들이 '철군론' 무산을 위해 자신을 함정에 빠뜨렸다고 질타했다."[34]

---

31) 정진석, 『총성 없는 전선: 격동의 한·미·일 현대 외교 비사』(한국문원, 1999), 84쪽.
32) 정진석, 위의 책, 84-85쪽에서 재인용.
33) Don Oberdorfer, 이종길 옮김, 『두개의 한국』(길산, 2002), 170쪽.

그럼에도 불구하고 주한 미 대사 글라이스틴은 철군을 반대하는 의견을 내놓았고, 밴스와 브라운은 글라이스틴을 두둔했다는 것이다. 그래서 희한한 일이 벌어졌다.

"카터 행정부의 최고위급 정책 결정자들이 대통령 전용차를 미국 대사관저 현관 앞에 세워 놓고 약 10여 분 이상 열띤 논쟁을 벌인 것이다."[35]

주한미군 철수 시한부 중지 발표

사실 주한미군 철수 문제에 관한 한 카터는 자신의 행정부 안에서조차 고립되어 있었다.

"79년 1월 말에 이르자 주한미군 철수 강행을 주장하는 사람은 전체 행정부 중에서 오직 카터 한 사람뿐이었다. 카터 자신도 한반도 문제와 다른 모든 정책 문제에 대해 자신의 견해를 지지하는 세력이 급격하게 감소하고 있다는 사실을 깨닫고 있었다."[36]

카터 행정부는 이미 2월 9일 "주한미군 철수를 잠정 보류한다"[37]는 발표를 하였기 때문에, 이번 방한을 계기로 어떤 결정이건 내려야만 했다. 결국 카터는 대통령 전용차 속에서 있었던 참모들과 논쟁에서 주한미군 철수 계획 재고에 조건부로 동의하였다. 첫째는 남한 군사력의 증강이고 둘째는 반정부 인사 석방 등 인권개선 조치였다. 박정희는 그 안을 받아들여 87명의 반정부 인사를 석방하기로 합의했다. 카터는 좀 누그러진 마음으로 서울을 떠날 수 있게 되었다.

"공항으로 향하는 리무진 안에서 독실한 기독교 신자인 카터는 이전

34) Don Oberdorfer, 이종길 옮김, 『두개의 한국』(길산, 2002), 170–171쪽.
35) Don Oberdorfer, 이종길 옮김, 위의 책, 171쪽.
36) Don Oberdorfer, 이종길 옮김, 위의 책, 165쪽.
37) 정진석, 『총성 없는 전선: 격동의 한·미·일 현대 외교 비사』(한국문원, 1999), 91–92쪽.

의 적대적인 태도와는 달리 박 대통령에게 종교가 있느냐고 물으며 친근한 모습을 보였다. 이에 박 대통령이 없다고 답하자 카터는 '각하께서 예수 그리스도를 만나게 되기를 바란다'고 말했다. 그는 미국에서 교육을 받은 침례교 목사이자 '한국의 빌리 그레이엄'으로 불리는 김장환(빌리 김) 목사를 보내 '우리의 신앙에 관해 알려드리고 싶다'고 말했다. 박 대통령은 김장환 목사를 환영할 것이라고 화답했고 실제로 얼마 후 그 약속을 지켰다. 그로부터 3주 뒤인 7월 20일 브레진스키는 백악관에서 '남북한 사이의 군사적 균형이 회복되고 뚜렷한 긴장 완화의 조짐이 발견될 때까지 주한미군 전투부대의 추가 철수를 81년까지 연기한다'고 발표했다."[38]

카터의 전도 행위는 카터의 인권외교에 냉소적이었던 미국 언론에 후일 비웃음의 대상이 되곤 했다. 예컨대, 『뉴욕타임스』 1979년 8월 7일자는 "카터가 서울에서 박정희에게 할 수 있었던 것은 불교신자인 그를 기독교에 귀의하도록 권유함으로써 정·교 분리 원칙을 어긴 것이 고작이었다"라고 썼다.[39]

카터와 절친한 관계였던 목사 김장환은 카터 방문시 자신이 카터를 만나 다음과 같이 요청했다고 밝히고 있다.

"박정희 대통령에게 예수를 전해 주세요. 예전에 만나서 기도해 드린 적이 있는데 기독교에 호감을 갖고 있으니 전도하면 좋은 성과를 얻을 겁니다."[40]

결국 주한미군 철수 문제를 둘러싼 카터와 박정희 사이의 갈등은 7월 20일 카터 행정부의 시한부 중지 발표로 일단락을 맺게 되었다. 『주간동아』는 1998년에 비밀 해제된 카터 행정부의 비밀 문건을 근거로 다음과

---

38) Don Oberdorfer, 이종길 옮김, 『두개의 한국』(길산, 2002), 172쪽.
39) 정진석, 『총성 없는 전선: 격동의 한·미·일 현대 외교 비사』(한국문원, 1999), 95쪽에서 재인용.
40) 김장환, 〈남기고 싶은 이야기들 ⑨ 카터 대통령 방한〉, 『중앙일보』, 2002년 4월 4일, 19면.

같이 보도하였다.

"1977년 1월에 시작되어 2년 6개월 동안 우여곡절을 겪은 끝에 카터의 주한미군 철군 계획은 실제로 1개 전투대대 674명만을 철수하는 것으로 마무리지어졌다. 이 1개 대대의 전투 병력을 포함해 카터 행정부 때 한반도에서 빠져 나간 주한미군 병력은 3000명이다. 대신 12대 이상의 F-4 전투기와 전투기 요원을 포함해 총 900명이 한국에 재배치되었고, 그때 이후 주한미군의 규모는 3만 7000명으로 남게 된다. 남한에 배치되어 있던 700기의 핵탄두는 250기로 줄었고, 군산 공군기지에 집중적으로 재배치되었다."[41]

'어깨에 힘이 들어간 박정희의 착각'

카터가 방한해 '인권'과 '양심수'를 말할 때 박정희는 "한국에 그런 문제는 없다"고 단언했다. 그는 미국의 인권정책으로 비판을 받을 때마다 "굶어 죽는 사람한테 인권은 무슨……. 백성이 굶지 않게 하는 것이 최고의 인권정책이야"라고 외치곤 했다.[42]

무슨 일관성이 있는 것도 아니었다. 박정희는 인권 문제를 '공작정치'의 차원에서 접근했기 때문에 인권에 대한 배려를 늘 그때 그때 정치적 상황에 따라 도구적으로 이용하려고 들었다.

박 정권은 7월 17일 제헌절을 맞아 박형규, 양성우, 송기숙 등 86명의 긴급조치 위반자들을 출감시켰다. 7월 20일엔 제102회 임시국회가 열렸고, 7월 23일 김영삼의 대정부 질의도 부드럽게 넘어가는 등 제법 분위기가 괜찮았다.

---

41) 이흥환, 〈1977년 카터 행정부의 주한미군 철수 계획 입안 문건: "핵탄두 철수 계획은 없었다"〉, 「주간동아」, 2000년 8월 10일, 54면.
42) 중앙일보 특별취재팀, 「실록 박정희」(중앙 M&B, 1998), 331쪽.

그러나 곧 김영삼의 질의 내용을 호외에 실은 신민당 기관지 『민주전선』의 주간 문부식이 긴급조치 9호 위반으로 구속되고 신문이 압수당하는 사태가 벌어졌다.[43] 무언가 심상치 않은 조짐이었다. 이후 벌어질 큰 사건들을 예고하는 것만 같았다. 이동원은 카터와 회담을 해서 미군 철수 문제가 일단락되자 '어깨에 잔뜩 힘이 들어간 박 대통령의 착각'이 국내 정치에서 무리수를 두게 만들었고, 결국 10·26을 유발했다고 말한다.[44]

43) 천금성, 『10·26 12·12 광주사태』(길한문화사, 1988), 147-148쪽.
44) 이동원, 『대통령을 그리며』(고려원, 1992), 339-340쪽.

YH 옥상 위에 노총 깃발 꽂아 놓고

'근대화의 역군을 윤락가로 내몰지 말라'

절대권력이라는 마약에 취한 박정희는 점점 파국을 향해 치닫고 있었다. 1979년 8월 9일 YH무역의 여성 노동자 1백87명이 사기성 폐업에 항의하여 야당인 신민당사 4층을 점거하고 벌인 항의 농성 사건도 박정희의 종말을 재촉한 사건이었다. 시인 고은은 〈김영삼〉이라는 제목의 시에서 다음과 같이 말하고 있다.

"79년 여름 나는 그에게 달려갔다/그의 직관적인 결단으로/YH 노동자들 신민당 강당 농성을 승낙해 주었다/그것이 유신체제가 쓰러지는 바퀴 소리일 줄이야/그 누구도 몰라야 했다"[45]

1966년에 설립된 YH무역은 미국에 가발을 수출하는 업체로 1970년엔 종업원 4천 명으로 국내 최대 규모를 자랑했다. 그 해 수출 실적 1백

---

45) 고은, 『만인보 제12권』(창작과비평사, 1996), 12쪽.

만 달러를 달성해 대통령 표창 동탑산업훈장까지 받았다. 그런데 미국 시민권을 가진 사주 장용호는 그렇게 해서 번 돈을 물건만 가져가고 대금 결제를 하지 않는 방식으로 미국으로 빼돌렸다. 그 바람에 노동자들은 몇 달간 임금도 못 받고 손가락만 빨고 있었는데, 이젠 폐업을 하겠다니 노동자들이 들고 일어선 건 너무도 당연한 일이었다.

1976년에 결성된 YH 노조는 청계피복 노조, 동일방직 노조 등과 함께 몇 안 되는 '민주노조' 중 하나였다. YH 여성 노동자들은 신민당사 4층을 점거하기 전 공장에서 농성할 때에 발표한 호소문을 통해 제일 먼저 "정부와 은행은 근대화의 역군을 윤락가로 내몰지 말라"라고 호소했다.

"목이 터져라 우리의 정당한 주장을 외치곤 쉬어 버린 목으로 악을 쓰며 노래를 부릅니다. 〈저 푸른 초원 위에〉라는 유행가에 우리가 작사를 붙인 노래입니다. 함께 힘차게 불러보시지 않겠습니까? (중략) YH 옥상 위에 노총 깃발 꽂아 놓고/사랑하는 동지들과 한백년 살고 싶네/임금은 최저임금 생산량은 초과달성/연근 야근 다해줘도 폐업이란 웬말이냐/YH 옥상에다 노총 깃발 꽂아 놓고/사랑하는 동지들과 한백년 살고 싶어."[46]

'동생들의 학비와 부모님들 약값은 어떻게 하나?'

YH 여성 노동자들이 신민당사에 들어간 다음 날인 8월 10일 밤에 발표한 호소문은 다음과 같은 내용이었다.

"저희들은 모두 시골의 가난한 농부의 자식들로서 일찍이 고향과 부모 곁을 떠나 냉대한 사회에 뛰어 들어 산업의 역군들로서 열심히 일해

---

46) 조갑제, 「유고! ①」(한길사, 1987), 112쪽.

농성중인 YH 여성 노동자들을 만나고 있는 김영삼 신민당 총재.

왔습니다. 배우지 못했다고 사회에서 천대를 받고 멸시를 당하면서도 못
배운 저희들만 원망하며 저희 동생들이 나같이는 되지 않게 하기 위해서
조금의 월급이나마 용돈을 줄여 가며 저축하면서 동생들의 학비를 보태
주고 또 부모님들의 생계와 약값에도 보탠다는 뿌듯한 기쁨으로 신념과
긍지를 가지고 일해 왔습니다.……동생들의 학비와 부모님들 약값은 어
떻게 해야 된단 말입니까? 우리 문제가 해결되지 않는다면 저희들은 죽
음의 길을 택할 수밖에 없습니다."[47)]

　　농성 노동자 중 한 명인 김경숙(1957년생)은 자신의 일기에 다음과 같

47) 구해근, 신광영 옮김, 『한국 노동계급의 형성』(창작과비평사, 2002), 203~204쪽에서 재인용.

이 썼다.

"이 세상에 태어났을 때에는 어느 누구나 티 없이 맑고 깨끗한 사람이었다. 집안 환경 관계로 인하여 여러 사람들의 차이가 생겼다고 생각한다.……돈에 구애를 받던 나 자신은 이 가난한 우리 가정이 잘살 수만 있다면 무슨 일을 해서라도 돈을 벌어야 되겠다고 마음을 굳게 먹었다. 내가 배우지 못한 공부를 동생에게 가르쳐서 동생만은 성공할 수 있도록 하는 것이 나의 간절한 소원이었다.……하청공장에 취직을 하여 말만 듣던 철야작업을 밤낮 하면서 약 2개월은 나의 코를 건들지도 못했다. 너무나 피곤하다 보니까 끊임없이 코피가 나는 것이다.……어떤 회사에서는 봉급을 약 3개월치를 받지 못했다. 헐벗고 굶주리며 풀빵 5원짜리 30원어치로 추위에 허덕이며 생계를 이어가기도 했다. 이렇게 사느니 차라리 자살이라도 해버리려고까지 마음을 먹었으나 고향이 그 길을 막았다.……혼탁한 먼지 속에 윙윙대는 기계 소리를 들으며 어언 8년 동안 공장 생활 하는 나 자신을 볼 때 남는 것은 병밖에 없다. 몸은 비록 병들었지만 마음은 상하지 않은 인간으로서 올바른 삶을 살리라 다짐한다."[48]

'미필적 고의살인'과 무차별 폭행

그러나 노동자들의 그런 기막힌 사연은 박 정권의 안중에 없었다. 박 정권이 중요하다고 생각한 건 오직 정권안보였다. 8월 11일 새벽 2시경 경찰은 이른바 '101호 작전'으로 불리는 농성 진압 작전을 개시하였으며, 그 와중에서 YH 노동자 김경숙이 추락하여 사망하였다.

노동자들에 대한 경찰의 폭력이 얼마나 심했는지는 신민당 의원과 기

---

48) 박석분·박은봉, 〈박기순, 김경숙: 유신독재의 종말에 불을 당기다〉, 『인물 여성사: 한국편』(새날, 1994), 309쪽에서 재인용.

자들에 대한 폭력을 미루어 볼 때에 짐작이 갈 것이다. 성공회대 교수 이광일은 다음과 같이 말한다.

"여러 정황과 조사에 비추어 볼 때 김경숙의 사인은 '미필적 고의살인'이었다. 2층 회의실에서는 김영삼 총재가 대책을 숙의하고 있었는데 장발머리에 장갑을 낀 사복의 괴청년들이 들이닥쳐 김 총재를 제외한 나머지 국회의원과 기자들에게 폭언과 폭력을 서슴지 않았다. 황낙주 총무와 정대철 의원에게 주먹 세례가 날아들었고 당료들도 두들겨 맞아 중경상을 입었다. 기자들은 신분증을 내보이며 기자라고 소리쳤지만 '기자면 다냐'는 반응과 함께 무차별 폭력이 날아들었다. 『동아일보』 이종각, 홍석희 기자가 구타를 당하였고, 『중앙일보』 사진부 양원방 기자는 필름을 빼앗기고 10분간 구타를 당하였다. 『신아일보』 김철호 기자는 코뼈에 금이 가고 얼굴을 알아볼 수 없게 되었다. 여성 노동자 수십 명, 국회의원을 포함한 신민당원 30여 명, 취재기자 총 12명이 부상을 당하였다. 이렇게 하여 '101호 작전'은 정확히 23분 만에 끝났다."[49]

박 정권의 폭력에 항의하여 신민당은 무기한 농성에 들어갔다. 카터가 방한한 지 불과 40여 일 만에 일어난 이 사건에 대해 미 국무부도 예민하게 반응했다. 8월 14일 미 국무부는 "경찰측 행위의 책임자에 대해 한국 정부가 합당한 처벌을 하기 바란다"라고 논평했고, 8월 15일 박 정권은 "미국은 명백한 내정 간섭을 하고 있다"라고 답했다.[50]

8월 20일, 신민당은 『말기적 발악: 신민당사 피습 사건과 YH 사건의 진상』이라는 제목의 책자를 펴냈는데, 겁에 질린 인쇄소들이 모두 인쇄를 거부하는 바람에 결국 필사한 것을 복사해 세상에 내놓았다.[51] 제1야당의 처지가 그럴 수밖에 없었던, 그런 세상이었다.

49) 이광일, 〈YH 노동조합 투쟁과 유신체제의 붕괴〉, 이병천·이광일 편, 『20세기 한국의 야만 2』(일빛, 2001), 217쪽.
50) 정진석, 『총성 없는 전선: 격동의 한·미·일 현대 외교 비사』(한국문원, 1999), 98쪽.
51) 김정남, 〈유신의 말기적 증상: YH 사건과 김경숙의 죽음〉, 『생활성서』, 2002년 2월, 48쪽.

언론의 '마녀사냥'

언론은 박 정권의 편이었다. 사건 당일 『중앙일보』는 사설에서 "YH 사건 배후에는 도시산업단체라는 좌경 단체가 있다"라고 단정했다.[52] 모든 언론이 비슷한 논조를 폈다. 2001년 8월 3일에 방송된 MBC TV의 『이제는 말할 수 있다』 '마녀사냥-도시산업선교회' 편을 취재한 PD 홍상운은 다음과 같이 말한다.

"1970년대 내내 노동자들의 파업에 관한 한 단 한 줄의 기사도 내보내지 않았던 언론은 도산 사건 당시만큼은 너무나도 눈부신 활약(?)을 했다. 정부가 내놓은 보고서를 그대로 받아 쓴 것도 아니었다. 심지어 그 이상의 왜곡도 서슴지 않았다. 특히 KBS와 MBC 등 방송사들의 보도는 시청각적인 효과까지 곁들여져 전 국민을 공포 분위기로 몰아갔다. 빨갱이를 연상시키는 빨간색이 덧칠해진 화면 속에서 노동자들은 욕설을 내뱉고, 흉기를 휘두르는 좌경 용공의 폭도로 비쳐졌다."[53]

동일방직 사건을 재등장시키면서 도시산업선교회에 대한 대대적인 '마녀사냥'을 하기 위해 좌담 형식의 프로그램까지 동원되었다. 동일방직 민주노조 탄압에 앞장 섰던 섬유노조위원장 김영태는 8월 14일 MBC TV 프로에 나와 "동일방직 여성 근로자들은 반지에 면도날을 달고 있다"라고 허황된 말을 늘어놓기도 했다.[54] 또 그는 "도시산업선교회의 활동은 공산당과 유사하며 발본색원해야 한다"라고 주장했다.[55]

---

52) 장현철, 〈일그러진 한국 언론의 자화상: 낯뜨거운 찬양…왜곡…조작〉, 『미디어오늘』, 1998년 9월 2일, 4면.
53) 홍상운, 〈잊혀진 노동자들-그들의 '70년대'는 아직 끝나지 않았다〉, 한국언론정보학회 편, 『이제는 말할 수 있다』(커뮤니케이션북스, 2002), 289-290쪽.
54) 한국기독교교회협의회 인권위원회, 『1970년대 민주화운동 (III)』(한국기독교교회협의회, 1987), 1275쪽.
55) 한국기독교교회협의회 인권위원회, 『1970년대 민주화운동 (IV)』(한국기독교교회협의회, 1987), 1595쪽.

강제 귀향한 여성 노동자들의 운명

박정희도 김영태의 수준이었다. 박정희는 8 · 15 광복절을 맞아 연세대 교수 성내운 등 긴급조치 위반자 53명에 대한 특사를 발표하는 자리에서 법무부 장관 김치열에게 "근래에 일부 종교를 빙자한 불순한 단체와 세력이 기간 산업체와 노조에 침투, 노사분규를 선동하고 있는 데 대해 그 실태를 철저히 조사 파악하여 보고하라"고 지시했다.[56)]

박정희의 지시는 물론 도시산업선교회를 겨냥한 것이었다. 경찰은 이미 도시산업선교회를 YH 사건의 배후 세력으로 지목하고 목사 문동환 · 인명진 · 서경석, 고려대 해직 교수 이문영, 시인 고은 등을 구속했다. 경찰은 노동자들이 도시산업선교회의 지시를 받아 자살조까지 만들었다는 허위 사실까지 유포했다.[57)]

또 경찰은 YH 여성 노동자들을 각 도별로 버스에 태워 강제 귀향시키고 부모들에게는 협박조로 '딸조심'을 강조했다. 대다수 여성 노동자들이 얼마간 '가택 연금'을 당했고, 일부는 강제로 결혼한 사람들도 있었다.[58)] 그러나 그들의 결혼 생활도 원만할 수 없었다. 홍상운은 다음과 같이 말한다.

"부모님의 끈질긴 간청 끝에 결혼을 했던 김모씨는 얼마 안 가 그녀의 과거 경력을 알게 된 시어머니로부터 모진 구박을 당해야 했다. 시어머니는 그녀가 공무원인 남편을 말아먹기 위해서 작정하고 들어온 '빨갱이'라며 사사건건 시비를 걸었고, 심지어는 어린 두 아들에게까지도 '네 엄마는 몹쓸 빨갱이'라고 가르치며 부모 자식간의 정마저 떼어 놓았다.

---

56) 천금성, 「10 · 26 12 · 12 광주사태」(갈한문화사, 1988), 157쪽.
57) 임창룡, 〈민주열사 열전 ⑤ 김경숙 YH 무역 사원: 자본 · 독재 억압에 처절히 항거〉, 「서울신문」, 1998년 9월 3일, 8면.
58) 임창룡, 위의 글, 8면.

그녀는 그렇게 무려 10년 동안 시어머니의 구박과 감시를 받으며 전화
한 통화도 맘대로 하지 못하는 감금 생활을 해야 했고, 결국은 이혼할 수
밖에 없었다."[59]

'정신질환적인 편집광 증세의 극치'

언론의 박 정권에 대한 충성 경쟁은 8월 말을 넘어 9월까지 계속되었
다. 특히 『조선일보』의 활약이 눈부셨다. 『조선일보』주필 선우휘는 8월
28일자부터 4회에 걸쳐 〈이래선 안 될 텐데〉 시리즈를 집필하였다. 선우
휘는 해방 후 좌우익 싸움을 취재한 경험을 피력한 뒤 다음과 같은 주장
들을 늘어놓았다.

'여성 노동자들은 어쩌자고 신민당사로 들어간 것이며 신민당은 또
어쩌자고 그녀들을 받아들였던가. 정녕 그밖에 방법은 없었던 것인가',
'가난한 자의 편에 서는 나머지 가진 자라고 지목되는 층을 지나치게 공
격하고 증오를 조장할 때 궁극적으로는 돌아오는 것이 어쩌면 자기 자신
에 대한 공격과 비난일 수도 있다는 것이다', '선동을 받지 않는 한 우리
의 노무자들은 소박하고 유순하다고 보는 것은 필자의 너무나 감상적인
인간관일까?', '싸우면 모두 늑대가 되고 화해하면 다 양이 된다.'[60]

동아·조선자유언론수호투쟁위원회는 9월 7일에 발표한 〈제도언론
의 말기적 증상을 우려하며: 최근의 보도자세를 중심으로〉라는 제목의
성명을 통해 선우휘의 일련의 글을 "정신질환적인 편집광 증세의 극치"
라고 비판하였다.[61]

---

59) 홍상운, 〈잊혀진 노동자들-그들의 '70년대' 는 아직 끝나지 않았다〉, 한국언론정보학회 편, 『이제는 말할
  수 있다』(커뮤니케이션북스, 2002), 290쪽.
60) 한국기독교교회협의회 인권위원회, 『1970년대 민주화운동 (IV)』(한국기독교교회협의회, 1987), 1608쪽에
  서 재인용.
61) 한국기독교교회협의회 인권위원회, 위의 책, 1608쪽에서 재인용.

아무리 좋은 일이라도 '극치'에 이르면 반드시 반전이 뒤따르는 법이다. 대학생들도 박 정권과 그 일행들이 "정신질환적인 편집광 증세의 극치"를 보이고 있다는 걸 간파했던 것일까? 대학생들이 벌인 유신체제하의 마지막 저항은 9월 11일 서울대 인문대, 20일 사회대에서 '유신철폐 및 독재타도'를 외친 시위였다.[62] 10월은 소리없이 다가오고 있었다. 후일 시인 고은이 쓴 〈YH 김경숙〉이라는 제목의 시다.

"1970년 전태일이 죽었다/1979년 YH 김경숙(金京淑)이/마포 신민당사 4층 농성장에서 떨어져 죽었다/죽음으로 열고/죽음으로 닫혔다/김경숙의 무덤 뒤에 박정희의 무덤이 있다/가봐라"[63]

---

62) 정병진, 『실록 청와대: 궁정동 총소리』(한국일보, 1992), 305쪽.
63) 고은, 『만인보 제12권』(창작과비평사, 1996), 168쪽.

김영삼 의원직 제명

'박 정권 타도를 위한 범국민적 항쟁' 선언

신민당 의원들이 박 정권의 폭력에 항의하는 당사 농성을 하고 있던 8월 13일, 이미 그때부터 박 정권은 이상한 공작을 꾸미고 있었다. 박 정권은 신민당 원외지구당 위원장 3명을 사주하여 김영삼을 비롯한 총재단 전원에 대한 '직무정지 가처분 신청'을 제기하도록 하였다. 그 내용인즉슨, 당원 자격과 대의원 자격이 없는 22명이 전당대회에 참석해 투표를 했기 때문에 김영삼의 당선은 무효라는 것이었다.

9월 8일 서울 민사지법은 가처분 신청을 받아들여 전당대회 의장 정운갑을 총재 직무대행으로 선임했다. 김영삼은 9월 10일 기자회견을 통해 '박 정권 타도를 위한 범국민적 항쟁'을 선언했다.

"나는 지난 선거에서 1.1%를 이겨 신임을 얻은 야당의 총재로서, 또 그 동안의 투쟁으로 국민 절대 다수의 지지를 받는 국민적 공당(公黨)의 총재로서 민주회복을 바라는 모든 계층의 국민의 힘을 집결하여 범국민적 항쟁을 할 것이며, 이 항쟁을 통해 박 정권의 타도운동을 전개할 것을 선언한다. 나는 여기서 박정희 씨의 하야를 강력하게 요구한다. 나는 국립경찰을 폭도로 전락시켜 심야에 신민당사를 습격하여 잠자던 여공들을 강제로 끌어내다가 김경숙 양을 죽이고, 현역 국회의원과 취재기자들에게 폭행을 가하여 중상을 입혔는데도, 국민 앞에 사과 한 마디 없고 폭력경찰을 한 사람도 잡아내지 않는 불법·무법 정권이 박 정권임을 다시 한번 지적한다.……우리 국민은 1인 체제하에서 18년을 살기에도 지쳤는데, 일당 독재하에서 살기를 강요당하는 오늘의 중대한 국면에 처해서도 궐기하지 못한다면 우리 모두가 함께 역사의 죄인이 된다는 것을 잊지 말아야 할 것이다."[64]

31년 만에 처음으로 발동된 국회 경호권

김영삼의 저돌적인 박력이 빛을 발하는 순간이었다. 김영삼은 이어 9월 15일 미국 『뉴욕타임스』와 회견을 한 자리에서 "카터 미 행정부는 소수 독재자인 박 정권에 대한 지지를 철회해야 한다"라고 주장했다.

"미국 정부는 공개적 직접적인 압력의 행사를 통해서만 박 대통령을 조정할 수 있다고 나는 말해 왔는데 그때마다 미국측은 한국측의 정치 문제에는 간여할 수 없다는 대답으로 그치고 있다. 미국측이 이것을 내정 간섭이라고 하는 것은 납득이 가지 않는 논리이다. 미국은 한국민을 보호하기 위해 3만 명의 지상군을 파견하고 있다. 이것이야말로 한국의 국내 문제에 대한 간여가 아닌가. 카터 대통령의 지난번 방한은 박 대통령에게 반체제 세력을 말살하라는 용기를 부여하는 결과로 끝났다."[65]

---

64) 김영삼, 『김영삼 회고록: 민주주의를 위한 나의 투쟁 2』(백산서당, 2000), 147~148쪽.
65) 정진석, 『총성 없는 전선: 격동의 한·미·일 현대 외교 비사』(한국문원, 1999), 99쪽.

국회에서 의원직 제명을 당한 직후의 김영삼.

그러자 공화당과 유정회는 김영삼의 발언을 '사대주의', '반국가적 언동'으로 규정하여 김영삼의 의원직을 박탈하는 징계안을 내더니 10월 4일 경호권을 발동한 가운데 김영삼 제명 결의안을 10여 분만에 변칙으로 통과시켰다.[66] 이승만 정권 이래 31년 만에 처음으로 발동된 국회 경호권이 야당 총재의 의원직을 박탈하는 데에 사용된 것이다.

66) 임영태, 『대한민국 50년사 2』(들녘, 1998), 56쪽.

유정회는 성명서를 통해 "김영삼 의원을 제명한 것은 무책임한 선동으로 폭력혁명 노선을 치닫는 반민주적인 정치폐풍을 추방하기 위해서였다"라고 주장했다.[67]

신민당 의원 전원 의원직 사퇴

박 정권의 이런 폭거에 대응하여 10월 13일 신민당 소속 의원 66명 전원도 국회의원직 사퇴서를 제출했다. 통일당 의원 3명도 동조했다. 미국도 '개탄'을 표명했다. 정진석은 미국의 반응에 대해 다음과 같이 말한다.

"미국이 바라보는 박 대통령은 이미 정상이 아니었다. 카터 대통령은 심하게 미간을 찌푸렸다. 미국은 즉각 '개탄한다'는 비외교적 용어까지 써가며 한국 정부를 비난한 뒤 항의 표시로 글라이스틴 대사를 본국으로 소환했다. 카터 대통령은 서울에서 열린 한·미 정례안보회의에 참석하기 위해 내한한 브라운 국방장관을 통해 박 대통령 앞으로 친서를 전달했다. 유감의 뜻을 담은 이 친서는 카터 대통령이 79년 한 해 동안 한국의 내정과 관련해 박 대통령에게 전달한 3번째 친서였다."[68]

---

67) 김민배, 〈법 체계를 통해 본 박정희 유신 정권〉, 『역사비평』, 제37호(1997년 여름), 220쪽에서 재인용.
68) 정진석, 『총성 없는 전선: 격동의 한·미·일 현대 외교 비사』(한국문원, 1999), 100쪽.

미궁으로 남은 김형욱의 실종

'용도 폐기' 된 김형욱

1979년 10월 7일 전 중앙정보부장 김형욱이 프랑스 파리에서 실종된 사건이 발생했다. 한국 신문들은 그걸 알고서도 당국의 지시로 보도를 못하다가 파리 경찰이 공개 수사를 결정하자 10월 17일부터 일제히 보도 하였다. 그때 이후 지금까지 김형욱의 실종은 여전히 미스터리로 남아 있지만, '물증'만 없다는 것일 뿐 많은 사람들이 이 사건을 박정희의 독 특한 용인술(?)과 관련해 평가를 내리고 있다.

1969년 10월 17일 3선 개헌안이 국민투표로 확정되면서 박정희는 김 형욱을 '용도 폐기'하였던 것이다. 김형욱은 중앙정보부장 재임 시절 박 정희에 대한 충성을 위해 사람들에게 워낙 많은 죄를 저질렀기 때문에 박정희의 보호막이 사라진 것에 대해 공포에 가까운 두려움을 느끼게 되 었다. 실제로 그는 사람들에게서 걸려온 협박 전화에 시달렸기 때문에 그가 느낀 두려움은 더욱 컸다.

김형욱은 그런 두려움 속에서 1971년 4 · 27 대통령 선거 때엔 은밀히 김대중을 지원하기도 했다. 김충식은 "자신을 잘라버린 박 대통령에 대한 반감, 그리고 야당의 보복을 피하기 위해서는 대권주자가 된 김대중을 붙잡아야 한다는 계산이 어우러진 결과"였을 것이라고 말한다.[69]

그러나 박정희가 김형욱을 완전히 버린 건 아니어서 김형욱은 1971년 5월 공화당 전국구 의원으로 국회에 진출하였다. 그러나 10월 유신 이후 1973년 3월에 발표된 유정회 의원 명단엔 김형욱의 이름이 없었다. 그건 곧 박정희가 김형욱에게 완전히 등을 돌렸다는 걸 의미하는 걸로 해석되었다. 게다가 김형욱이 아무리 만나려고 애써도 박정희는 물론 비서실장, 정보부장도 김형욱을 만나 주지 않았다.[70]

박정희의 주장

겁이 덜컥 난 김형욱은 이때부터 망명을 꿈꾸게 되었다. 김형욱이 유정회 명단에서 빠지게 된 것에 대해 박정희의 설명은 좀 다르다. 박정희는 자신의 1977년 6월 7일자 일기에 다음과 같이 썼다.

"6월 5일자 미국의 유력지 『뉴욕타임스』에 전 중앙정보부장 김형욱 군의 기자회견 내용이 보도. 보도 내용이 참으로 한심하기 짝이 없었다. 김은 10월 유신 후 73년 초에 가족과 같이 미국으로 떠났다. 떠난 후 얼마 지나고서야 비로소 알게 되었다. 10월 유신 후 유정회 국회의원에서 탈락된 데 불만을 품고 떠났다고 알고 있다. 8대 국회 때는 비례대표로 국회에 들어갔으나 임기 중 절반은 해외에 나가 있었다. 당의 승인도 허가도 없이 나다녔다. 1기 유정회에서 탈락된 이유도 여기에 있었다. 그

---

69) 김충식, 『정치공작사령부 남산의 부장들 1』(동아일보사, 1992), 169쪽.
70) 김충식, 위의 책, 382-383쪽.

후 방미하는 인편에 귀국할 것을 여러 번 종용했으나 출판 관계 일이 끝나면 돌아온다고 연락을 해왔다. 최근에도 귀국의 뜻을 간접적으로 전달해 왔으므로 돌아올 것을 종용한 바 있고 거의 귀국을 결심하고 있지 않았나 했으나 또다시 누군가의 유혹으로 변심한 듯하다. 김에게 6년여나 중앙정보부장이란 중책을 맡겼던 나의 부덕으로 돌릴 도리밖에 없다."[71]

박정희의 이 말을 믿어야 할까? 앞서도 지적했지만, 박정희의 일기는 나중에 공개될 걸 염두에 두고 작성된 것이라 그대로 믿을 건 못된다. 김형욱이 망명 후 미국에서 만난 이동원에게 자신의 망명과 관련하여 한 다음과 같은 말이 사실이라면 더욱 그렇다.

"솔직히 날 미행하는 건 그렇다 쳐도 왜 주변 사람들까지 괴롭히는지 정말 화가 치밀더라고. 아예 나와 골프라도 치면 모조리 세무사찰이다, 전화 도청이다 난리니 낸들 어떻게 견디나?"[72]

누가 김형욱을 죽였나?

김형욱은 1973년 4월 15일 서울을 빠져 나가 대만을 거쳐 미국으로 망명하였다. 그는 1976년까지는 침묵하다 1977년 미 하원의 프레이저 청문회에 출석해 박정희에게 큰 타격을 입힐 수 있는 증언을 많이 했다. 게다가 그는 박정희의 치부를 폭로하는 회고록을 집필중이었다. 박 정권은 김형욱에게 "회고록을 출판하지 않는 대가로 5백만 달러를 주겠다"라고 제의했다. 김형욱은 이 제의를 받아들여 이미 1백만—1백50만 달러를 받았다. 그는 회고록이 완성될 무렵 잔금을 받으러 파리에 갔다가 실종된 것이었다.[73]

---

71) 정재경, 『위인 박정희』(집문당, 1992), 226쪽에서 재인용.
72) 이동원, 『대통령을 그리며』(고려원, 1992), 286쪽.
73) 문명자, 『내가 본 박정희와 김대중』(월간 말, 1999), 295쪽; 김충식, 『정치공작사령부 남산의 부장들 1』(동아일보사, 1992), 176쪽.

그가 서울로 끌려와 청와대 지하실에서 살해되었다고 주장하는 책이 외국에서 나와 국내에서도 그런 소문이 무성했지만, 그 진상은 아직 미궁으로 남아 있다.[74] 김형욱의 최후를 다룬 『김형욱 최후의 그 얼굴』,[75] 『김형욱-죽음의 여행』,[76] 『김형욱은 누가 죽였는가』[77] 등과 같은 책들도 그런 가능성을 말하고 있긴 하지만 확실한 증거는 제시하지 못하고 있다.

재미 언론인 문명자는 자신과 친했던 정일권에게서 그가 죽기 전에 직접 확인했다며 정일권의 발언을 다음과 같이 소개하고 있다.

"잔인하다 잔인하다 했지만 박정희가 이렇게 잔인할 수가 있나. 잘못했다고 비는 김형욱이를 자동차에 실어 그대로 폐차장에 밀어넣어 버렸다네."[78]

직접 투입되지는 않았지만, 1979년 여름부터 군 특수부대 출신 등 10여 명이 김형욱 암살을 위해 고강도의 훈련을 받은 건 사실이었다.[79] 중앙정보부장으로서 어쩔 수 없어서 명령에 따라 납치를 하긴 했지만, 박정희가 김형욱을 살해하는 걸 보고 박정희에게 심한 반감을 품게 되었고, 이것이 나중에 김재규가 10·26 사건을 일으킨 한 중요한 이유가 되었다는 견해도 있다.[80]

김형욱은 1982년 3월 궐석 재판을 통해 '반국가 행위자 처벌에 관한 특별조치법' 위반 혐의로 징역 7년, 자격정지 7년과 함께 전 재산을 몰수당했으나, 나중에 부인 신명순이 끈질긴 법정투쟁을 벌여 3백억 원으로 추정되는 재산을 되찾게 되었다.[81]

74) 손충무, 『김형욱은 누가 죽였는가』(삼성서적, 1990), 320-321쪽.
75) 손충무, 『김형욱 최후의 그 얼굴』(문학예술사, 1986).
76) 문일석, 『김형욱-죽음의 여행(직장인 10월호 별책부록)』(직장인, 1990).
77) 손충무, 『김형욱은 누가 죽였는가』(삼성서적, 1990).
78) 문명자, 『내가 본 박정희와 김대중』(월간 말, 1999), 296쪽에서 재인용.
79) 김도형, 〈10대 의혹 사건 진실은 어디에·8 김형욱 실종: 중정, 암살팀 10여 명 고강도 훈련〉, 『한겨레』, 1998년 8월 12일, 4면.
80) 오성현, 〈김형욱의 사망〉, 『비운의 장군 김재규』(낙원사, 1995), 169-174쪽.

'만인에 대한 만인의 투쟁'

1973년 12월 3일 중앙정보부장에서 밀려난 이후락은 비밀리에 출국해 청와대를 발칵 뒤집어 놓았으나, 그는 보복당하지 않는다는 다짐을 받고 다음 해 2월 말 은신해 있던 바하마에서 귀국해 조용한 야인 생활을 시작했다는 주장도 있다.[82]

이는 무엇을 말하는가? 박정희 정권의 초석이라 할 '공작정치'의 딜레마를 말해 주는 것으로 보아야 할 것이다. 박정희의 '공작정치'를 전담하는 중앙정보부장은 박정희의 모든 치부와 비밀을 다 알고 있을 수밖에 없다. 박정희가 계속 중앙정보부장으로 쓸 때엔 그게 문제되지 않을 수도 있지만, 일단 버리게 되면 이야기는 달라진다. 자신의 모든 치부와 비밀을 알고 있는 사람이 자신의 영향권 밖에 놓이게 된다는 게 불편할 수밖에 없을 것이다. 김형욱이 가장 두렵게 생각했던 것도 바로 그 점이었을까?

박정희는 자기 이외의 실세들로 하여금 끊임없는 권력투쟁을 하게끔 만드는 용인술을 썼다. 그래서 막강한 권력을 행사하다가 박정희의 곁에서 멀어지게 되면 그간 권력투쟁을 해온 경쟁자들이 그냥 놔두질 않았다. 김형욱의 망명과 실종은 이런 관점에서 이해할 수 있을 것이다. 박정희 정권은 그 어느 곳을 막론하고 살벌한 전쟁터를 양산한 '만인에 대한 만인의 투쟁' 체제였던 것이다.

---

81) 김도형, 〈10대 의혹 사건 진실은 어디에 · 8 김형욱 실종: 중정, 암살팀 10여 명 고강도 훈련〉, 『한겨레』, 1998년 8월 12일, 4면.
82) 김충식, 『정치공작사령부 남산의 부장들 2』(동아일보사, 1992), 77쪽.

남민전 사건을 어떻게 볼 것인가?

아직도 평가가 어려운 남민전 사건

김영삼 제명 결의안이 통과되던 10월 4일 박 정권은 유신 말기의 대표적인 '반독재, 반제국주의' 지하투쟁단체였던 '남조선민족해방전선 준비위원회(남민전)' 의 중앙 조직에 대한 대대적인 검거 작전을 실시하였다. 그리고 이 사건을 10월 9일, 10월 16일, 11월 13일 등 세 차례에 걸쳐 대대적으로 발표하였다. 이 사건으로 검거된 사람은 모두 84명이었다.

1976년 2월에 결성된 남민전은 여러 하부 조직을 두었는데, 1979년 2월에 조직된 민주구국학생연맹(민학련)도 그 중 하나였다. 민학련은 신민당사에서 농성중이던 YH 여성 노동자들에 대한 가혹한 진압과 이 과정에서 사망한 김경숙의 죽음을 알리기 위해 이른바 '횃불투쟁' 으로 명명된 유인물 배포 활동을 벌였다. 그런데 이 활동이 정보당국의 수사 대상이 되면서 남민전은 결국 와해될 운명에 처하게 된 것이었다. 이 남민전 사건에 대해 역사학자 안병용은 다음과 같이 말한다.

"부마시민항쟁과 '10 · 26 사건'을 바로 앞두고……세칭 '남민전 사건'이 도하 각 신문마다 발표되었다. 군인 3명을 포함한 피검 관련자 84명. 분단 이후 단일 사건으로서는 최대 규모의 조직 사건이었다. '사회주의 국가 건설을 위한 전위대로서 폭력에 의해 적화통일을 기도해 온 대규모 반국가 조직체', '자생적 공산혁명 세력' 사건. 당시 정부당국은 남민전 사건을 이렇게 규정, 발표하였다. (중략) 6월 시민항쟁과 6 · 29 선언, 7 · 8월 노동자 대투쟁, 12대 대통령 선거, 4 · 26 총선에서의 야당의 압승, 남한 단독 올림픽 등 커다란 사건들을 거치고 난 1988년 12월 말 남민전 사건 관련자들은 전부 석방되었다. 물론 사형을 언도받고 난 후 고문 후유증으로 사망한 이재문 씨, 1982년 10월 사형 집행된 신향식 씨, 수형 생활 중의 옥고로 사망한 전수진 씨를 제외하고. 아이로니컬하게도 이들 남민전 사건 관계자들이 석방된 현재까지도 남민전 사건에 대한 평가는 아직 어려운 과제로 남아 있다."[83]

마찬가지로 "어떤 의미에서는 아직도 남민전 사건의 실체적 진실은 밝혀지지 않고 있다고 말할 수 있다"라고 평가를 내리는 김정남은 남민전에 대해 확실하게 말하기가 어려운 이유를 다음과 같이 조심스럽게 지적하고 있다.

"당국이 거창하게 발표한 내용 중 뒷날 재판 과정에서 상당한 부분이 사실이 아니거나 과장된 것으로 확인됐지만, 어떤 것은 실제로 있었던 사실로 밝혀져 당시 사회에 커다란 놀라움을 안겨 주었다. 예컨대 자금 조달을 위해 '작전' 명칭을 붙인 강도 사건을 모의, 실제로 대낮에 재벌 집이나 보석상을 털기로 하여 일부는 실행에 옮긴 것 등이 그것이다. (중

---

83) 안병용, 〈남민전: 유신 말기 대표적 '반독재 · 반제' 지하투쟁조직에 대한 본격 조명〉, 『역사비평』, 제10호(1990년 가을), 242쪽.

략) 지도부의 모험주의 탓인지 조직원들도 소영웅주의 행태를 보여 준 경우가 많았다. 어떤 사람은 자신의 수첩에, 포섭 대상자로 저명한 인권 변호사를 적어 놓아 그 변호사를 법정에서 당혹스럽게 만들기도 했다. 이처럼 치졸하고 산만한 측면도 있었다. 이런 돌출성은 민주화운동 진영의 전폭적인 지지와 지원을 주저하게 만들어 상당 기간 고립된 석방운동을 벌일 수밖에 없게 만들었다."[84]

꼭 '남조선'이라는 말을 써야 했나?

이 사건은 무엇보다도 '남조선민족해방전선 준비위원회'라는 이름으로 인해 큰 논란에 휘말렸다. '남조선'이라는 말은 법정에서도 큰 논란이 되었는데, 이에 대한 남민전 주장의 요지는 다음과 같은 것이었다.

"'한국'이 아니라 '조선'이라는 말을 선택한 것은 대한민국이 수립되기 전부터 지속되어 온 민족운동의 전통과 과제를 담아내기 위한 것이며 '남'자를 붙인 것은 활동 범위가 남한(대한민국)에 한정되어 있기 때문이다. 지금까지도 계속되고 있는 민족운동의 기점을 대한민국 건국 후, 또는 3 · 1운동으로 잡는 것은 그 역사성을 간과한 것이다."[85]

그러나 민주화운동 진영 내부에서도 '조선'이라는 말조차 금기시되었던 당시 상황에서 굳이 그런 표현을 고집할 필요가 있었는지는 의문이라는 시각도 있었다. 이와 관련, 안병용은 다음과 같이 말한다.

"그러나 준비위원회가 장차 어떤 명칭으로 정식 발족될지 알 수 없으나, 남민전의 명칭이 공개되었을 때 받을 정치적 왜곡 선전과 국민의 피해 의식을 고려하지 않은 것은 발기인들의 운동론적 숙고가 결여된 것이

---

84) 김정남, 〈억압하는 폭력, 저항하는 폭력: 남민전 사건의 경우〉, 『생활성서』, 2002년 8월, 45~47쪽.
85) 안병용, 〈남민전: 유신 말기 대표적 '반독재 · 반제' 지하투쟁조직에 대한 본격 조명〉, 『역사비평』, 제10호 (1990년 가을), 268쪽에서 재인용.

었다고 회고하기도 한다."[86]

이게 인간이 사는 세상인가?

이 사건에서도 박 정권의 본질적인 특성이라 할 잔인한 고문이 빠질
리 없었다. 1984년 5월 관련 가족들이 낸 〈남민전 관련 구속자 석방을
호소하며〉는 다음과 같이 말하고 있다.

"1979년 10월 3일 사건이 터진 후 1980년 2월 재판이 시작된 그 날까
지 저희 가족들은 사건 관련자들의 생사를 몰랐습니다. 처음 본 것도 구
치소 접견실이 아니라 재판정에서였습니다. 재판정에서 본 저희 아들,
딸, 남편, 아버지들은 수개월 전 잡혀갈 때의 얼굴이 아니었으며 심지어
들것에 실려 나오기도 했습니다. 유신 정권하, 10 · 26 이후 계엄하의 고
문 상황을 어찌 다 말할 수 있겠습니까? 다만 아무것도 모르던 저희 가
족들은 인간이 사는 세상에서도 이런 일이 일어날 수 있는지, 치를 떨었
습니다. 그 고문의 후유증으로 내 아들 최석진이는 젊은 생명이 꺼져가
고 있으며 아직 창창한 나이에 한쪽 귀가 전혀 들리지 않는 사람이 있는
가 하면 얼굴에 고문 흉터가 5년이 지난 지금도 남아 있는 사람이 있습
니다."[87]

남민전 사건 관련자들은 교도소에서 실형을 살면서도 고문을 받아야
했다. 1988년 시인 박몽구는 『월간중앙』에 기고한 글에 다음과 같이 썼
다.

"남민전 사건으로 징역 15년을 선고받고 복역중인 김종삼 씨(41)는
82년 7-8월에 수감중이던 광주교도소에서 '비녀꽂이' 고문을 받던 중

---

86) 안병용, 〈남민전: 유신 말기 대표적 '반독재 · 반제' 지하투쟁조직에 대한 본격 조명〉, 『역사비평』, 제10호
   (1990년 가을), 268쪽.
87) 한국기독교교회협의회 인권위원회, 『1970년대 민주화운동 (V)』(한국기독교교회협의회, 1987), 2198쪽에
   서 재인용.

쇠파이프로 온몸을 두들겨 맞고 쇄골에 염증이 생겨 광주기독병원에서 수술을 받았다. 그러나 완치되지 않은 상태에서 퇴원당해 교도소로 이감 되는 과정에서 제대로 치료를 받지 못했고 다시 86년 겨울에는 관상동 맥성 심장병이 발생, 심장발작을 일으키기도 했다.……현재 전주교도소 에서 남민전 사건으로 징역 15년을 선고받고 복역해 온 황금수 씨(50)도 심한 고문 후유증으로 병고에 허덕이고 있다. 황씨는 진단 결과 견디기 힘든 통증이 따르는 안면마비현상의 '3차 신경통'을 앓고 있는 것으로 밝혀졌다. 이 때문에 하나둘씩 이가 빠지기 시작해 지금은 음식물을 전 혀 씹을 수 없는 상태로 겨우 미음에만 의지해 목숨을 이어가고 있다."[88]

김남주와 홍세화의 활동

1972년 이후 반(反)유신투쟁과 농민운동·민중문화운동에 헌신해 왔 던 시인 김남주도 남민전 사건에 연루되어 1980년 5월에 1심 판결과 9월 에 항소심 판결을 거쳐, 그 해 12월 23일 대법원에서 징역 15년의 실형 을 선고받았다. 김남주는 자신이 남민전과 인연을 맺게 된 이유에 대해 다음과 같이 말했다.

"내가 '남민전'에 들어가게 된 동기도 이런저런 책에서 얻은 지식 탓 이었어요. 특히 체르니셰프스키의 『무엇을 할 것인가』, 『레닌의 생애』, 스위즈·휴버만 공저인 『쿠바혁명의 해부』 등의 탓이 컸을 거예요. 한 마디로 말해서 '혁명적 조직 없이는 혁명의 성공은 없다'는 명제를 내 나름대로 가슴 깊이 새겼기 때문일 거예요. '남민전'에 내가 가입한 또 하나의 동기는 내가 세운 다음과 같은 명제를 실천하기 위해서였어요. '해방투쟁의 과정에서는 많은 사람이 죽어 갈 것이다. 수천, 수만 명이

---

88) 박몽구, 『화려한 식민지: 시인 박몽구의 세태추적기』(도서출판 눈, 1989), 27쪽.

죽어 갈 것이다. 그리하여 그 수만, 수십만 명의 죽음이 해방의 새날을 가져올 것입니다"[89]

김남주는 1988년 12월 21일, 투옥된 지 9년 3개월 만에 형 집행정지로 석방되었다가 1994년 2월 13일 췌장암으로 투병중 사망하였다.

이 남민전 사건 연루자들 가운데 지금 활동하고 있는 대표적인 인물로는 '빠리의 택시운전사' 홍세화를 들 수 있다. 1947년 서울에서 태어나 경기중·고를 졸업한 후 1966년에 서울대 금속공학과에 입학했으나 이듬해 그만 두고 1969년에 서울대 외교학과에 재입학했던 홍세화는 민주화운동으로 순탄치 않은 대학 생활을 하다가 1977년에서야 대학을 졸업했다.

졸업 후 무역회사에서 일하던 홍세화는 1978년 남민전에 가입해 삐라를 뿌리는 일을 맡았다. 그러다가 이듬해 3월 자신이 다니던 무역회사의 프랑스 지사로 파견되었다. 그 후 10월 한국 신문들이 굵은 글씨로 공개한 이른바 '대남적화테러단'의 명단에 홍세화의 이름이 들어갔고, 홍세화는 그때부터 한국에 돌아올 수 없는 망명객이 되었던 것이다.

남민전 사건은 무엇을 남겼나

남민전 사건은 박 정권 내부의 권력투쟁에도 적잖은 영향을 미쳤다. 이에 대해 한용원은 다음과 같이 말한다.

"김재규 중정부장이 충성경쟁에서 차지철 경호실장에게 뒤지게 된 결정적 계기는 남민전 사건에 있었다고 해도 과언은 아니었다. 남민전 사건은 성격상 중앙정보부가 적발해야 했음에도 정보부는 전혀 모르고 있는 가운데 경찰이 적발함으로써 김재규는 박 대통령의 신임을 잃게 된

---

89) 김남주, 『김남주 戀書: 편지』(이룸, 1999), 168-169쪽.

반면, 차지철은 이규광의 정보대를 활용, 정보를 수집하여 보고함으로써 대통령의 신임을 확고히 유지할 수 있었다.……유신체제는 청와대와 중앙정보부에 권력을 집중시킨 체제였고, 정보정치가 그 핵을 이루고 있었다. 이러한 상황에서 제도적으로 정보를 독점하여 절대적 권력을 행사한 중앙정보부가 긴급조치를 배경으로 점차 부패해짐으로써 반체제 세력의 성장에는 둔감해지게 되었다. 이는 절대권력의 구조적인 절대부패였을 뿐 아니라 정권안보 지주의 붕괴를 의미하는 것이었다."[90]

남민전 사건의 역사적 의의는 무엇일까? 일본 대학교수 가지무라 히데키는 1987년 1월에 발표한 〈한국 현대사에서의 남민전〉이라는 글에서 다음과 같이 말한다.

"종래의 공개적으로 느슨하게 활동한 운동단체와는 달리, 가입시의 엄격한 절차에서 보여지듯이 장기적인 변혁을 전망하면서 유신 강압체제에 견디어낼 수 있도록 오히려 고전적인 조직 원칙이 적용되고 있었던 것은 사실과 같다. 물론 탄압자들 가운데에는 운동 속에서 전부터 조직 멤버와 안면 관계가 있는 이유로 체포되어 있는 사람들이 상당히 포함되어 있기 때문에 피탄압자 모두가 반드시 조직멤버였다고 단정할 수는 없다.……하여간 '자생적 사회주의' 라는 형용사가 붙여지리만큼 한국운동사 안에서 유니크한 질을 가져왔던 운동, 즉 무명 인사들이 구상하고 있던 '남민전(준)' 은 유신체제의 단말마적 발악의 시기에 단 한번의 탄압으로 인해 갓 자라나기 시작한 새싹을 무참하게 짓밟아 버리듯이 조직으로서는 철저히 박살나 버린 듯하여, 과연 그 후에도 그 조직이 잔존하여 지하 활동을 계속해서 전개하고 있는지는 우리로서는 알 길이 없다. 그러나 '남민전(준)' 은 79년 후반, 80년 5월에 이르는 시기에 노골적인 집중탄압을 받아왔던 일련의 개별투쟁-YH 무역쟁의, 동원탄광쟁의, 청계피

90) 한용원, 「한국의 군부정치」(대왕사, 1993), 351-352쪽.

복노조 등-과 함께 80년대 민중운동의 전체상을 예고해 준 선구로서 그 역사적 의의를 갖고 있었다고 볼 수도 있겠다.”[91]

대구는 왜 보수적인 도시가 되었나

인혁당 사건으로 사형을 당한 8명은 대구 · 경북 지역에서 꾸준히 민주화운동을 했던 인사들이었다.[92] 남민전 사건도 그 인적 기반이 대구 지역에 치중되었다. 이 사건들에 대한 잔인한 탄압은 ‘영남, 특히 대구 · 경북의 영광’을 부르짖는 박 정권의 지역분열주의 정책과 맞물리면서 대구를 매우 보수적인 지역으로 만드는 큰 이유가 되었다. 이와 관련, 안병용은 다음과 같이 말한다.

“대구 지방은 근래 조심스럽게 새로운 평가가 이루어지고 있는 1946년의 ‘10월 민중항쟁’의 주무대였던 만큼 그 희생 또한 자못 심각했다. 그러나 대구 · 영남 지방은 한국전쟁 당시 북한에 의해 점령되지 않은 지역이었기 때문에 지하조직이 전면에 드러나 활동하지 않았고, 따라서 타점령 지역의 지하조직이 공개 노출되어 이후 혹독한 탄압을 받고 파괴되었던 데 비해 대구 · 영남 지방의 지하 저항 세력은 비교적 온전하게 보존되었다. 뿐만 아니라 이들 저항정치 세력에 호의적이었던 일부 자본가들도 큰 타격을 받지 않고 존재했던 것으로 보인다. 그리고 대구 지역은 이승만 정권 시절에도 섬유 도시로 개발되면서 도시 노동계급이 일찍 형성되고 인근 지역으로부터의 이농민과 빈민층이 운집하여 도시 하층민이 집중되었고 이들 계층은 4 · 19 이후 대구 지역의 대규모 대중집회와 대중동원의 동력으로 작용했다. 이상과 같은 대구 지역의 특수한 조건은

91) 가지무라 히데키, 〈한국 현대사에서의 남민전〉, 『피어 꽃이여 이름이여』(시와 사회사, 1994), 349-356쪽.
92) 맹찬영 · 이충원, 〈인혁당 사건의 재조명〉, 천주교인권위원회 엮음, 『사법살인: 1975년 4월의 학살』(학민사, 2001), 197쪽.

해방 직후 좌익운동과 민족운동이 공공연했던 시기의 민중운동과 4월혁명 이후의 운동이 상호 이질적으로 단절되지 않고 개인적 연관으로 이어져 내려온 사실을 설명해 줄 수 있을 것이다. 이 연관 속에서 역사적 경험의 계승도 이어졌다고 볼 수 있을 것이다. 이러한 조건으로 해서 대구 지역은 제2차 인혁당 사건으로 8명이 사형당하고 지역운동이 큰 타격을 입기까지 지하 저항운동의 중요한 인적 기반으로 남아 있었다."[93]

93) 안병용, 〈남민전: 유신 말기 대표적 '반독재·반제' 지하투쟁조직에 대한 본격 조명〉, 「역사비평」, 제10호 (1990년 가을), 251쪽.

부산과 마산에서 무슨 일이 벌어졌나

경제에 손을 든 박정희

박 정권은 1979년 들어 '성장'과 '안정' 사이에서 갈팡질팡하면서 불안한 모습을 보이기 시작했다. 무조건 한 방향을 향해 밀어붙이기만 하는 개발독재 성장주의의 부작용과 폐해가 극에 이르렀기 때문에 이는 단호한 의지나 군사작전식 대응으로 해결할 수 있는 문제가 아니었다. 천하의 박정희도 당혹해하면서 심약한 모습을 보였다는 증언들이 있다. 그는 측근에게 다음과 같이 말했다는 것이다.

"우리 나라 경제는 개발도상국 가운데 가장 모범적으로 잘 해 나가고 있는 것으로 세계가 인정하고 있지 않느냐? 그런데 이 경제가 잘못되어 경제정책을 새로 고쳐야 한다니, 나는 도대체 무슨 이야기인지 못 알아 듣겠다."[94]

---

94) 주태산, 『경제 못살리면 감방간대이: 한국의 경제부총리, 그 인물과 정책』(중앙 M&B, 1998), 149쪽에서 재인용.

뭐가 어떻게 돌아가는 건지 도무지 이해할 수 없었던 박정희는 그 해 2월 진해 해군사관학교 졸업식에 참석한 뒤 느닷없이 창원공단을 방문했다. "중화학공업이 중복 투자로 문제가 많다"라는 지적을 확인하기 위해서였다. 그는 현장에서 그 사실을 확인하고, 이른바 4·17 조치를 발표케 하였다. 경제안정화 전략이었다. 그 날 박정희는 측근에게 "이제 경제 문제에 대해서는 자신이 없어"라고 토로했다고 한다.[95] 박정희는 이제 더 이상 군사작전식으로 안 되는 경제에 손을 들게 된 것이다. 그러나 문제는 박정희가 생각했던 것보다 훨씬 더 심각했다.

박정희의 해결 능력을 넘어선 위기

정상호는 "1978년부터 불거져 나오기 시작한 경제위기는 박 정권의 해결 능력을 넘어선 것이었다"라며 다음과 같이 말한다.

"당시 박정희 정권은 태생적 한계인 정당성의 부재를 보완하기 위해 성장과 수치의 경제에 포박당해 있었다. 박정희 정권에게 있어 물량 위주의 성장정책에서 안정화 기조로의 전환은 단순히 관련 장관의 교체로 가능한 일이 아니었다. 그것은 유신 선포의 중요한 배경이 되었던 중화학공업 정책의 전반적 실패를 자인하는 것일 뿐만 아니라 유신 정권의 물적 토대였던 독점자본의 이해와 정면으로 상충되는 것이었다."[96]

이어 정상호는 "1979년에 이르러 박 정권이 상황을 돌파하기 위해 쓸 수 있는 가용 자원은 바닥이 난 상태였다"라며 다음과 같이 말한다.

"전가의 보도로 사용하여 온 긴급조치는 9호까지 발동하여 더 이상 강도를 높일 수 없던 상태였고, 자본의 이해를 거스르기에는 정경유착의

---

95) 주태산, 『경제 못살리면 감방간대이: 한국의 경제부총리, 그 인물과 정책』(중앙 M&B, 1998), 149쪽.
96) 정상호, 〈박정희 신드롬의 정치적 기원과 그 실상〉, 한국정치연구회 편, 『박정희를 넘어서: 박정희와 그 시대에 대한 비판적 연구』(푸른숲, 1998), 94쪽.

골이 너무 깊었다. 남아 있는 또다른 방법은 소득 불균형의 확대를 무릅
쓰고라도 이미 파산선고를 당한 기존의 정책을 밀어붙이는 것이었다. 그
러나 그러기에 유신의 정점이었던 박정희는 판단력과 결단력에 있어 너
무 노쇠하여 있었고, 정치민주화와 공정한 분배를 외치면서 막 형성되기
시작한 야당과 재야의 저항은 너무 거세었다. 그렇다고 경제회생을 명분
으로 국민들의 희생을 설득해내기에는 박 정권의 지지 기반이 너무 협소
해진 상태였다."[97]

박정희의 통제를 벗어난 대자본

그렇다고 박정희가 독한 마음먹고 정경유착의 굴레를 벗어난다 해도
대자본을 설득할 능력이 있었던 것도 아니었다. 재벌들은 자신의 주도하
에 키운 것이었지만, 그건 이미 박정희의 품을 벗어나 버린 공룡이 되어
있었던 것이다.

임혁백은 "중화학공업은 수출 산업으로 육성되었기 때문에 국가는 국
내 시장의 규모에 제약받지 않고 세계 시장을 겨냥한 대규모 공장을 건
설하도록 대자본가들의 투자를 유도하였다"라는 점을 지적하면서 다음
과 같이 말한다.

"중화학 투자에 수반되는 위험 부담을 국가가 대신해 줄 것이라고 믿
은 대자본가들이 예상 수익률을 고려하지 않고 경쟁적으로 중화학 부문
에 대한 과잉 중복투자한 결과 그 당시까지 국제적 비교우위를 확보하고
있던 노동집약적 경공업 수출 산업에 대한 투자기금이 고갈되었고, 중화
학 부문 노동자들의 높은 임금 상승은 경공업 수출 산업에서의 노동력

---

97) 정상호, 〈박정희 신드롬의 정치적 기원과 그 실상〉, 한국정치연구회 편, 『박정희를 넘어서: 박정희와 그 시
대에 대한 비판적 연구』(푸른숲, 1998), 94~95쪽.

공급 부족을 심화시키고 인플레를 유발하였다. 해외 시장에서의 소비를 목적으로 한 중화학공업은……제2차 국제석유파동으로 인해 해외수요가 급감하게 되었을 때 과잉 생산의 위기를 맞게 되었으나, 이미 독점자본에 대해 구조적 자율성을 상실한 국가는 이에 효과적으로 대응하지 못했다. 경제위기를 해소하기 위해 국가는 중화학 부문에 대한 투자 축소 조정과 경제안정화 시책을 시행하려 했으나, 이미 제조업 분야에 대한 독점을 확보한 대자본가들의 반발로 중화학 투자조정은 실패하게 되고, 정치적 경제적으로 약한 집단—중소자본가, 봉급 생활자, 농민, 노동자—에게만 안정화의 비용을 부과할 수밖에 없게 되었고 이는 정권의 지지기반을 더욱 축소시키는 결과를 초래하였다. 1979년 대통령의 암살로 종결되는 유신체제의 몰락은 중화학공업화 과정에서 소외받고 있던 YH무역이라는 노동집약적 경공업 제품 수출업체의 노동자들의 저항에서 촉발되었다는 것은 우연이 아니다."[98]

'10 · 16 항쟁' 또는 '부마민주항쟁'

"학생들의 제반 활동을 간섭, 통제하기 위하여 중앙정보부 요원들이 자리를 지키고 있는 본부 상담실, 그 산하 기관으로 형사들이 상주하고 있는 각 대학 행정실, 가히 깡패집단이라 할 수 있는 수백 명에 달하는 형사기동대, 밤이나 낮이나 군홧발 소리 높게 억압의 폭력을 키우는 전투경찰대, 그리고 학내의 위화감을 더욱 조장시키는 푸른 모자의 행정직원……학도호국단……교수협의회……우리에게 남은 것은 맨주먹과 맨가슴뿐이다."[99]

---

98) 임혁백, 『시장 · 국가 · 민주주의: 한국민주화와 정치경제이론』(나남, 1994), 321-322쪽.
99) 서중석, 〈3선 개헌 반대, 민청학련투쟁, 반유신투쟁〉, 『역사비평』, 창간호(1988년 여름), 88쪽에서 재인용.

1979년 10월 19일에 나온 서울대의 한 학원민주화투쟁 유인물은 위와 같이 말하고 있다. 학원의 병영화가 얼마나 심각했는지 그 점을 잘 말해 주고 있다 하겠다. 박 정권은 전 사회의 병영화를 추진하긴 했지만 그래도 대학을 병영화의 특별 관리 대상으로 삼아 집중적인 노력을 기울였다. 그러나 어이 알았으랴. 일반 시민들도 대학생들처럼 들고 일어날 수 있다는 것을!

김영삼 제명 사건이 일어나자 10월 16일 오후 7시 5만여 명에 이르는 시위 인파가 부산 시청 앞과 광복동 일대 거리에서 시위를 벌였다. '유신철폐', '언론자유', '김영삼 총재 제명을 철회하라' 는 구호들이 터져 나왔다. 시위는 다음 날에도 계속되었고 17개 공공기관 건물이 습격당해 파손을 입었다.

10월 18일 새벽 0시를 기해 부산 일원에 비상계엄이 선포되었다. 그러나 시위는 18일 밤에도 계속되었고 마산에서도 18일 밤부터 시위가 발생했다. 10월 20일 마산·창원에 위수령이 발동되었다.[100] 그러나 사태는 이미 비상계엄이나 위수령 따위로 막을 수 있는 게 아니었다. 중앙정보부장 김재규는 부산에 계엄이 선포되고 나서 현지를 방문했다. 그는 후일 재판정에서 다음과 같이 말했다.

"제가 내려가기 전까지는 남민전이나 학생이 주축이 된 데모일 거라고 생각했는데 현지에서 보니까 그게 아닙니다. 160명을 연행했는데 16명이 학생이고 나머지는 다 일반 시민입니다. 그리고 데모 양상을 보니까, 데모하는 사람들도 하는 사람들이지만 그들에게 주먹밥을 주고 또 사이다나 콜라를 갖다 주고 경찰에 밀리면 자기 집에 숨겨 주고 하는 것이 데모하는 사람과 시민들이 완전히 의기투합한 사태입니다. 주로 그 사람들의 구호를 보니까, 체제에 대한 반대, 조세에 대한 저항, 정부에

---

100) 김영삼, 『김영삼 회고록: 민주주의를 위한 나의 투쟁 2』(백산서당, 2000), 162-163쪽.

1979년 계속되는 소요에 10월 18일 0시를 기해 박정희 정권은 계엄을 선포했다.

대한 불신 이런 것이 작용해서, 경찰서 11개를 불질러 버리고, 경찰 차량을 10여 대 파괴하고 불지르고, 이런 사태가 벌어졌습니다."[101]

　당시 경호실장 차지철은 부마사태에 대한 대응책으로 "신민당이 됐건, 학생이 됐건 탱크로 밀어 캄보디아에서처럼 2, 3백만 명만 죽이면 조용해집니다"라고 주장했지만,[102] 차지철 자신이 죽는 게 훨씬 더 빠른 해결책이라는 건 생각하지 못했던 것 같다.

101) 김재홍, 『운명의 술 시바스: 박정희 살해 사건 비공개 진술 전 녹음 최초 정리 상(上)』(동아일보사, 1994), 153-154쪽.
102) 김교식, 『다큐멘터리 박정희 4』(평민사, 1990), 61쪽.

항쟁의 뇌관을 건드린 경제

부마민주항쟁은 박정희 18년 독재에 대한 염증이 잠재된 원동력으로 머무르고 있는 가운데 부산이 낳은 민주투사 김영삼에 대한 박 정권의 가혹한 보복과 경제적 문제 등이 그 원동력의 뇌관을 건드림으로써 터진 사건으로 볼 수 있을 것이다. 당시 부산에서 활동하면서 부마민주항쟁에 대해 가장 방대한 기록을 남긴 조갑제는 다음과 같이 말한다.

"부마사태의 중요한 요인으로 지적된 것이 부가가치세 등 세금의 과중 징수였다. 부산 지역의 경우, 1979년에 시민들이 낸 세금은 약 3,880억 원으로서 1978년보다도 무려 32퍼센트가 늘어났다. 이 세금과중은 보수적인 부산 중심지 상인들까지도 반정부 쪽으로 돌려놓아 부산사태의 확산이 이루어지는 계기가 되었다."[103]

부마사태 이후 터진 10·26 사건의 원인도 바로 경제에 있었다고 보는 사람들이 많다. 이에 대해 주태산은 다음과 같이 말한다.

"10·26이 터진 후에야 경제장관들은 자신들이 추구했던 성장위주 정책의 폐해가 10·26의 주된 원인 중 하나였음을 시인하게 됐다. 국가 자원의 편중지원(중화학공업 우선 정책)으로 인한 산업간 불균형, 고물가, 국제수지 적자, 계층간 빈부의 차, 물자 부족, 부동산 폭등 등 경제정책 실패가 민주화운동의 밑바닥에는 상당 부분 깔려 있음을 뒤늦게 자인한 것이다. 당시 부총리 자문역이던 김기환 박사는 훗날 한 인터뷰에서, '10·26 사태는 3공 정권의 경제적 실패가 빚어낸, 역사적으로 필연성을 띤 사건이었다. 특히 10·26의 도화선이 된 부마사태는 박 정권하 경제정책의 한계에서 비롯된 것이다'고 지적한 바 있다. 중화학공업에 치중하다 보니 1975-1977년 섬유산업에 대한 은행 대출이 전체의 40%에

---

103) 조갑제, 『유고! ①』(한길사, 1987), 105쪽.

서 절반으로 줄고 말았는데, 그 결과 노동집약적인 중소기업들이 몰려 있던 부산과 마산 지역에서부터 반정부 시위가 터졌다는 것이다."[104]

'새로운 힘의 센터'의 등장

외국이 보는 시각은 어떤 것이었을까? 하나로 집약해 말할 수는 없겠지만, 10·26 사건 5일 전 『뉴욕타임스』의 기자 헨리 스터크스가 부마사태를 현지 취재해 송고한 〈새로운 번영이 뿌린 저항의 씨앗〉이라는 제목의 기사에서 다음과 같이 말한 걸 음미해보는 것도 좋겠다.

"한국은 어느 개발도상국가보다 높은 성장을 기록했다. 박정희는 일본의 선례에 자극받아 이 나라에 산업혁명을 가져다 주었으며, 영국이 150년이나 걸려 이룩한 일들을 15년 동안에 해내고 말았다. 하지만 아이러니컬하게도 이러한 성과는 박정희의 개인적 권위를 거의 허물어뜨리게 만들었다. 어느 외교관에 의하면 중앙정보부를 가지고 있는 이제까지의 막강한 권부와는 별개의 새로운 힘의 센터가 생겼다. 어느 성직자의 말을 빌리면 한국에 필요한 것은 체제와 반체제 쌍방에 공통의 자리를 만들어내는 일이라고 한다. 야당인 신민당과 김영삼 총재가 국회에서 뛰쳐나감으로써 지난 주 부산의 거리처럼 충돌의 위험성은 더욱 현실화하고 있다."[105]

---

104) 주태산, 『경제 못살리면 감방간대이: 한국의 경제부총리, 그 인물과 정책』(중앙 M&B, 1998), 153-154쪽.
105) 정진석, 『총성 없는 전선: 격동의 한·미·일 현대 외교 비사』(한국문원, 1999), 101쪽에서 재인용.

유신 정권의 심장을 쏘다

'야수의 심정으로 유신의 심장을 쏘았다'

'부마민주항쟁'이 일어난 지 열흘 후인 10월 26일 오후 6시 서울 종로구 궁정동 중앙정보부 안가에선 박정희, 비서실장 김계원, 중앙정보부장 김재규, 경호실장 차지철 등 4인과 2명의 여자(가수와 모델)가 참여한 만찬이 열렸다. 만찬이 무르익은 어느 시점에서 박정희가 말했다.

"브라운 장관이 오기 전에 김영삼이를 구속 기소하라고 했는데, 유혁인(정무 제1수석비서관)이가 말려서 그냥 두었더니 역시 좋지가 않아. 국방장관회의고 뭐고 볼 것 없이 법대로 하는데 뭐가 문제될 게 있어? 미국놈들은 법을 어겨도 처벌 안 하나?"[106]

차지철은 '신민당놈들'이 나오면 '전차로 싹 깔아뭉개겠'다고 큰소리쳤다. 이에 김재규는 "각하! 이 따위 버러지 같은 놈을 데리고 정치를 하

---

106) 천금성, 『10 · 26 12 · 12 광주사태』(길한문화사, 1988), 55쪽.

박정희의 죽음과 함께 막을 내린 유신체제.

니 올바로 되겠습니까?"라고 말하면서 권총을 꺼내 차지철을 쏘고 다음에 박정희를 쏘았다.[107] 박정희는 죽었다. 왜 죽였을까?

김재규는 사건 이후 "개인의 정분을 끊고 야수의 심정으로 유신의 심장을 쏘았다", "유신 이후 네 차례 박 대통령을 암살하려 했다", "자유의 물이 흐르는 강을 가로막고 있는 제방을 내가 제거했다"라는 등의 이유를 댔다.[108]

이정석은 김재규가 평소 그의 집무실에 '대의멸친(大義滅親, 대의를 위해서는 친분을 고려하지 말라)'이라는 족자를 걸어 두었다는 점과 김재

107) 한용원, 『한국의 군부정치』(대왕사, 1993), 354쪽.
108) 중앙일보 특별취재팀, 『실록 박정희』(중앙 M&B, 1998), 246쪽.

규와 박정희의 오랜 '형제적 의리 관계', 박정희의 정치 행각과 김재규의 인간성 등에 무게를 둔다. 즉, 김재규의 박정희 살해는 '대의멸친적 행동'으로 볼 수도 있다는 것이다.[109]

차지철과 김재규의 엽기적 경쟁 관계

그러나 달리 보는 시각도 있다. 그간 우선적으로 차지철과 김재규의 엽기적이라고 해도 좋을 정도로 기이한 경쟁 관계가 거론되어 왔다. 비서실장 김계원의 증언이다.

"차 실장과 김 부장은 무슨 중요 사안이 생기면 각하께 먼저 보고하려고 신경전을 벌였어요. 어찌 보면 교실에서 선생님을 향해 팔을 높이 쳐들고 '저요, 저요' 하는 식이었어요. 권력은 그렇게 치사한 일면이 있는 겁니다."[110]

김재규과 차지철의 파워게임에 대해 보안사령관 전두환은 후일 "우군(友軍) 싸움이 김일성이와의 싸움보다 더 심하다"라고 평가했다.[111] 이와 관련, 김계원의 책임을 묻는 시각도 있다. 비서실장으로서 마땅히 했어야 할 차지철과 김재규 사이의 갈등을 중재하지 못한 그의 책임도 있다는 시각이다. 이동원은 김계원에겐 애초부터 그런 능력이 없었다고 말한다.

"나와 연세대 동기였던 그는 '사람이 너무 좋다'란 평 때문에 중정부장에서 대만 대사로 밀려난 전력의 인물. 자연 국내 사정에 어두울 수밖에 없었던 그는 게다가 학창 시절부터 호인으로 소문난 탓에 매일 마주치는 차지철과 김재규의 트러블을 중재할 엄두도 못낸다. '육 여사를 잃

---

109) 이정석, 『분단과 반민주로 본 한국 정치 이야기 상(上)』(무당미디어, 1997), 360쪽.
110) 김진, 『청와대 비서실 1』(중앙일보사, 1992), 91쪽.
111) 김충식, 『정치공작사령부 남산의 부장들 2』(동아일보사, 1992), 295쪽.

은 박 대통령이 함께 술 마시기로는 최고의 인물.' 오죽하면 '술상무' 아
니 '술실장'으로 비쳤을까."[112]

그와 동시에 차지철의 평소 오만 방자한 태도도 같이 거론되곤 한다.
1979년 10월 초순 박정희가 주관하는 술자리에 낀 적이 있다는 영화배
우 김희갑은 다음과 같이 증언한다.

"박준규 (공화당) 의장이 '각하, 일본 노래를 해도 되겠습니까'라고 허
락을 구했어요. 그런데 박 대통령이 무어라고 대답하기도 전에 건너편에
앉아 있던 차지철 경호실장이 '해, 해'라고 말하는 거예요. 차 실장이 막
강한 거야 당시 세상이 다 알고 있었지만 그 정도로 나서댈 줄은 몰랐어
요. 정작 박 대통령은 잠자코 넘겨 버렸고……. 야 이거 위계질서가 말이
아니구나 하고 느꼈지요."[113]

김재규 비서였던 육사 출신 K의 증언이다.

"경호실장에게 전화를 걸면 반드시 그쪽에서 우리 어른(김재규)을 확
인, 기다리게 해놓고 차(車) 실장이 나중에 받게 했다. 나이로나 뭘로나
너무 억울한 일이었다. 어느 날 차 실장의 습성을 모르는 경호실의 육사
동기 이(李)가 받길래 미친 척하고 차 실장을 먼저 나오게 했다. 잠시 후
차 실장이 수화기 저쪽에 나오더니 어른(김재규)이 아닌 걸 알고는 철컥
끊어 버렸다. 이(李)는 정강이가 까이고 초죽음이 됐다고 한다. 차 실장
말년에 자기가 기다렸다가 받는 건 지구상에서 대통령 각하 인터폰 하나
였다."[114]

112) 이동원, 『대통령을 그리며』(고려원, 1992), 333쪽.
113) 노재현, 〈영화·TV 드라마 '팔도강산' 3공 홍보용 "톡톡"〉, 『중앙일보』, 1992년 8월 8일, 25면에서 재인
용.
114) 김충식, 『정치공작사령부 남산의 부장들 2』(동아일보사, 1992), 300쪽.

계획적인가, 우발적인가?

이와 같은 정황에 근거하여, 이동원은 김재규의 '욱' 하는 성격에 무게를 둔다. 대령 시절 참모총장이었던 송요찬 앞에서 브리핑을 하다가 심하게 야단을 맞자 "에이 씨……, 그럼 옷 벗으면 될 게 아냐" 하면서 문까지 발로 차며 나가 버린 일이 있었다는 것이다.[115]

김재규의 '우발적 폭발성'에 대한 증언은 또 있다. 중앙정보부 차장보 윤일균과 박정희의 대미(對美) 로비스트 김한조의 일치된 증언이다. 앞서도 말했듯이, 1977년 1월 14일 김재규는 궁정동 안가에서 김한조를 만났다. 김재규는 박정희의 지시를 받아 김한조에게 로비자금 40만 달러를 건네주면서 그 사용처를 물었다. 김한조는 정보부한테도 말하지 말라는 박정희의 명령에 따라 대답을 회피했는데, 김재규는 "뭐야, 정보부장을 우습게 알아?"라고 외치면서 권총을 빼든 일이 있었다.[116]

이동원은 "김재규의 경우는 우발적인 일에 혁명의 가면을 씌운 대표적인 예"라고 주장한다.[117] 그러나 우발적인 일이라고 보기엔 엉성했을망정 김재규가 자신의 부하들에게 미리 지시를 내리고 육군참모총장 정승화를 근처에 미리 초청해 두는 등 사전 준비를 꽤 많이 했다는 건 어떻게 설명할 수 있을까?

중앙정보부의 어느 국장 말마따나, "김재규의 시해 사건은 계획적이라고 보기엔 너무 엉터리이고 우발적이라고 보기엔 너무 치밀"한 것이었다.[118]

---

115) 이동원, 『대통령을 그리며』(고려원, 1992), 334쪽.
116) 김충식, 『정치공작사령부 남산의 부장들 2』(동아일보사, 1992), 268쪽; 김한조, 『코리아게이트: 로비스트 김한조 최초 고백 1』(열림원, 1995), 276-278쪽.
117) 이동원, 위의 책, 344쪽.
118) 김충식, 위의 책, 341쪽.

보안사에 넘어간 정국 주도권

김재규는 10월 27일 0시 20분경 체포되었다. 그는 처음엔 남산 정보부로 가려다가 정승화와 함께 육군본부가 있는 용산으로 갔다. 국방장관실의 국무회의 도중 비서실장 김계원이 정승화에게 김재규의 범행을 알렸고, 정승화가 보안사령관 전두환과 헌병감 김진기에게 체포를 지시한 것이다.

김재규는 보안사 분실이 있는 서빙고로 끌려가 수사관에게 주먹으로 얼굴을 맞고 쓰러지는 등 가혹 행위를 당했다. 김재규에게 어떤 '계획'이 있었는지 그걸 알기 위해서였다. 나중에 그의 사진이 공개되었을 때 눈자위의 피멍은 바로 그때 생긴 상처였다.[119]

물론 김재규에겐 살해 계획만 있었을 뿐, 이후 어떻게 하겠다는 계획이 없었다. 비상국무회의는 10월 27일 새벽 4시를 기해 제주도를 제외한 부분 비상계엄을 선포하고 계엄사령관에 육군참모총장 정승화를 임명했다.

그러나 실세는 정승화가 아니었다. 10월 27일 중앙정보부는 보안사에 완전히 접수당했고, 중앙정보부의 부서장급 20여 명은 온갖 수모를 당해야만 했다. 절대권력 박정희가 사라진 공간에서 주도권이 중앙정보부에서 보안사로 넘어간 것이었다. 한국 군부의 노른자위를 점령하고 있는 하나회의 우두머리인 보안사령관 전두환은 박정희 살해 사건을 수사하는 합동수사본부장을 맡아 이후 정국을 주도하게 되었다.

11월 3일 박정희의 국장(國葬)이 치러졌고, 11월 6일 전두환이 TV 카메라 앞에서 수사 결과를 발표하였다. 민주공화당은 대통령의 서거로 공석이 된 총재를 선출하기 위한 작업에 들어가 11월 12일 당 고문 김종필을 만장일치로 선출했다.

---

119) 김충식, 『정치공작사령부 남산의 부장들 2』(동아일보사, 1992), 329쪽.

한국인 삶의 일부였던 박정희

10·26 후 일부 종교단체, 재야 인사, 대학생들은 김재규 구명운동을 전개하기도 했지만, 김재규는 1980년 5월 24일에 처형당하고 말았다. 김재규의 범행이 내란 목적 살인이 아니라 단순 살인이라는 소수 의견을 낸 대법원 판사 6명은 신군부의 보복으로 모두 법복을 벗어야 했고, 양병호의 경우엔 보안사에 끌려가 온갖 수모를 겪어야만 했다.[120]

김재규 일가의 시련은 김재규의 사형만으로 끝난 게 아니었다. 김재규의 동생 김항규와 부인 김영희는 엄청난 고문을 당했고 재산까지 다 빼앗겼다. '3족을 멸한다'는 말이 나올 정도로 주변 사람들도 갖은 고초를 겪어야 했다.[121]

김재규 처형 후 '김재규는 의사(義士)'라는 주장을 하는 사람들이 꽤 많았고, 지금도 그 점에 대한 논란이 계속되고 있다. 김재규가 거사 21일 전에 이를 윤보선에게 알렸다는 증언이 나오기도 했다.[122]

또 괜히 해본 말인지 아닌지 알 수는 없으나 김재규의 "내 뒤에 미국이 있다"라는 주장으로 인해, 그리고 김재규의 미국과 친밀한 관계가 밝혀지면서 온갖 추측이 난무하기도 했다.[123] 후일 'CIA 박정희 암살공작'[124] 이라는 제목의 책이 나올 정도로 미국의 역할을 의심하는 시각은 일부 사람들에게나마 여전히 살아 있다. 그러나 박정희의 죽음과 관련하여 가장 중요한 건 역시 박정희가 한국인에게 과연 무엇이었는가 하는 점일

---

120) 이상호, 〈강제 사표 쓴 양병호 전 대법원 판사 10년 만에 처음 밝히는 김재규 재판의 진실〉, 『세계와 나』, 1991년 2월, 140-145쪽.
121) 오성현, 〈3족을 멸하다〉, 『비운의 장군 김재규』(낙원사, 1995), 198-204쪽.
122) 송영철, 〈윤 전 대통령 측근 이한두 씨의 역사를 위한 증언: 김재규, 윤보선에 박정희 암살 21일 전 알렸다〉, 『일요신문』, 1996년 1월 21일, 2-3면.
123) 신기섭, 〈10대 의혹 사건 진실은 어디에·박정희 암살: 미, 김재규 통해 '정국안정' 꾀해〉, 『한겨레』, 1998년 8월 8일, 4면.
124) 기호열, 『CIA 박정희 암살공작』(청맥, 1996).

것이다. 역사학자 황병주는 다음과 같이 말한다.

"1979년 중학교 1학년이었던 나는 박정희의 죽음을 상당한 충격으로 맞이했다. 그것은 어떤 상실감 같은 것이었다. 그만큼 박정희가 나의 내면 세계의 커다란 부분으로 자리잡고 있었기 때문이 아니었는가 지금 생각해본다. 그때 그는 나의 삶의 일부였던 것 같다."[125]

---

125) 황병주, 〈민중, 희생자인가 공범자인가: 박정희 시대의 국가와 '민중'〉, 『당대비평』, 제12호(2000년 가을), 27쪽.

박정희의 엽색 행각

손찌검까지 동원된 육박전

많은 사람들이 박 정권하의 정치를 가리켜 '요정 정치'라고 한다. 모든 중요한 논의와 거래와 음모가 요정이라는 밀실에서 행해졌다는 뜻에서다. 그러나 그 실상은 '매매춘 정치'였다고 해도 과언이 아니다. '매매춘 정치'는 매매춘의 문제만으로 끝나지 않는다. 인간에 대한 존중심 결여라고 하는 점에서 민주화 인사들에 대한 탄압과 모진 고문과도 통하는 게 있지 않을까? 호기심이나 재미가 아니라, 그런 진지한 문제의식을 갖고 박정희의 엽색 행각을 살펴보기로 하자.

앞서 이야기한 바와 같이, 박정희의 매매춘 행위 또는 엽색 행각은 육영수 생전에도 왕성했다. 박정희는 경호원 1명만 대동하고 나가는 '심야 단독행사'도 자주 즐겼다.[126] 이름만 대면 누구나 다 아는 박정희 일가 중

---

126) 손광식, 『한국의 이너서클: 대기자 취재파일』(중심, 2002), 213쪽.

한 인사는 다음과 같이 증언했다.

"박 대통령은 궁정동 안가를 만들기 전에는 위장 번호를 단 승용차로 밤나들이를 하곤 했다. 당시에는 박종규만이 야행 시간과 장소를 아는 '천기'에 속했다. 육 여사는 별도의 정보망으로 야행을 감시, 꼬투리가 잡히면 박 경호실장에게 따지고 심한 부부싸움을 하곤 했다. 그러나 모두가 못 본 체 모른 체하고 넘어갈 수밖에 없는 일이었다. 박 대통령은 스태미나가 절륜했고 상대는 두세 차례 만난 뒤 꼭 바꾸었다. 그래서 교유 여배우 숫자가 많아지고 소문은 꼬리를 물고……."[127]

한번은 육영수가 '현장'을 덮친 적도 있다고 한다.

"1970년대 초반 인기 절정의 모 여배우를 박 대통령이 청와대 인근의 한 기업체 사장집에서 몰래 만난다는 정보가 육 여사 귀에 들어갔다. 당장 그 집을 찾아간 육 여사는 방문 앞에서 '나예요, 문 열어요' 하고는 박 대통령과 맞부딪친 적도 있다. 이 상황에서 체면 없기는 두 사람 다 마찬가지였다."[128]

박정희의 엽색 행각 때문에 육박전(육영수-박정희 부부싸움)이 자주 벌어졌다. 70년대 언젠간 육영수의 얼굴에 멍이 든 것이 청와대 출입기자들의 눈에 포착되어 박정희의 손찌검이 세인의 입에 오르내린 적도 있었다. 육영수가 당시 경호실장 박종규가 문제라고 결론 내리고 사정담당 수석비서관 홍종철을 시켜 박종규의 비리를 캐내 자르려는 시도까지 한 적이 있었다. 박종규가 그걸 알고 엽총을 들고 홍종철을 죽이겠다고 설쳐대는 바람에 그걸로 끝나 버렸고, 그 뒤론 박정희에게 여자를 공급하는 일을 경호실이 아닌 중앙정보부가 맡게 되었다는 것이다.[129]

127) 김충식, 『정치공작사령부 남산의 부장들 1』(동아일보사, 1992), 191-192쪽.
128) 중앙일보 특별취재팀, 『실록 박정희』(중앙 M&B, 1998), 297쪽.
129) 김재홍, 〈비화 10·26 사건 이후 19년 만의 최초 전면 공개: '채홍사' 박선호 군법회의 증언 녹취록·대통령 박정희의 '대행사', '소행사'〉, 『신동아』, 1998년 11월, 307-308쪽.

깊은 밤 'H아파트'에 대통령이 나타난다

그러나 박정희에겐 그래도 부부싸움을 하던 그때가 좋았을 것이다. 박정희의 엽색 행각은 육영수의 사후엔 더욱 대담해졌다. 박정희의 서울 압구정동 H아파트 출입 염문이 귀에서 귀로 번진 것은 70년대 후반이었는데, 이런 일이 있었다고 한다.

'H아파트에 사는 배우 J양을 만나기 위해 깊은 밤 대통령이 나타난다', '그분의 여염집 나들이 때는 잠시 X동의 전깃불이 나간다', 'K 여고를 나온 재벌집 며느리가 목검담을 퍼뜨리다 혼쭐이 났다'는 소문들이 꼬리를 물었다. 이 귀를 의심할 만한 소문들이 대체로 사실로 확인된 것은 81년께 서울 민사지법에서였다.

현직 법관 H씨의 얘기.

"81년경 기이한 민사소송이 들어왔다. 그 아파트 6동엔가 사는 한 주부가 경찰관을 상대로 갈취당한 돈에 대한 반환 청구소송을 낸 것이었다. 그 주부는 승강기에서 대통령을 목격했고 즉각 경호원들로부터 발설하지 말라는 경고를 들었다. 그런데 참지 못하고 동네 주부들에게 귀엣말을 해 이 사실이 한 경찰관의 귀에 들어갔다. 문제의 경관은 발설한 아주머니를 유언비어 사범으로 입건하지 않고 눈감아 준다는 조건으로 돈을 갈취했다. 상당 기간 뜯어낸 액수가 1000만 원도 넘었던 것으로 기억된다. 대통령이 죽고 세상이 바뀌자 주부는 분한 생각에……."[130]

박정희가 지방 순시를 한다고 그걸 거르는 것도 아니었다. 70년대 후

---

130) 김충식, 『정치공작사령부 남산의 부장들 1』(동아일보사, 1992), 231쪽.

___한국 현대사 산책 · 1970년대편 ③

반의 한 사례를 보자.

"김용태 의원이 대통령과 함께 포철에 들렀다가 숙소인 울산 현대중 공업 영빈관에 도착했을 때 일행은 젊은 아가씨들의 영접을 받았다. 서울의 유명한 요정에 있던 아가씨들이 단체로 출장온 것이다."[131]

사흘에 한 번씩 연예인 1백 명 섭렵

10 · 26 사건을 수사한 합동수사본부 수사 제1국장 백동림은 박정희에 대한 김재규의 불만과 비판이 마침내 미움으로까지 증폭된 데는 박정희의 복잡한 여자 관계도 작용하였다면서 다음과 같이 말한다.

"김재규는 박 대통령의 여자 관계가 지나칠 정도로 난잡하다고 여러 차례 불평을 했답니다. 10 · 26 사건을 수사하면서 대통령의 여자 관계 수사를 했는데, 대상이 너무 광범위하여 중간에 그만두었습니다."[132]

도대체 어느 정도였길래 그랬던 걸까?

10 · 26 사건의 현장이었던 궁정동 안가와 같은 대통령 전용 '관립(官立) 요정'은 모두 5곳이나 있었다. 중앙정보부 의전과장 박선호는 박정희를 위한 '채홍사(採紅使)' 역할을 맡았는데, 그의 증언에 따르면 그런 음탕한 술자리를 한 달에 10여 차례나 열었으며 궁정동 안가를 다녀간 연예인만 해도 1백 명이나 되었다고 한다. 경호실장 차지철도 '채홍사' 역할을 맡았는데 그가 TV를 보다가 지명한 경우가 30%쯤 되었다고 한다.[133] 그래서 "저기 걸린 달력에 나온 미녀 모두가 안가를 다녀갔다"[134] 라는 박선호의 말이 나오게 된 것이다. 박세길의 말마따나, 그건 '패륜의 극치'였다고 봐야 하지 않을까?[135]

---

131) 중앙일보 특별취재팀, 『실록 박정희』(중앙 M&B, 1998), 334쪽.
132) 이경남, 〈철혈 대통령 박정희 재평가〉, 『월간중앙』, 1992년 10월, 286쪽에서 재인용.
133) 김충식, 『정치공작사령부 남산의 부장들 1』(동아일보사, 1992), 227~229쪽.
134) 김충식, 위의 책, 232쪽.

차지철은 유별나다고 할 정도로 독실한 기독교 신자라 '채홍사' 일만큼은 중앙정보부에 떠넘겼고, 그래서 궁정동 안가를 경호 병력으로 장악하지 못했기 때문에 10 · 26 사건도 일어나게 된 것이라는 주장도 있다.[136]

그러나 '채홍사' 일이 중앙정보부로 넘어간 건 박종규 때였거니와 차지철은 박선호가 데려오는 여자들에 대해 미인이 아니라거나 품위가 떨어진다는 등 품평을 하는 심사역을 도맡아 했다는 점을 감안하면 그런 주장은 설득력이 떨어진다. 김재홍은 다음과 같이 말한다.

"채홍사가 구해온 여자들은 먼저 경호실장 차지철이 심사했다. 차지철은 채홍사에게 '돈은 얼마든지 주더라도 좋은 여자를 구해 오라'고 투정을 부리곤 했다. 그래서 대통령의 채홍사란 중정 의전과장보다는 경호실장 차지철에게 붙여져야 할 이름이었다. 차지철의 심사에 이어 여인들은 술자리에 들어가기 전 경호실의 규칙에 따라 보안 서약과 함께 그 날의 접대법을 엄격하게 교육받았다."[137]

박정희 자신이 여자들을 직접 지명하기도 했다. 그가 영화나 TV를 보다가 맘에 든 배우나 가수의 이름을 대며 '한번 보고 싶다'고 그러면 즉시 불려왔다고 한다. 그리하여 수십 명의 일류 연예인들, '누구나 한번 듣기만 하면 입을 딱 벌릴 만한 TV 드라마와 은막의 스타들'이 궁정동 안가의 밤 연회에 왔다는 것이다.[138] 그러니 다음과 같은 일이 일어날 수밖에 없었던 게 아닐까.

"갑작스런 궁정동 연회의 차출 지시로 영화나 TV 프로 촬영 스케줄이 펑크나는 일도 종종 일어났다. 납득할 만한 설명 없이 연예계의 힘있는

135) 박세길, 〈인간 박정희, 변절과 권력욕의 화신〉, 『역사비평』, 제21호(1993년 여름), 166쪽.
136) 손광주, 〈10 · 26 총성 차지철 거동 미스터리〉, 『신동아』, 1995년 3월, 242-257쪽.
137) 김재홍, 〈비화 10 · 26 사건 이후 19년 만의 최초 전면 공개: '채홍사' 박선호 군법회의 증언 녹취록 · 대통령 박정희의 '대행사', '소행사'〉, 『신동아』, 1998년 11월, 307쪽.
138) 김재홍, 위의 글, 304-321쪽.

'협회'에서 무조건 출두하라는 연락이 가는 것이다. 이런 일로 한두 차례 곤욕을 치른 경험이 있는 연예계의 제작진 사이에서 소문이 나지 않을 수 없었다."[139]

박정희의 가학적 섹스관

김교식은 "모든 증언들이 일치하듯 박정희의 여자 관계는 가학적이고 철저하게 자기만족 위주였다"면서 그 이유를 다음과 같이 설명한다.

"그것은 심리학적으로 표현할 때 일종의 자아도취이며 불안으로부터의 탈출 심리에 준한 것이었다.……박정희는 자신이 이순신이나 세종대왕 같은 위대한 역사의 인물로 남기를 원했다. 그러나 장기집권과 독재를 통해 스스로 확인할 수 있었던 건 수많은 비판과 '독재자'라는 오명이었다. 그 오명이 박정희에게는 일종의 열등의식으로 전화됐고, 그 열등의식을 해소하는 방법으로 여자에 대한 철저한 유린과 정복이 동원됐던 것이다. 그가 말년에 특히 젊은 여자를 선호했던 것도 노쇠 현상에서 오는 열등감을 해소하려는 하나의 방편이었다."[140]

또다른 이유가 있었을 법하다. 박정희는 "일본 육사를 다녔고 그들의 군인 정신이 몸에 배어 있"어 섹스에 관한 한 자신에게나 부하에게나 매우 관대했"는데, 그건 박정희가 "사나이 세계에서 관능(官能)의 발산은 죄가 되지 않는다는 일본적인 섹스관"이 있었기 때문이었다.[141]

박정희의 국무총리를 지낸 정일권의 엽색 행각도 유명했는데, 박정희는 정일권의 그런 행각을 두고, "'그 사람 나이깨나 먹고서' 하면서도 유쾌한 표정을 감추지 못했다는 것이다."[142] 박정희는 "배꼽 아래 일은 남

139) 김재홍, 『박정희의 유산』(푸른숲, 1998), 26쪽.
140) 김교식, 『다큐멘터리 박정희 3』(평민사, 1990), 228쪽.
141) 김충식, 『정치공작사령부 남산의 부장들 1』(동아일보사, 1992), 226쪽.

자에게 허물이 되지 않는다는 식"의 사고 방식을 가진 사람이었다.[143] 그래서 박정희는 정치적으로 괘씸하게 생각하는 야당 지도자들에 대해선 온갖 '공작정치'를 마다하지 않으면서도 그들의 엽색 행각만큼은 너그럽게 봐주는 관용(?)을 베풀었다.

박정희의 정보담당관을 지낸 최세현은 박정희의 "여성관에 영향을 준 것으로는 기본적으로는 봉건적 가부장제"라며 다음과 같이 말한다.

"거기에다가 일본 무협소설의 무사도라는 것이 가미되었다. 일본 무사들은 거침없이 여자들을 정복하고도 아무런 죄악감을 느끼지 않는다. 박정희도 그 무사관의 영향으로 마구잡이로 여러 여자들과 복잡한 관계를 가지면서도 죄의식이나 양심의 가책 따위를 전혀 느끼지 않았을 것이다."[144]

박정희는 클린턴이 아니었다. 박정희의 엽색 행각은 여자 쪽에 자유로운 선택의 여지가 있는 그런 게임이 아니었다는 말이다. 박 정권 치하의 폭압을 조금이라도 이해한다면, 그의 엽색 행각은 '매매춘'이라기보다는 '강간'에 가까운 것이었다는 걸 이해할 것이다.

물론 박정희에게 접근하기 위해 애쓰는 여자들도 많았으며 박정희와 관계한 것을 과시하는 여자들도 있었다고 한다. 여가수 K는 음주 교통 위반으로 단속당하자 경찰에게 "야, 너 국모를 이렇게 할 수 있어?!"라고 호통을 쳤고,[145] 한번 '인연'을 맺은 후 스스로 '후처'가 되겠다고 나선 영화스타 C의 경우엔 그녀의 어머니가 중정 의전과장에게 "각하께서 우리 아이를 좋아하는데 당신들이 중간에서 차단해도 되는 거요?"라는 항의를 한 일도 있었다.[146] 또 박정희가 직접 지명한 스타들의 경우 반강제

142) 노가원, 『청와대 경호실: 군사 정권 30년 비사』(월간 말, 1994), 79쪽.
143) 〈인간 박정희의 사무라이식 정신구조: 박정희 전기작가 전 청와대 추서관 김종신 회고〉, 『옵서버』, 1991년 10월, 191쪽.
144) 김교식, 『다큐멘터리 박정희 3』(평민사, 1990), 226~227쪽에서 재인용.
145) 손광식, 『한국의 이너서클: 대기자 취재파일』(중심, 2002), 212쪽.

로 끌어오지만, 유부녀일 경우엔 본인이 거절하면 강요하지는 않는 민주적인(?) 면모도 보였다고 한다.[147] 그래서 우리는 '강간' 보다는 '화간(和姦)' 쪽에 더 무게를 두어야 하는 걸까?

사무라이를 꿈꾼 '대일본제국 최후의 군인'

박정희는 일본의 무사문화에 심취된 사무라이였다. 박정희는 유신 선포 한 달 전쯤 보안사령관 강창성을 부른 적이 있다.

"집무실에 들어갔더니 박 대통령은 일본군 장교 복장을 하고 있더라고요. 가죽장화에 점퍼 차림인데 말채찍을 들고 있었어요. 박 대통령은 가끔 이런 옷차림을 즐기곤 했지요. 만군(滿軍) 장교 시절이 생각났던 모양이에요. 다카키 마사오(박정희의 일본 이름) 소위로 정일권 중위와 함께 말 달리던 시절로 돌아가는 거죠. 그럴 때 보면 항상 기분이 좋은 것 같았어요."[148]

박정희의 기분을 좋게 만드는 건 일본군 복장 못지 않게 사무라이 영화였다. 편집증 수준이었다. 박정희의 정보담당관이었던 최세현은 박정희의 일본 사무라이 영화에 대한 편집증에 대해 다음과 같이 말한다.

"그는 일본에서 만들어지는 사무라이 영화는 거의 대부분 들여와서 보곤 했었다. 궁정동에 있는 독서실에도 일본 무협소설이 많았다. 대통령이 된 후에 읽게 된 도쿠가와 이에야스의 천하통일 스토리『대망』은 특히 그에게 많은 영향을 주었을 것이다. 그는 자신을 도쿠가와 이에야스와 동일시해서『대망』에 나오는 에피소드를 직접 생활에 적용시키거

---

146) 김재홍, 〈비화 10·26 사건 이후 19년 만의 최초 전면 공개: '채홍사' 박선호 군법회의 증언 녹취록·대통령 박정희의 '대행사', '소행사'〉,「신동아」, 1998년 11월, 312쪽.
147) 김재홍, 위의 글, 318쪽.
148) 김진,「청와대 비서실 1」(중앙일보사, 1992), 203쪽에서 재인용.

나 곧잘 비유를 들곤 했다.……그는……일이백 년 전을 배경으로 하는 일본 사무라이 영화에나 나오는 통치술을 그대로 우리 정치에 적용시켰다. 특히 일본식의 '요정 정치'는 한국 정치를 더욱 후퇴시키고 부패 속으로 끌어넣는 결과를 가져왔다."[149]

당시는 일본 영화를 수입할 수 없었던 때다. 그래서 일본에 파견되어 있던 중앙정보부 요원들이 외교 행낭편으로 청와대로 보내곤 했다. 한 중앙정보부 간부는 "일본에 근무할 때 사무라이 영화나 메이지유신 전후를 소재로 한 영화·TV 드라마는 거의 다 사 모아 고국에 보냈었다"라고 증언한다.[150] 한국에서 근무한 적이 있는 한 일본인 외교관은 자신의 저서에서 박정희의 죽음에 대해 "대일본제국 최후의 군인이 죽었다"라고 평했다.[151]

박정희는 '상징적인 히로뽕 판매자'

최근 박정희가 왕실을 복원하려 했다는 주장이 제기된 바 있다.[152] 서울교육대 교수 안천은 "박정희는 일본 왕이 지배한 식민지 시대에 성장했고, 더구나 왕에 충성을 맹세하는 일본 육사를 나왔다. 자연히 그의 사상적 저변에는 왕실에 대한 동경심 같은 것이 있었을 것이다"라고 말한다.[153]

그러나 박정희는 사실상 왕이었다. 그는 조선시대 왕보다 더 큰 권력을 누리다 죽었다. 군이 복원할 필요조차 없이 사실상의 왕실이 존재했던 것이다. 왕에게 청렴결백을 따지는 건 난센스다. 모든 국토와 신민(臣

---

149) 김교식, 『다큐멘터리 박정희 3』(평민사, 1990), 221-222쪽에서 재인용.
150) 노재현, 『청와대 비서실 2』(중앙일보사, 1993), 238쪽.
151) 김교식, 위의 책, 222쪽에서 재인용.
152) 원희복, 〈박정희 '왕실복원' 하려 했다〉, 『뉴스메이커』, 1995년 2월 16일, 62-63면.
153) 원희복, 위의 글, 63면에서 재인용.

民)이 다 자기 것인데 굳이 자기 주머니를 따로 챙겨야 할 이유가 어디에 있었겠는가. 아마 여자에 대해서도 그렇게 생각했을 것이다. 박정희는 유부녀도 꽤 섭렵하긴 했지만, 그래도 끝까지 거절하는 유부녀는 건드리지 않았다고 하니 자애로운 왕이었음이 틀림없다고 하겠다.

물론 아직도 박정희 예찬론자들이 있지만, 놀라운 건 그들이 박정희의 가공할 엽색 행각마저 마치 '옥의 티'나 되는 것처럼 가볍게 넘긴다는 사실일 것이다. 여기서 중요한 건 민주화 인사들에 대한 박 정권의 무자비한 인권유린도 그런 식으로 가볍게 넘긴다는 점일 것이다.

이런 지적에 대해 나올 수 있는 반론은 뻔하다. 그것은 박정희가 이루었다는 물질의 영광과 위대함을 상징하는 '한강의 기적'일 것이다. 하긴 그래서 김현이 죽기 전 그의 1988년 8월 2일자 일기에서 이렇게 말했을 게다.

"박정희가 권력을 잡은 이후부터, 단 하나의 담론이 모든 것의 우위에 있었다: 우리는 잘살아야 하고, 잘살 수 있다. 그러나 거기에는 전제가 붙는다. 물질적으로 잘산다는 것을, 그는, 그냥 잘산다고 표현한 것이다. 그러나 물질적으로 조금 부유해졌다고, 과연 잘사는 것일까? 그는 물질을 올리고, 정신·신앙·문화를 낮춘다. 정신적인 가치는 물질적 가치에 종속된다. 언제까지? 다 피폐해져서, 물질적 쾌락만 남을 때까지? 그는 상징적인 히로뽕 판매자였다!"[154]

---

154) 김현, 『행복한 책읽기: 김현의 일기 1986-1989』(문학과지성사, 1992), 167쪽.

박정희의 용인술과 부정부패

박정희의 이간술

이미 박정희의 용인술과 부정부패에 대해선 많이 이야기했지만, 여기선 종합적으로 논의해보자. 박정희는 군부쿠데타를 두려워해 군부를 관리하는 데에 많은 공을 들였다. 관리의 주요 수단은 돈과 사조직 육성이었다. 이는 이미 윤필용 사건에서 자세히 이야기한 바 있다.

그밖에도 박정희는 군의 정권 및 사회참여 문호도 크게 넓혔다. 장관과 국회의원 자리는 물론 각종 공기업 경영진에 군 출신을 대거 기용하였다. 3공화국 기간 중 군 출신 국회의원과 각료의 충원률은 각각 16%와 29.2%였으며, 유신 이후 4공화국 기간 중에도 이와 비슷했다(각각 16%와 27%).[155] 장성 출신뿐만 아니라 위관 및 영관급 군인들의 행정부 참여

---

155) 김호진, 『한국정치체제론』(박영사, 1993), 298-299쪽; 양병기, 〈한국정치에서의 민·군 관계의 전개와 성격〉, 한흥수 편, 『한국정치동태론』(오름, 1996), 421쪽에서 재인용.

의 기회도 제도적으로 보장했다. 1978년 국가공무원 1급의 23%와 2급의 18.5%가 군부 엘리트 출신이었다.[156)

정권 수뇌부 실세들은 어떻게 관리했을까? 이것 역시 이미 논의한 바 있지만, 더 자세히 살펴보기로 하자. 윤재걸은 박정희가 서로를 이간시켜 자신의 자리를 보전시켜 가는 술책을 썼다고 말한다.

"일찍이 외국의 한 저명 언론은 박정희 대통령의 이러한 술책을 가리켜 '펜타곤의 댄서'라고 부르기도 했었다. 펜타곤이란 5각형을 말하는데 여기서는 중정, 보안사, 경호실, 치안본부, 수경사(또는 비서실) 등 다섯 기둥의 정보기관을 이름이었다. 박 대통령은 이들 다섯 정보기관을 '분리와 지배'라는 정치술수의 기본 책략에 따라 적절히 활용하고 제어해 왔던 것이다. 그런데 그 같은 권력·정보기관의 하수인들이 5·16 이후 18년 세월이 지나다 보니 자신의 용인술을 벌써부터 눈치채고, 자신의 권세를 확장시키는 데만 혈안이 돼 있음을 그도 모르는 바가 아니었다. 그는 언제나 자기 손으로 자기 심복을 잘라내는 수법을 쓰지 않았다. 서로가 서로를 견제케 함으로써, 어느 한 인물이 자신을 넘볼 수 없도록 미연에 방지하는가 하면, 충성심을 앞세워 힘을 키우는 자는 다른 여타 측근들로 하여금 집중 공략케 하는 실마리를 제공, 끝내 그를 제거코야 마는 수법을 지금까지 몇 번째 거듭 써오고 있는 터였다."[157)

그러나 박정희의 그런 이간술은 너무 많이 써먹은 나머지 한계도 많이 드러냈다. 윤재걸은 다음과 같이 말한다.

"이 같은 술책에 진절머리가 난 김종필이 떠나갔고, 김형욱이 떠나갔으며, 윤필용 등이 당했던 것이다. 그러한 과정에서 차지철과 김재규도 기로에 서 있었다. 서로가 서로를 견제하면서 불안한 형국을 서로 먼저

156) 한용원, 「한국의 군부정치」(대왕사, 1993), 400쪽.
157) 윤재걸, 「청와대 밀명: 윤재걸 르포집」(한겨레, 1987), 47-48쪽.

빠져 나오기 위해 일면 충성, 일면 암투를 벌이고 있었던 것이다."[158]

박정희의 이간술에 대한 가장 드라마틱한 증언은 전두환의 것이다. 전두환은 대통령이 된 뒤에 다음과 같이 회고했다.

"79년 3월 보안사령관으로 가서 권력 주변을 보니 박 대통령 주변이 형편없어, 김(재규), 차(지철)의 정당 관계 암투가 있어 박 대통령이 상당히 위험한 것 같아, 두툼한 보고서를 만들었지. 그런데 박 대통령은 보고서 내면 상대방한테 그걸 주어버리는 성격이 있어요. 정치자금도 경호실장 신세를 너무 많이 지니까 정면으로는 말 못하고 보고서를 주어버리는 게지. 보고서 내면 낸 사람만 죽게 돼. 내 전임인 진종채 보안사령관이 가면서 나한테도 보고서 내지 말라고 그래. 내면 죽는다고……."[159]

박정희의 독심술과 두 얼굴

결정적인 한계를 드러내긴 했지만, 박정희의 그런 이간술은 말이 쉽지 아무나 쉽게 구사할 수 있는 건 아니었다. 이와 관련, 윤재걸은 박정희가 '천부적인 독심술(讀心術)'을 지니고 있었다는 점에 주목한다. 윤재걸의 다음과 같은 평가는 박정희가 죽기 직전에 박종규에게 직접 했다는 박종규의 재기용 언질을 거론하면서 내린 것이다.

"그는 지금까지 미궁에 빠진 채 국민들 사이에 회자되고 있는 '김대중 납치 사건', '장준하 의문의 죽음', '정인숙 여인 피살 사건', '코리아게이트'라 불리운 '박동선 사건' 등에 있어서 결코 자신과의 관련성을 찾아낼 수 없도록 주도 면밀한 '암시'와 '최면'으로 측근들을 사주, 그들의 충성심을 야기케 만드는 수법에 의존했다는 정황 증거가 곳곳에서 발견

---

158) 윤재걸, 『청와대 밀명: 윤재걸 르포집』(한겨레, 1987), 48쪽.
159) 김충식, 『정치공작사령부 남산의 부장들 2』(동아일보사, 1992), 314쪽.

되고 있다. 이후락 전 비서실장이 아직도 '자신은 박정희교(敎) 맹신도'라고 거침없이 말하는 것은 이 같은 분석과 맥을 같이 한다고 보겠다. 사실 박 대통령은 '교주(敎主)' 같은 측면이 강했던 인물이다."[160]

박정희는 '교주(敎主)' 같은 측면이 강했던 인물이었을 뿐만 아니라 때론 자신의 권력을 적나라하게 만끽하는 걸 즐기는 진짜 '황제 대통령'으로서의 면모도 있었다. 진해 해군함정에서 휴가중일 때 장관들에게 함상에 있는 철봉틀을 가리키며 턱걸이하라고 시키고 수석비서관에게 물구나무를 시키기도 했다. 당시 이걸 지켜본 기자 손광식은 "암흑가의 한 단면을 보는 느낌도 들었"다고 말하고 있다.[161]

'암흑가의 보스'를 방불케 하는 박정희의 그런 면모는 경호실장으로서 오만 방자한 전횡을 일삼았던 차지철 이전에 '피스톨 박'이라는 별명을 가졌던 경호실장 박종규의 14년 위세를 통해서도 충분히 드러났다고 보아야 할 것이다. 박종규에 대해 김충식은 다음과 같이 말한다.

"수틀리면 장관, 도지사도 정강이를 차기 일쑤였다. 실제로 육사 8기 혁명 주체로 문공장관도 지낸 홍종철은 박종규의 피스톨에 맞아 발목 관통상을 입기도 했다.……전북지사를 지낸 이춘성(작고)은 박 대통령 초도 순시 때 가스라이터 불을 켜올리다 불꽃 조절이 잘 안 됐다. 불꽃이 너무 커진 것이다. 그는 '각하를 흠칫 놀라게 했다'는 죄목으로 박종규 경호팀으로부터 흠씬 얻어맞았다. 한을 품은 이(李)는 나중에 박 대통령을 독대해서 경호실의 폭력성을 호소했다. 그러나 박 대통령은 씨익 웃으며 말했다. '나한테 한 대 맞은 것으로 치게.'……대통령의 목숨을 책임진다는 경호실의 힘은 그만큼 막강했다. 박 대통령 같은 철권통치 권위주의 지도자를 둘러싼 경호팀은 더욱이 그랬다. 그리고 무엇보다 박

160) 윤재걸, 『청와대 밀명: 윤재걸 르포집』(한겨레, 1987), 48-49쪽.
161) 손광식, 『한국의 이너서클: 대기자 취재파일』(중심, 2002), 208-209쪽.

대통령 자신이 폭력성이 가미된 피스톨 박(朴)과 경호실 풍토를 즐겼다."[162]

사실 박정희는 두 얼굴을 가진 인물이었다. 그는 폭력성이 가미된 정도가 아니라 폭력 그 자체라 할 자신의 정보기관들의 만행(蠻行)을 즐긴 인물이었다. 그는 그 만행을 자신이 갖고 있고 누리고 있거니와 사랑하고 숭배하는 권력이 실재하는 것인지 그걸 검증하는 불가피한 절차라고 보았다. 물론 그가 생각하는 방식의 '조국 근대화'를 위해서였다.

그러나 박정희에게는 동시에 더할 나위 없이 소박하고 겸손하고 자상한 면이 있었다. 부끄러움도 많이 타는 순진한 면까지 있었다. 재미있는 건 박정희의 그런 면모를 증언하는 인사들이 한결같이 각종 탄압과 고문(拷問)을 근간으로 삼는 '야수(野獸) 정치'와는 무관한 분야에서 박정희를 보필했던 인사들이라는 점이다. 그들은 오직 박정희의 그런 면만을 보면서 오늘도 박정희 예찬의 나팔을 불어대고 있는 것이다.

용인술과 부정부패는 동전의 양면

박정희의 용인술과 부정부패는 동전의 양면과 같은 것이었다. 박정희 사후 청와대 금고에서 쏟아져 나온 9억 5천여 만 원은 무엇을 의미하는가?[163] 밝혀지지 않은 채 넘어간, 돈이 든 또 하나의 금고엔 얼마나 많은 돈이 있었을지 그걸 누가 알겠는가?

박정희 옹호자들은 그 돈이 박정희 개인의 착복을 위한 게 아니라고 말한다. 물론이다. 박정희에겐 그럴 필요가 없었다. 죽을 때까지 영구집권이 보장된 왕이 개인 주머니를 차는 걸 본 적이 있는가?

---

162) 김충식, 「정치공작사령부 남산의 부장들 2」(동아일보사, 1992), 138-139쪽.
163) 김진, 「청와대 비서실 1」(중앙일보사, 1992), 260쪽.

그러나 박정희의 부정부패에 대한 오해는 그치질 않는다. 박정희가 청렴했다는 주장을 하는 사람들이 너무 많다. 물론이다. 박정희 개인에 겐 분명히 청교도적인 근검절약 정신이 충만했다. 그가 죽은 뒤 그의 수 세식 화장실 물통에서 발견된 벽돌을 보고 눈물을 흘린 청와대 직원들도 있었다.[164) 박정희의 그런 점은 인정해야 한다. 그러나 우리가 따지고자 하는 건 박정희 체제, 그것도 영구집권 체제다. 그 체제를 유지하기 위해 박정희가 오히려 부정부패를 장려했다면 믿을 수 있겠는가? 그러나 믿 어야 한다. 그건 명백한 사실이기 때문이다. 반론을 하려면, 이렇게 해야 할 것이다.

"박정희는 국가적 차원의 대대적인 부정부패를 저질렀을 뿐만 아니라 그게 구조화되고 고착되게끔 했지만, 그게 다 '조국 근대화'를 위한 불 가피한 수단이 아니었겠느냐."

한국의 대표적인 박정희 전문가라 할 수 있는 김재홍은 박정희 살해 사건을 수사하기 위해 청와대를 수색한 보안사 요원들이 청와대의 철제 금고에서 발견한 돈의 액수는 지금의 화폐 가치로 치면 수백억 원대가 된다며 다음과 같이 말한다.

"전(두환)씨는 법정 진술에서 수천억 원대의 비자금을 축재한 경위와 관련, '관행에 따른 것이었다'고 말했다. 그 관행이란 박정희 체제 때부 터 내려온 권력자들의 행태였다는 뜻일 것이다. 군인 정치인들의 부패상 은 전·노씨 때 갑자기 생긴 일이 아니며 박정희 시대에 이미 만연돼 있 었다. 박정희 정권 아래서 부패 독직이 없었다는 주장은 현실과 너무 동 떨어진다. (중략) 전·노씨는 퇴임 준비를 했다는 점에서 박씨와 다르다. 그 퇴임 준비 중 하나가 엄청난 비자금 축재였다. 박씨는 생전에 권좌에

---

164) 김두영, 〈가까이에서 본 인간 박정희: 전 대통령 부속실 비서관의 체험적 기록〉, 『월간조선』, 1990년 12 월, 435쪽.

서 퇴임하겠다는 생각을 해본 일이 없어 보인다. 그는 갑자기 피살됐기 때문에 퇴임 후의 대비를 못했다. 대통령직에서 물러난다는 생각을 안 했기 때문에 퇴임 후에 대비해 비자금을 모아 둘 필요가 없었을 것이다. 무엇보다도 32년간의 군인정치 체제는 저항, 불복종, 그리고 분열적인 정치문화를 남겼다. 이는 민주화와 국가발전에 필수적인 통합과 협력의 토양을 말살했으며 이것을 극복하는 것이 앞으로 한국민의 역사적 과제가 될 것이다."[165]

'한강의 기적'의 비용

박정희의 부정부패를 제대로 옹호하려면 이렇게 해야 한다. "후진국이나 개발도상국가에서 부정부패는 경제발전의 동력이다."

실제로 그렇게 주장하는 서양 학자들도 꽤 있는 만큼 이건 논의해볼 만한 주제임이 틀림없다. 그렇게 주장해야 제대로 된 논쟁이 된다. 그래야 이른바 '박정희 신드롬'에 빠진 많은 국민들도 박정희가 이루었다는 '한강의 기적'에 찬사를 보내다가도 모든 한국인의 모든 일상적 삶에 침투해 견고한 뿌리를 내리고 있는 부정부패에 대해 짜증을 내고 싶을 때 박정희에 대해 다시 한번 생각해보고 제대로 된 균형 감각을 유지할 수 있을 게 아닌가.

정치에 대해서도 마찬가지다. 민주주의 한답시고 저질러지는 한국 정치의 엄청난 타락상을 보면서, '민주주의의 비용'을 염려해 정치 자체를 무력화시킨 '한국적 민주주의'를 설파한 박정희를 그리워하는 사람들이 적지 않다. 그러나 그것도 엄청난 착각이다. 오늘날 한국 정치의 타락은 박정희가 이루었다는 '한강의 기적'의 비용이었기 때문이다. 이 논의를

---

165) 김재홍, 『박정희의 유산』(푸른숲, 1998), 201-203쪽.

위해 우선 재미 언론인 문명자의 다음과 같은 발언을 경청해보자.

> 이동훈은 프레이저 청문회 증언에서 "스위스 은행에 있는 돈을
> 비록 아버지(이후락)가 관리했지만, 그 돈은 아버지의 돈이 아니
> 고 박 대통령이 사용하기 위한 정부자금이었다"고 밝혔다. 또한
> 이동훈은 "나도 아버지의 일을 돕기 위해 일본 은행에 2백만 불을
> 예치했다"고 말했다. 도대체 왜 박정희는 이 같은 비밀 구좌가 필
> 요했던 것일까. 이동훈은 "박 대통령은 여당 인사들뿐 아니라 야
> 당 인사들에게도 돈을 주었다"고 했다. 코리아게이트에 대한 미국
> 행정부 보고서에는 "한국의 한 유력 기업가에 따르면 70년 당시,
> 거의 모든 야당 의원들이 박정희의 돈을 받고 있었다"고 기록되어
> 있어 이동훈의 증언을 뒷받침한다. 그는 또한 "70년대 초반 박 대
> 통령은 군부의 불복종에 대한 두려움 때문에 주요 군 지휘관들에
> 게도 상당한 자금과 혜택을 주었다"고 했다.[166]

그랬다. 앞서도 지적했지만, 박정희의 지시에 따라 중앙정보부는 야
당 의원들에게 돈을 주었고 심지어는 중앙정보부로 불러서 돈을 주었
다.[167] 야당 의원들은 그걸 정당한 수금(收金)이라고 생각했다. 박정희는
그게 다 '조국 근대화'를 위해 필요한 일이라고 보았다.

그렇게 하기 위해선 박정희에겐 막대한 정치자금이 필요했다. 모든
국가 및 민간 공사에서 10%씩 갈취하는 수법으로 돈을 마련했다. 유신
이후 그런 정치자금은 박정희가 직접 받은 거나 다름없었다. 비서실장
김정렴을 통해 돈을 받고 명단과 액수를 보고받는 방식이었다. 김정렴은

---

166) 문명자, 『내가 본 박정희와 김대중』(월간 말, 1999), 216쪽.
167) 중앙일보 특별취재팀, 『실록 박정희』(중앙 M&B, 1998), 327쪽.

이런 식의 정치자금 갈취 방식을 당당하게 생각하면서 계속 박정희의 청렴성을 부르짖고 있다.

'인간이란 어차피 다 이중 인격자야'

말이야 바른 말이지, 박정희가 돈 쓸 곳이 오죽 많았겠는가? 공화당, 유정회, 야당, 군부, 공직 퇴직자 등등 이루 헤아릴 수 없이 많았다. 돈 액수가 워낙 커 그 돈 받으면 나가 떨어지지 않는 사람이 드물었다. 언젠간 병을 앓고 있는 서울대 총장에게도 돈을 보냈는데, 그 총장이 병상에서 청와대를 향해 절을 하기까지 했다. 물론 돈 때문에 한 절은 아니었을 게다. 그 돈으로 상징되는 박정희의 마음에 감읍했을 것이다. 돈 받는 개개인은 그런 자세로 감읍했겠지만, 중요한 건 그런 식의 '감동 만들기'가 박정희의 주된 용인술이었고 그건 부정부패를 저질러야만 가능한 일이었다는 사실일 것이다.

박정희는 믿기지 않을 정도로 자상하고 꼼꼼한 사람이었다. 그는 나중엔 정치자금을 직접 관리하면서 큰 돈을 낸 20여 개 대기업은 반드시 국세청에 명단과 액수를 통보해 세금 감면 혜택을 받도록 했다.[168] 그건 사실상의 국고 탈취 행위였지만, 혜택을 본 사람들은 절대 그렇게 생각하지 않는다. 그들은 그게 다 '조국 근대화'를 위한 박정희의 청렴결백을 말해 주는 것이라고 입을 모은다.

박정희가 '조국 근대화'를 위한 필요악이라고 괴로워했던 것도 아니다. 그는 매우 긍정적인 사고 방식의 소유자였다. 자기 주머니 챙기기에 바쁜 정권 수뇌부의 부정부패에 대해서도 그는 무한한 관용을 베풀었다. 왜? 이게 바로 그들을 복종케 만들 수 있는 용인술이었기 때문이다. 5·

---

168) 김충식, 『정치공작사령부 남산의 부장들 2』(동아일보사, 1992), 145-146쪽.

16 쿠데타의 민간인 혁명 주체로 불리는 전 의원 김용태의 증언이다.

"박 대통령은 정치자금에 대해 '받고 싶어 받나 할 수 없으니까 받지'라는 반응을 보인 뒤 정치자금을 만지는 실력자들의 뒷돈 챙기기에 대해서는 '인간이란 어차피 다 이중 인격자야. 돈 챙기는 놈들, 내가 다 알지'라며 대수롭지 않게 넘겼다. 박 대통령은 정치자금을 '필요악'으로 받아들였고, HR(이후락)의 말처럼 '떡을 만지다 보면 떨어지는 떡고물'도 묵과했다는 얘기다."[169]

박정희는 측근 인사들이 엄청난 부정부패를 저질러도 자신에게 충성을 다하는 한 그것마저도 좋은 쪽으로 해석하는 기이한 권력 중독 증세를 보였다. 박정희와 가깝게 지낸 소설가 이병주는 언젠가 박정희가 이후락의 개인적 치부를 어떻게 생각하느냐는 질문을 하자 다음과 같이 답했다고 한다.

"아아 그 말씀입니까? 그런 말 듣긴 했습니다만 나는 각하를 위해서 한 일이라고만 생각했습니다. 앞으로 어떤 일이 닥칠지 모르니 그때를 위한 준비일 것이라고 짐작했을 뿐입니다. 만일 치부를 했다면 말입니다."

"이 주필, 좋은 말씀 하셨소. 나도 그리 알고 있소. 그런데 한 사람도 그렇게 말하지 않으니……."

이병주는 박정희가 그렇게 말하면서도 '얼굴을 폈다'고 말하고 있다.[170]

촌지 봉투 활용

박정희의 촌지 봉투 대량 살포는 어떻게 볼 것인가? 한없이 좋게 보자

---

169) 중앙일보 특별취재팀, 『실록 박정희』(중앙 M&B, 1998), 322쪽.
170) 이병주, 〈원로작가 이병주의 대통령들의 초상 3: 박정희와 이후락, 그 텔레파시의 관계〉, 『월간조선』, 1991년 8월, 484~485쪽.

면, 인정 미담(美談)으로 볼 수도 있는 일이었다. 그러나 그러한 '미담 만들기'가 대대적으로 저질러졌다는 것과 그 효과가 컸다는 건 분명한 사실이었다.

앞서 거론하긴 했지만, 박정희의 공보비서관이었던 선우연의 1971년 8월 28일자 기록을 다시 살펴보자. 선우연은 박정희의 촌지 봉투를 전달하기 위해 서울대병원을 찾았다.

"봉투를 전하자 말을 못하는 최 총장(전 서울대 총장)은 아들의 부축을 받고 일어나 앉아 청와대 쪽으로 몇 번씩이나 절을 하고 눈물을 글썽거렸다."[171]

박정희의 장기 집권을 반대해 군복을 벗고 대사로 나간 전 주월 한국군 사령관 채명신에게 어느 기자가 박정희에게 서운한 감정은 없느냐고 묻자 채명신은 다음과 같이 답했다.

"72년 말부터 80년까지 줄곧 해외 근무를 했는데, 박 대통령이 나한테는 참 잘해 주었어요. 아이들 학비에 보태라며 봉투도 자주 보내 박동진 외무장관이 '청와대에서 웬 봉투를 그리 많이 보내느냐'고 묻기도 했습니다."[172]

이 두 가지 경우는 봉투의 액수는 알 수 없으므로 논외로 하더라도, 이경남의 다음과 같은 전반적인 평가에 동의하지 않을 수 없다.

"국가원수로서 그늘진 구석의 불우한 사람이나 품위 유지가 소망스러운 사람들에게 '온정의 봉투'를 쥐어 주는 것은 있어 마땅한 일이다. 그러나 박 대통령의 촌지 봉투는 용인술의 한 수단으로서 마법처럼 활용되었으므로 부도덕한 매수 행위라는 지탄에서 면죄될 수 없는 일이다. 소위 대통령 하사금이니 격려금이니 하는 봉투들이 수백만 원·수천만 원

---

171) 〈집중연재 박정희 육성 증언: 선우연 공보비서관, 8년간의 육성 비망록 여섯 권, 역사적인 대공개!〉, 『월간조선』, 1993년 3월, 148쪽.
172) 김일동, 〈전 주월 한국군 사령관 채명신 증언 "장기 집권 반대하다 군복 벗었다"〉, 『신동아』, 1990년 3월, 287쪽.

씩 두터웠고 그것을 받아든 수혜자들은 눈물을 찔끔거리면서 감읍에 겨운 충성을 다짐하였으니, 그 자금의 출처는 어디였으며 예산 회계 범위 밖에서 자행되는 '돈질'을 어떻게 합리화할 수 있단 말인가."[173]

---

173) 이경남, 〈철혈 대통령 박정희 재평가〉, 『월간중앙』, 1992년 10월, 285쪽.

'YWCA 위장 결혼식'과
신군부의 '김대중 죽이기'

'거국중립내각구성'과 '조기 총선' 주장

1974년 10월에 결성된 민주회복국민회의는 그 후 한국인권운동협의
회와 민주주의국민연합 등을 거쳐 1979년 3월 1일 '민주주의와 민족통
일을 위한 국민연합'이라는 통합단체로 확대 개편되었다. 이 조직엔 공
동의장 윤보선·김대중·함석헌 이외에 문익환·고은·함세웅·박형
규·계훈제·이문영 등이 참여하였다.

오늘날의 재야운동권의 모태를 이룬 이 단체는 재야 중요 인사급인
26명을 중앙위원으로 망라하는 한편, 13개의 분야별 재야단체를 산하에
포진시키는 형식을 취함으로써 후일 재야운동권이 보여 주게 되는 수평
적 횡렬성과는 성격이 좀 다른 수직적 종렬성을 띠고 있었다. 당시의 주
요 단체명을 열거해보면 다음과 같다. 괄호 안은 대표자 이름이다.

천주교정의구현전국사제단(함세웅), 해직교수협의회(성내운), 민주주
의국민연합(함석헌), 민주헌정동지회(김종완), 정치범동지회(계훈제), 구

속자동지회(윤반웅), 양심범가족협의회(공덕귀), 한국인권운동협의회(함석헌), 민주청년협의회(이우회), 민주회복기독자회(박형규), 교회여성연합회(공덕귀), 백범사상연구소(백기완).[174]

이 단체들 가운데 민주청년협의회(민청)가 1979년 11월 24일 윤보선을 배후로 하여 한 가지 큰일을 주도했다. '민청' 은 긴급조치 위반으로 제적당한 대학생들을 중심으로 1978년 8월에 결성된 민주청년인권협의회가 1979년 3월 1일 '민주주의와 민족통일을 위한 국민연합' 이라는 통합단체에 편입되면서 '인권' 을 빼고 민주청년협의회로 이름을 바꾼 조직이었다.

무슨 큰일이었나? 11월 24일 YWCA 강당에서 결혼식을 위장하여 4백여 명의 민주 인사들이 모여 '통일주체국민회의에서의 대통령 보궐선거를 저지 시키기 위한 국민선언문' 을 발표하고 '거국중립내각구성' 과 '조기 총선' 을 주장하였던 것이다.[175]

사태의 급반전

YWCA 집회에 참석한 민주 인사들은 포고령 제1호 1항(불법 옥내외 집회금지) 위반으로 체포되었다. 긴급 출동한 '닭장차' 에 태워져 2백여 명이 중부경찰서로 연행되었다. 그러나 이때까지만 해도 "잡아가는 경찰들이나 잡혀가는 '하객' 들이나 모두 심각하게 여기지 않았다. 오히려 잡아가는 중부경찰서 쪽이 미안하고 마지못해 하는 듯한 기색이 역력했다."[176]

그럴 만도 했다. 11월 들어 '해빙 무드' 가 역력했기 때문이었다. 11월

174) 윤재걸, 『청와대 밀명: 윤재걸 르포집』(ᄒ 겨레, 1987), 60-61쪽; 역사학연구소, 『강좌 한국근현대사』(풀빛, 1995), 354쪽.
175) 김민호, 〈80년대 학생운동의 전개 과정〉, 『역사비평』, 창간호(1988년 여름), 96쪽.
176) 정병진, 『실록 청와대: 궁정동 총소리』(한국일보, 1992), 328쪽.

10일 대통령 권한대행 최규하는 특별 담화를 발표해 통일주체국민회의에서 대통령을 선출한다는 것과 되도록 빠른 시일 내의 개헌을 약속했다. 그리고 그 날부터 10 · 26 직전에 붙잡혀 아직 기소도 되지 않은 학생들을 조금씩 석방하기 시작했다. "한꺼번에 석방될 경우 뉴스를 타게 될 우려가 있다"라는 이유로 그랬다고 한다.[177] 또 11월 19일 계엄사는 계엄포고 제8호를 공고하여 휴교중에 있던 전국 대학들이 일제히 문을 열게 하였다. 그런 분위기에 힘입어 11월 22일 서울대에선 '조기 개헌'과 '조기 총선'을 요구하는 시위가 벌어졌다.

그러나 중부경찰서에 모셔진 '하객'들이 서빙고 보안사 분실로 끌려가면서 사태는 급반전되었다. 계엄사는 '하객'들이 상상도 못했던 가혹한 고문을 가하면서 이 사건을 '내란음모', '국가반역죄'로 몰아가기 시작했다.

신군부의 악랄한 고문

어떤 고문이 가해졌던가?

"백기완의 경우는 극심한 기억상실증과 조그만 금속성 소리에도 깜짝깜짝 놀라는 정신착란증과 특히 협심증 등의 합병증을 일으킴으로써 거의 폐인이 되다시피 하였다. 거기다가 고관절(치골 위 뼈)과 무릎 관절 및 허리 5번 요추의 극심한 통증으로 잠을 이루지 못하여 병보석으로 석방될 당시(정치범에 대한 병보석은 아주 위험한 상태가 아니면 허락되지 않았다) 체중이 40kg밖에 되지 않았고, 그 후에도 입원 치료와 장기간의 요양을 하여야만 했다. 김병걸 교수의 경우도 고문후유증으로 보행에 어려움을 느끼고 장시간 서 있을 수가 없어 1980년대 해직 교수들이 일괄 복

---

177) 정병진, 『실록 청와대: 궁정동 총소리』(한국일보, 1992), 306쪽.

직될 때에도 스스로 복직을 포기해야만 했으며, 다른 이들도 모두 건강을 상하여 오랫동안 고생하였다."[178]

경기공전 해직 교수 김병걸의 증언이다.

"5명으로부터 구두 발길질, 몽둥이질, 고문신짝으로 얼굴 후려맞기 등 1시간 정도 사정없이 맞았는데 엎어지고 나뒹굴어 어디를 어떻게 맞았는지 기억조차 안 난다. 그 다음 카펫이 깔린 조사실로 데리고 갔는데……2시간 정도 정신없이 맞았던 것 같다. 이렇게 한 다음 고문은 양 무릎 사이에 굵은 몽둥이를 끼운 채 무릎을 꿇려 앉혀 놓고 그 허벅지를 군화로 지근지근 밟는 것이었는데, 내가 고통을 못 이겨 비명을 지르며 데굴데굴 구르면 몽둥이로 어깨, 허리를 내려쳤다.……나는 이 날 두 번 기절했다. 이렇게 여러 시간을 고문당한 후 비로소 조사를 시작했으며, 조사가 끝난 후 내 감방으로 걸어갈 수 없어 두 사람이 나를 끌다시피 데려갈 수 있었다. 둘째 날도 전날과 같은 고문을 당한 후에야 조사를 하곤 했는데, 조사 과정에서 받은 몽둥이질, 군화 발길질, 고무신짝으로 얼굴 후려치기 등은 다 기억할 수 없다. 이렇게 3일을 계속 고문당하면서 조사를 받았다."[179]

임채정의 증언이다.

"빨간 카펫이 깔린 '빙고호텔' 조사실에 들어서자마자 '너 언제 이북 갔다 왔어!' 라는 고함과 함께 각목 세례가 시작됐다. 까무러치면 찬물을 온몸에 끼얹어 깨우기를 세 차례나 거듭한 뒤 조사를 시작했다. 귀가 찢어지고 얼굴이 퉁퉁 부어올랐다. 감방 내를 오가면서 동료들과 스쳐도 내 얼굴을 알아보는 사람들이 없을 정도였다."[180]

김상현의 증언이다.

---

178) 한국기독교교회협의회 인권위원회, 『1970년대 민주화운동 (V)』(한국기독교교회협의회, 1987), 2202쪽.
179) 한국기독교교회협의회 인권위원회, 위의 책, 2199쪽에서 재인용.
180) 이도성, 『정치공작사령부 남산의 부장들 3』(동아일보사, 1993), 59쪽에서 재인용.

"그때 보안사는 김대중 진영에서 재야와 학생을 동원해 정권타도를 시도하는 것으로 헛짚고 있었다. 그랬기 때문에 나를 비롯한 많은 사람들이 서빙고에서 지은 '죄' 이상으로 많이 얻어맞고 고문을 당했다."[181]

민주화 의제 변화와 윤보선의 변절

사건 사흘 뒤인 27일 계엄사는 18명(구속 14명·불구속 4명)을 군사재판에 회부, 10명은 수배, 1백22명은 즉심 또는 훈방조치를 취하면서 다음과 같이 발표하였다.

"관계자들은 유신체제의 조기 종식으로 헌법개정과 개인적 신분제약 해소를 기대하고 나아가 집권까지 기대하는 환상 세력이 주도한 탐욕의 불법 집회였다.……전 대통령과 구정치인이 배후에 숨어 순수한 일부 청년들을 선동, 전위대로 삼아 그들의 야망을 달성하려던 정치적 욕망이 깔린 사건이었다.……국가적으로 이러한 무책임한 행위에 고무된 불순분자들이 북괴의 대남 흑색선전에 쓰는 용어 등을 구사하여 그들의 선동 효과를 높이고……이들을 방치할 때엔 국가안위에 지대한 영향을 미칠 우려가 있고 그 실증이 바로 이 사건의 발생이다."[182]

17명은 1심, 2심 군사재판을 거쳐 1980년 8월 26일 대법원에서 징역 10월에서 3년을 선고받았다. 그 누구도 이렇게까지 될 줄은 몰랐다. 희망에 부풀어 있던 민주화 진영은 계엄사의 강경 대응에 바짝 긴장하면서 이른바 신군부의 정체를 깨닫게 되었다.

"YWCA 사건 관련자들은 이미 신군부의 야심을 감지하고 있었다. 그러나 계엄사의 보도통제를 받고 있었던 언론에 이러한 꿈틀거림을 한 줄

181) 김충식, 「정치공작사령부 남산의 부장들 2」(동아일보사, 1992), 347-348쪽.
182) 정병진, 「실록 청와대: 궁정동 총소리」(한국일보, 1992), 324쪽에서 재인용.

도 내비칠 수 없었다. 외신만이 신군부의 출현을 예고하는 기사를 계속 타전하고 있었다."[183]

그래서 이후 민주화 진영의 요구 사항도 '유신잔당 퇴진'이나 '거국내각구성'에서 '계엄해제'로 모아지게 되었다.[184] YWCA 위장 결혼식 사건은 사건 발생 이전 윤보선과 군부 쪽의 접촉 사실이 알려지면서 '논란'을 빚게 되었다. 게다가 윤보선은 "YWCA 위장 결혼식 사건을 마지막으로 재야 일선 활동을 끝내고 90년 7월 파란 많은 일생을 마칠 때까지 사실상 신군부를 돕는 입장에 섰"[185]기 때문에 그러한 논란은 증폭되었다. 그러한 논란 가운데 한 가닥은 윤보선을 비롯한 일부 주도자들이 "결국 군의 공작에 놀아난 꼴이 됐다"[186]는 것이었다.

신군부의 '김대중 죽이기' 음모

신군부의 음흉한 음모는 점점 김대중을 겨냥해 들어가고 있었다. 김대중을 비롯한 동교동측 재야 인사들이 YWCA 집회에 대해 상당히 회의적인 시각을 갖고 거의 참여하지 않았던 것도 신군부의 그런 움직임을 눈치챈 것과 무관하지 않았을 것이다. 김상현의 증언이다.

"11월 중순경부터 안국동(해위 윤보선의 자택) 모임에 나도 참석했습니다. 박종태 양순직 예춘호 백기완 김관석 씨 등이 멤버지요. 해위는 최(규하) 대행을 즉각 퇴진시키고 조속히 범민주정부를 수립해야 한다고 주장했습니다. 나는 DJ의 반대 입장을 전달했어요. DJ는 대통령 보궐선거를 저지하고 최 대행을 퇴진시키면 무정부 상태가 온다고 우려했습니다. 때문에 민주헌법으로의 개헌을 위해 최 대행 체제를 오히려 강화시

183) 이도성, 『정치공작사령부 남산의 부장들 3』(동아일보사, 1993), 66쪽.
184) 정병진, 『실록 청와대: 궁정동 총소리』(한국일보, 1992), 330쪽.
185) 이도성, 위의 책, 62쪽.
186) 이도성, 위의 책, 63쪽.

켜 줘야 하며 그 체제로 직선제 개헌을 주도해야지 그렇지 않으면 군부가 나온다고 내다보았습니다. 이와 같은 DJ의 주장에 동조하는 사람은 나와 김관석 씨 뿐이었고 당연히 우리는 YWCA 집회에 참석지 않았어요."[187]

김상현의 두 가지 증언이 시사하듯이, 신군부가 가장 예의 주시한 것은 김대중의 움직임이었다. 김대중에 대한 경계심은 비단 신군부뿐만 아니라 계엄사령관 정승화에게도 있었다. 그는 11월 26일 언론사 사장들을 초대한 오찬 석상에서 앞으로 국가원수가 되는 사람은 용공의 혐의나 과거가 있는 사람은 안 된다는 발언을 했다. 누가 해당되느냐는 질문을 받고 정승화는 "김대중 씨가 한때 공산주의자였고 그 후에도 전향한 뚜렷한 증거가 없다. 국회의원으로 활동했고 과거 대통령 선거에서 많은 표를 얻었지만 석연치 않은 점이 많다"라고 대답해 파문을 일으켰다.[188]

정승화는 27일 각사 편집국장, 30일 국방부 출입기자들과 함께 한 자리에서도 유사한 발언을 계속했다. 그의 발언이 파문을 일으키자, 보안사령관 전두환이 찾아와 "김대중 씨 세력이 앞으로 사령관께 어떤 모략을 해올지도 모른다"라며 "보안사에 보관돼 있는 김씨의 '용공혐의 자료'들을 각 지구 보안사 파견대에 내려보내 주요 지휘관들에게 알리는 게 좋겠다"라고 건의하자 정승화는 이를 허락하였다.[189]

187) 이도성, 『정치공작사령부 남산의 부장들 3』(동아일보사, 1993), 55쪽에서 재인용.
188) 정병진, 『실록 청와대: 궁정동 총소리』(한국일보, 1992), 313~324쪽.
189) 정병진, 위의 책, 313~324쪽.

전두환의 등장과 새로운 파시즘의 도래

정승화를 제거한 전두환의 득세

1979년 12월은 무난하게 시작되었다. YWCA 사건으로 주춤해진 긴급조치 위반자에 대한 석방 조치는 12월 1일 국회가 여야 합의로 긴급조치 9호 해제를 건의하면서 재개되었고, 1980년 예산안도 그 날 국회에서 통과되었다.

12월 6일에는 통일주체국민회의에서 최규하가 제10대 대통령으로 선출되었다. 재적 대의원 2천5백60명 중 2천5백49명이 참석한 투표에서 무효 48표를 제외한 나머지 표를 다 얻어 당선된 것이었다. 그리고 12월 8일 0시부로 긴급조치 9호가 해제되었다. 12월 10일 최규하는 신현확을 국무총리로 임명하고 14일에는 과도 정부의 새 내각을 출범시켰다.

그러나 12월 10일과 14일 사이에 한국의 80년대 운명을 결정짓는 엄청난 사건이 벌어졌으니 그게 바로 이른바 '12·12 사태' 였다. 10·26 사건으로 박정희와 유신체제는 종말을 고하였지만, 신군부의 리더 전두환은 합수부장의 직위를 이용해 12·12 쿠데타를 일으켜 군권을 잡고 반동적 복고를 꾀했던 것이다.

12·12 쿠데타의 핵심은 육군참모총장이자 계엄사령관인 정승화의 강제 연행이었다. 박정희 살해를 김재규와 공모했다는 혐의였다. 12월 12일 밤 신군부 병력이 주둔한 총장 공관에서 총격전이 벌어져 3명이 사망하고 20명이 중경상을 입었다. 정승화는 보안사에 끌려가 고문을 받았다. 그 직전까지 육군참모총장이자 계엄사령관이었던 육군 대장을 고문하는 나라가 이 지구상에 또 있을까? 정승화는 다음과 같이 증언한다.

"두 명이 나를 의자에 비끄러매어 머리를 뒤로 잡아 제치고 여러 명이 소리를 꽥꽥 지르고 위협을 하며 분위기부터 살벌하게 만들더니 곡괭이 자루인 듯한 몽둥이로 내 허벅지 위를 치고, 정강이를 치고, 목 뒤를 치기도 하며, 마치 미쳐 날뛰는 것처럼, 서로가 격려라도 하는 것처럼, 신명이 난 듯 교대로 치며 무조건 나더러 '바른 대로 말해, 이 자식, 김재규하고 공모했지, 다 알고 있는데 이 자식 거짓말 해야 소용 없어' 하며 마구 날뛰었다. 그러한 고문은 견딜 수 있었으나 머리를 제끼고 얼굴에 물수건을 씌운 다음 주전자 물을 계속 얼굴 위에다가 들이붓는 것은 참으로 견디기 어려웠다. 숨을 코로 쉴 수 없어 입으로 쉬니 물이 목구멍을 막아 물을 먹는 순간 그때마다 약간 숨을 쉬게 되어 한참 당하니 정신이 빠져 나가는 것 같았다."[190]

신군부가 군 인사법부터 손댄 이유

12·12 쿠데타는 왜 일어났는가? 이는 12·12 쿠데타가 전적으로 하나회 멤버들의 쿠데타였다고 하는 점에서 앞서 거론했던 하나회라는 사

---

190) 정승화, 『12·12 사건 정승화는 말한다』(까치, 1987), 214쪽.

조직의 성격을 이해하면 쉽게 풀릴 수 있다.

정승화는 12 · 12 쿠데타 이전에 1980년 3월 시행 예정으로 하나회 장교들의 분산 및 처리 계획을 연구하도록 지시했으며, 합수본부장 교체를 국방장관 노재현에게 건의하였다. 항간엔 "보안사령관이 동해안경비사령관으로 전보될 것"이라는 소문이 나돌기도 했다.[191] 이와 관련, 한용원은 다음과 같이 말한다.

"정 총장과 그 측근으로부터 궁지에 몰리게 된 하나회 세력은 이러한 국면을 타개하여 도당적(徒黨的) 이익을 추구코자 하였다. 당시 육군의 인사가 다소 정체되었고, 특히 소장 계급에 있어서는 육사 8기생 일부, 9기생, 10기생, 종합학교 출신 선임자 일부, 11기생 등으로 복잡하게 얽혀 있는 상황에서 하나회 세력이 견제되면 진출이 좌절될 것은 분명함으로 정 총장을 퇴진시킴으로써 이러한 국면을 전환시킬 수 있을 뿐 아니라 진출을 보장할 수 있을 것으로 확신하였다."[192]

12 · 12 사태는 영관급 중에서도 17기의 혁명이었다는 주장도 그런 시각을 뒷받침해 주기에 충분하다. 12 · 12 사태의 주동자 가운데 한 명은 다음과 같이 말한다.

"정규 육사 4년제 출신 가운데서도 피난육사 등을 제외하면 17기가 바로 진짜 육사고 최고 엘리트다. 가난해서 육사를 갔을 뿐 누구도 서울 일류대학 갈 수 있는 머리와 실력이 있었다. 대한민국 육군을 통틀어 연대가 OO개라고 볼 때 79년 말 반 가까이 17기 대령들이 연대장을 하고 있었다. 어떤 의미에서 전 장군을 비롯한 윗기들은 업힌 것이라고 할 수 있다."[193]

누가 업고 업혔건, 여기서 중요한 건 11기나 17기 모두 강한 자존심을

191) 한용원, 『한국의 군부정치』(대왕사, 1993), 369~370쪽.
192) 한용원, 위의 책, 370쪽.
193) 김충식, 『정치공작사령부 남산의 부장들 2』(동아일보사, 1992), 355쪽에서 재인용.

갖고 있는 기수였고, 박정희의 병영체제하에서 그 자존심은 자기들이 국가 운영을 맡아야 한다는 과대망상으로 변질되었을 가능성일 것이다.

그게 아니라 하더라도, 그들이 이른바 군 내에서 '도당적 이익' 을 추구했다는 건 이틀 뒤에 일어난 12 · 14 군 숙청으로도 충분히 입증되는 사실이다. 12 · 12 사태를 저지른 신군부는 대대적인 군 인사 개편을 단행하였는데, 선배 장성들을 강제 전역시키고 정규 육사 출신 체제로 개편한 것이 주요 내용이었다.

12 · 12 쿠데타에 참여하기 위해 전방의 9사단을 이끌고 남하한 소장 노태우는 서울 지역의 대다수 전투부대를 통괄하는 수도경비사령관을 맡는 등 육사 11기 출신들이 특전사와 3군 등 일선 요직을 독식했다. 전두환 충성파들, 즉 하나회가 군의 핵심 요직을 장악한 것이다.[194] 이와 관련, 박보균은 다음과 같이 말한다.

"10 · 26 이전 전두환 보안사령관은 이따금 군 인사법을 펼쳐 들고 '정규 육사 출신은 환갑이 가까워져야 겨우 총장을 할 수 있을 것 같다' 고 불만 겸 개탄을 자주 표시했다고 한다. 당시 육사 5기의 정승화 총장 다음으로 7기(이건영 3군 사령관 선두) · 8기(이희성 육참차장 또는 이재전 경호실 차장) · 9기 · 10기(황영시 · 신현수 군단장 중 한 명)가 줄줄이 버티고 있었기 때문이다. 이들이 차례로 총장을 하고 11기까지 오려면 최소 8년, 소장 7년, 중장 6년이었다. 막말로 일단 장군만 되면 중장까지 21년을 지낼 수 있도록 돼 있었다. 그로 인한 인사 정체에 불만이 많은 계층은 전 사령관을 필두로 한 정규 육사 출신들이었다. 5 · 17 후 신군부가 군 인사법부터 최우선적으로 손댄 것은 결코 우연이 아니었다."[195]

---

194) 정진석, 『총성 없는 전선: 격동의 한 · 미 · 일 현대 외교 비사』(한국문원, 1999), 119–120쪽.
195) 박보균, 『청와대 비서실 3』(중앙일보사, 1994), 158–159쪽.

전두환의 '뜸들이기' 작전

12 · 12 쿠데타를 위해 신군부의 일원인 노태우의 9사단 병력이 마땅히 하게끔 되어 있는 미군에 대한 통고없이 서울로 이동하고, 신군부가 정승화를 무력으로 가둔 것에 대해 미국이 반발하고 나섰다. 주한 미 대사 글라이스틴은 12 · 12 쿠데타를 '망나니들의 반란'이라고 표현했고,[196] 주한미군 사령관 존 위컴도 신군부에 대해 반발했지만, 그들의 반발은 오래 가지 않았다. 그들은 늘 관망하다가 대세를 따르는 미국의 기회주의적 정책 또는 국익 우선의 정책에 종속되어 있는 신분에 지나지 않았기 때문이다. 미국은 곧 새로 등장하는 전두환 체제의 든든한 후원자로 행세하게 된다. 위컴은 후일 이렇게 말했다.

"전두환이 한국 군부에 대한 지휘권을 장악했는데도 현 정부를 해산시키지 않는다는 점이었다. 그것은 미국으로 하여금 어떻게 전두환을 효과적으로 다룰 것인가라는 어려운 문제에 직면하게 만들었다."[197]

전두환의 '뜸들이기' 작전은 국내적으로도 혼선을 빚게 만들었다. 육본 계엄보통군법회의가 김재규 등 박정희 살해범 6명에게 사형 선고를 내린 다음 날인 12월 21일 최규하의 대통령 취임식이 거행되었다. 12월 23일엔 긴급조치 관련자 5백61명이 특별 사면되었고, 1천1백30명이 석방되었다. 또 제적 학생 7백59명이 복학되었고, 해직 교수 19명이 복직되었다.

그런 상황에서 어떻게 전두환을 효과적으로 다룰 것인가라는 문제는 비단 미국에만 있는 건 아니었다. 국내 민주화 세력도 마찬가지였다. 그러나 미국의 고민보다는 덜했을까? 민주화 진영, 특히 김영삼과 김대중

196) 정진석, 『총성 없는 전선: 격동의 한 · 미 · 일 현대 외교 비사』(한국문원, 1999), 118쪽.
197) 존 위컴, 김영희 감수, 『12 · 12와 미국의 딜레마: 전 한미연합사령관 위컴 회고록』(중앙 M&B, 1999), 149쪽.

은 이제 곧 다가올 이른바 '서울의 봄' 정국에서 분열하게 된다. 분열의 조짐은 이미 그 해 말부터 나타난 것이었다.

"당시 동교동측은 신민당 총재였던 김영삼(YS) 씨에 대해 강한 불만을 가지고 있었다. 김씨의 가택연금이 다시 시작된 것은 YS가 당권을 쥔 79년 '5·30' 전당대회 직후부터였다. 김씨가 YS를 지원, 이철승 씨를 꺾는 데 결정적 역할을 하자 박 대통령은 다시 김씨에게 족쇄를 채워버린 것이었다. 그 날부터 시작된 연금이 '10·26'이 난 지 한 달이 넘도록 풀리지 않고 있었다. '다른 것은 몰라도 자기를 돕다가 연금이 됐는데 말한 마디 거들어 주지 않을 수 있느냐'며 야속해하던 게 당시 동교동 쪽의 분위기였다."[198]

새로운 파시즘의 재기 예고

1979년 말은 정치적으론 '서울의 봄'을 예고하는 상황이었는지 몰라도 경제는 그렇지 않았다. 그 해 초 '이란혁명'으로 이란의 석유 생산량이 감소되면서 번진 파장은 12월 중순 베네수엘라 수도 카라카스에서 열린 산유국회의(OPEC)가 원유값을 일시에 4배로 올리기로 결정하는 사태까지 빚고 말았다. 이른바 제2차 오일 쇼크가 발생해 기름값이 2배로 뛰면서 한국 경제는 엄청난 타격을 받고 있었다.

물가고는 극심해 연일 '민원 수수료 300퍼센트 인상', '버스 토큰 사재기 소동', '교통 범칙금 77퍼센트 인상' 등과 같은 신문기사 제목들이 등장했다.[199] 엎친 데 덮친 격으로 농촌에서는 돼지 파동이 일어나 3만 원에 팔리던 새끼 돼지값이 1천 원까지 떨어졌고, 그래도 사는 사람이 없

---

198) 이도성, 『정치공작사령부 남산의 부장들 3』(동아일보사, 1993), 122쪽.
199) 조갑제, 『유고! ①』(한길사, 1987), 104쪽.

자 나중에는 돼지 새끼를 집단 학살하고 내버리는 사태가 벌어졌다.[200]

1979년의 경제 통계는 1980년대의 벽두가 만만치 않은 시련에 직면할 것임을 예고하였다. 그 해 GNP는 마이너스 성장을 기록하였고, 경상수지는 사상 최악으로 41억 5천만 달러의 적자를 기록하였으며, 기름 재고는 7일분으로까지 떨어졌다. 이런 사태에 대해 주태산은 다음과 같이 말한다.

"궁정동 안가의 총성은 경제에도 균열을 냈다. 권력 진공 속에서도 한동안 굳건함을 과시했던 경제토대는 1979년 연말이 되면서 내우(정치불안)와 외환(제2차 오일 쇼크, 1979. 12. 17) 속에 조금씩 갈라져 곧 걷잡을 수 없게 됐다. 국가파산을 우려하며 외국 은행, 특히 일본계 은행들이 자금을 되찾아 가고, 마산 수출 지역에서 사업하던 외국인 투자가들이 대만이나 싱가포르로 옮기려고 짐을 꾸렸다. 화불단행(禍不單行)이라더니 유가뿐 아니라 국제금리도 뛰었다. 덩치 큰 중화학공장을 돌리는 데 쓰는 원유값은 천정부지였다. 무리하게 중화학공업을 추진하려고 당겨 쓴 외국 차관들의 상환 시기가 속속 도래하고, 이자 부담은 가만히 앉아 있어도 늘어갔다. 외국빚을 갚기 위해 새 빚을 얻어야 했지만 대외 정부신뢰도가 급락해 그나마도 여의치 않았다. 원유 비축고와 외환 보유고도 빠르게 바닥을 드러내기 시작했다. 그 해 겨울, 욱일승천하던 한국 경제는 한국전쟁 이후 처음으로 깊은 절망감에 빠져들었다."[201]

그러한 절망감은 새로운 파시즘의 재기를 예고한 것이었는지도 모른다. 파시즘은 원래 절망과 공포의 늪에서 꽃을 피우는 괴물이 아니던가. 대중은 절대 빈곤하에서보다는 경제성장의 과실의 맛을 조금 본 상태에서 경제에 대해 더욱 큰 두려움을 갖는다는 가설은 1980년대 초 한국 사

---

200) 조갑제, 『유고! ①』(한길사, 1987), 105쪽.
201) 주태산, 『경제 못살리면 감방간대이: 한국의 경제부총리, 그 인물과 정책』(중앙 M&B, 1998), 158쪽.

회에서 설득력을 갖는 것인지도 모를 일이었다.

　김재규는 사형당하기 하루 전인 1980년 5월 23일에 남긴 유언에서 "국민 여러분, 민주주의를 만끽하십시오"라고 말했지만,[202] 바로 그 며칠 전 민주주의는 광주에서 처참한 학살극과 함께 다시 무덤 속에 파묻히고 말았다.

---

202) 박성원, 〈10·26 주범 김재규 유언록: "국민 여러분, 민주주의를 만끽하십시오"〉, 『신동아』, 1998년 10월, 118-128쪽.

경부고속도로가 낳은 '번영과 소외'

전태일이 노동자들의 참상만을 상징하는 건 아니었다. 전태일은 독재
권력의 주구로 전락한 언론, 그리고 경제발전 지상주의라고 하는 거센
물결 속에서 '경제동물화'한 중산층과 중산층에 편입되기를 열망했던
사람들의 싸늘한 시선까지 보여 주었다.

"서울–부산간 고속도로는 조국 근대화의 길이며 국토통일의 길이
다." 추풍령에 세워진 경부고속도로 준공기념탑에 새겨진 박정희의 글씨
는 그렇게 말하고 있지만, 그 도로가 잉태시킨 70년대 삶의 풍경은 그렇
게 단순하진 않았다.

경부고속도로의 중단없이 쭉 뻗은 길은 발전과 번영의 표상이었다.
모든 게 '고속(高速)'이었다. 군사작전이었다. 오직 '전진(前進)'만이 있
을 뿐이었다. 박정희는 매년 신년 휘호를 쓰면서도 '전진'이라는 말을
가장 많이 썼다. '착실한 전진(1970년)', '중단없는 전진(1971년)', '총화

약진(1977년)', '총화전진(1979년)'[1] 하자는 총사령관의 명령에 따라 무조건 앞만 보고 달려가야 했다.

'하면 된다'는 자신감은 선택의 대상이 아니었다. 위에서부터 아래로 가해지는 과정을 거쳐 사회 전반에 퍼진 집단적 압력이었다. 한국에 대해 한국전쟁의 참상만을 기억하고 있는 외국인들은 일제히 외쳐댔다. "영국이 150년이나 걸려 이룩한 일들을 15년 동안에 해내고 말았다."[2] 정말 그런 것인지는 알 수 없는 일이었으나, 한국전쟁을 직접 겪었거나 잘 알고 있는 한국인들의 절대 다수가 스스로 대견스럽게 생각했던 건 분명한 사실이었다.

그러나 동시에 경부고속도로가 하나였던 걸 가로지르면서 만들어낸 경계는 새로운 갈등과 차별을 잉태시켰다. 농촌과 지방 인구는 그 길에 흡수되어 서울과 도시에 내던져졌고, 권력과 부(富)의 집중과 전횡을 낳는 시스템이 고속도로처럼 빠른 속도로 구축되기 시작했다. '조국 근대화'라는 국가주의 주문(呪文)에서 중요한 건 오직 '조국'이었을 뿐 사람은 없었다. 과연 무엇을 위한 '조국 근대화'인가 하는 의문을 음미할 시간조차 없었으며 그게 용납되지도 않았다.

갑작스럽게 도시에 던져진 사람들은 노동자와 빈민이 되어 '조국 근대화'를 위해 싼 노동력을 제공해야만 했다. 싸도 너무 쌌다. 인격적인 모독까지 가해졌다. 저항은 절대 금기였다. 전태일의 분신 자살이 그걸 웅변해 주었고, 이후 동일방직 여성 노동자들이 70년대 내내 계속된 그런 '억압과 착취'의 시스템을 상징적으로 폭로했다.

경부고속도로는 지역간 단절도 만들어냈다. 그 길에서 소외된 호남은 이후 30여 년 동안 그 길이 만들어내는 '시장논리'의 확대재생산에 따라

---

1) 구경서, 『현대미디어정치』(건국대학교 출판부, 2000), 414~417쪽.
2) 정진석, 『총성 없는 전선: 격동의 한·미·일 현대 외교 비사』(한국문원, 1999), 101쪽에서 재인용.

가해자의 얼굴이 보이지 않는 차별의 한(恨)을 안고 살아가게 된다. 다른 지역 사람들이 가해자의 얼굴이 보이지 않는 차별의 한을 이해할 리 없다. 그래서 차별을 규탄하는 호남에 대한 다른 지역 사람들의 거부감이 더욱 강해짐에 따라 80년대 이후 한국 정치는 과거 그 어느 때보다 지역주의의 지배를 받게 된다. 경부고속도로엔 이미 수십 년 후의 한국 사회가 겪게 될 비극의 씨앗이 잉태되어 있었던 것이다.

'박정희 미화'의 확대재생산 구조

'박정희 미화'를 위해 애쓰는 사람과 집단은 많다. 그들에겐 '박정희 미화'가 매우 중요한 이해득실의 문제다. 박정희와 전두환 체제, 그리고 실질적으로 그 연장선상에 있었던 노태우 정권까지 합하면 이 나라는 30년 넘게 실질적인 박정희 체제의 지배를 받아왔다. 그 기간 동안 엄청난 규모의 기득권층이 형성된 것이다.

그들에겐 박정희가 어떻게 평가되느냐 하는 문제가 매우 현실적인 문제로 다가온다. 박정희가 나쁘게 평가되었다고 해서 그들이 재산까지 내놓는 건 아니겠지만 그들의 명예는 실추될 것이다. 그 명예는 '사회적 자본' 또는 '문화적 자본'으로서 결국 돈의 문제로 연결되는 것이다. 그래서 그들은 '박정희 미화'에 그들이 가진 각종 유형의 '자본'을 투자하는 데에 매우 열성이다.

반면 박정희에 대해 비판적인 사람들에게 박정희 평가 문제는 개인적인 이해득실의 문제는 아니다. 그들에게 그건 지극히 공적인 차원의 문제인 것이다. 국가·민족·사회·역사와 같은 거창한 단어들의 문제인 것이다. 사적 이익을 추구하는 사람들과 공적 이익을 추구하는 사람들 사이에 싸움이 붙으면 누가 이길까?

우리는 흔히 "정의는 반드시 승리한다"는 말을 즐겨 하지만, 그건 그

만큼 정의가 승리하는 데엔 우여곡절이 많고 시간이 오래 걸린다는 걸 의미하는 것이기도 하다. 우선 당장 현실의 세계에선 사익을 추구하는 사람들이 이기게 되어 있다. 특히 '박정희 미화'의 경우엔 더욱 그렇다. 자본력과 적극성에 있어서 공익 추구자들이 감히 사익 추구자들의 적수가 되질 못한다.

게다가 힘없는 사람들은 힘이 있는 사람들의 눈치를 보면서 살아야 한다. 보통 사람이 세상 무난하게 살려면 박정희를 긍정적으로 평가하거나 양시론을 펴야 한다. 거짓말 하면서 살 필요가 있겠는가. 아예 그런 생각을 갖고 사는 게 속 편하다. 박정희가 나 개인에게 큰 해를 준 것도 없지 않은가. 이게 바로 '박정희 미화'의 시장논리다. 언론은 이러한 시장논리의 확대재생산 구조 그 자체다.

'박정희 미화'의 전위대를 자처하는 『조선일보』의 경우 박정희가 어떻게 평가되고 그 당연한 귀결로 전두환이 어떻게 평가되느냐에 따라 기업의 사활이 걸려 있다. 신문은 권위와 이미지를 파는 장사이기 때문에 박정희와 전두환과 유착했던 『조선일보』로서는 한가하게 그들에 대한 평가를 역사학자들에게만 맡겨둘 수는 없을 것이다.

그래서 『조선일보』는 '박정희 미화'에 사운(社運)을 걸다시피 해왔다. 『조선일보』의 반대편에 있다고 할 『한겨레』는 『조선일보』가 주동이 된 '의제 설정'에 대해 간헐적인 비판만 가할 뿐이다. 『한겨레』는 『조선일보』에 비해 훨씬 작은 신문이거니와 적극성에 있어서도 『조선일보』에 비해 크게 떨어진다.

다른 신문들은 어떠한가? 정도의 차이일 뿐 다른 신문들은 『한겨레』보다는 『조선일보』 쪽에 가깝다. 그 신문들의 칼럼 지면을 장식하는 사람들의 면면을 살펴보라. 옛날 사람들 그대로다. 정권은 교체되었다지만 그 분야에선 달라진 게 아무것도 없다. 30년 세월의 구조와 관행이 그만큼 무서운 것이다. 방송은 달라졌나? 어느 정도 달라졌지만 그건 즉각적인 정권 홍보의 작은 영역에서만 나타나는 변화일 뿐 그 물도 역시 예전 물 그대로이다.

이건 도무지 싸움이 안 되는 게임이다. '박정희 미화' 세력과 그 세력에 대해 동조하거나 수수방관하는 세력이 사회 각계의 상층부를 거의 장악하고 있는 현실에서 역사적인 사실과 논리는 극소수 사람들 사이에서만 유통되다가 끝날 뿐 일반 대중은 그런 힘의 관계에서 '박정희 미화' 세력의 영향권 아래 놓여 있는 것이다. 이걸 간과한 채 겉으로 드러난 현상만을 놓고 아무리 분석을 해봐야 완전한 답이 나올 수 없게 되어 있는 것이다.

이러한 주장은 "기층에 존재하는 박정희에 대한 끈질긴 향수와 역사적 복권의 움직임을 단순히 정략의 차원이나 보수 언론의 여론 조작의 결과로 차치해 버리는 심정적 편의주의[3]에 지나지 않는 걸까? 그건 아니다. 지금 나는 '기층에 존재'하고 '끈질긴' 만큼의 오랜 세월이 갖는 무게를 그간 누적된 '여론 조작'에도 적용시켜 주는 것이 공정하지 않겠느냐는 말을 하고 있는 것이다.

'국가주의적 지도자 숭배의 문화'

70년대의 한국은 일종의 '병영 국가'였다. 박정희가 그런 병영체제의 총사령관으로서 전쟁을 치르듯이 경제발전을 위해 애썼으며 큰 성과를 거두었다는 건 분명한 사실이다. 문제는 박정희가 자신의 삶은 물론 국민의 삶까지 늘 전쟁으로 여겼다는 점이다. 박정희는 실제로 공개적으로도 "우리가 직면하고 있는 오늘의 상황은 '준전시 상태'가 아니라 '전쟁

---

3) 임지현, 〈민중, 희생자인가 공범자인가: 파시즘의 진지전과 '합의독재'〉, 『당대비평』, 제12호(2000년 가을), 28쪽.

을 하고 있는 상태'라고 해야 할 것이다(1974년 7월 16일)"라고 발언하기까지 했다.[4]

박정희를 찬양하는 사람들은 국민을 상대로 한 '박정희의 전쟁'에서 전화(戰禍)를 전혀 입지 않은 사람들이다. 아니 오히려 그 전쟁 덕분에 수혜를 본 사람들이다. 그들의 박정희 찬양은 이 세상을 전쟁터로 보는 시각에 근거하고 있을 뿐만 아니라 "한국인들은 매로 때려야 말을 듣는다"는 일제 식민체제의 한국인관을 전제로 삼고 있다는 걸 그들은 애써 보지 않으려 한다.

우리는 지금도 그러한 자기비하적 세뇌의 유산에서 자유롭지 못하다. 겉과 속, 이성과 감성이 따로 논다. 그러한 이중성은 이른바 '전쟁 마인드' 또는 '군사독재 멘탈리티'라 부를 만한 것이다. 자유를 한껏 누리고 그걸 양보할 뜻이 전혀 없으면서도 권위주의적 체제가 제공했던 질서정연한 통제와 강력한 리더십을 동경하는 정신 상태 말이다.

박정희 18년 체제가 우리에게 남긴 것 중의 하나가 바로 그런 국가주의적 문화와 지도자 숭배의 문화인지도 모른다. 김재홍은 "한국인들이 가난을 벗기 위해 각자 얼마나 피땀 어린 고생을 감수했는지는 정치학이나 경제학·사회학적인 연구 대상에 들지 못하고 있다"라며 "지금도 오로지 위대한 지도자의 결단과 정책 수행만이 한국 경제성장의 견인차였던 것처럼 운위되는 현실"을 지적하고 있다.[5]

한국인들은 자기들이 이룬 성장을 뻐기는 '졸부 근성'을 갖고 있으면서도 자신들의 '피땀 어린 노력'에 대해선 지나칠 정도로 겸허하다. 자만과 자학, 이게 바로 한국인이 갖고 있는 두 얼굴은 아닐까? 이 두 얼굴이야말로 민주주의의 과실을 향유하면서도 '국가주의적 지도자 숭배의

4) 임헌영, 〈「한양」지 사건: 허황된 '문인간첩단' 사건의 누명〉, 한승헌 선생 화갑기념문집간행위원회 편, 「분단시대의 피고들: 한승헌 변호사 변론 사건 실록」(범우사, 1994), 296쪽에서 재인용.
5) 김재홍, 「박정희의 유산」(푸른숲, 1998), 195쪽.

문화'를 고수하는 모순을 가능케 하고 있는 건 아닐까?

군사독재 정권에 저항했던 민주화 투사들이 주체가 된 정권들 치하에
서 박정희의 리더십이 예찬받는 이른바 '박정희 신드롬'이 맹위를 떨쳤
던 것은 한국인들의 그런 두 얼굴을 잘 말해 주고 있다. 어쩌면 우리는
김대중식 민주주의는 원 없이 누리면서 박정희식 리더십을 바라는 일종
의 정신 착란 상태에 빠져 있는 건지도 모른다.

그러나 그렇게 된 책임은 민주화 투사 출신으로 집권했던 김영삼과
김대중에게도 있다. 그들이 받은 탄압은 과대포장되어 왔다. 비극은 그
들이 그러한 과대포장을 즐겼으며 또 스스로 과대포장에 앞장 섰다는 점
이다. 특히 도덕성과 헌신성에 있어서 그랬다. 이미지와 실체 사이에 존
재했던 엄청난 괴리가 그들의 집권 이후 나타나는 걸 목격한 대중은 그
허탈감을 비교적 그런 괴리는 없었거니와 이미 위협이 제거된 박정희 시
대의 추억으로 달래보고자 하는 위악(僞惡)을 부리고 있는 건지도 모른
다. 아니면 그들은 박정희에 대한 공범(共犯) 의식으로 그러는 걸까?

과연 '인간의 얼굴을 가진 온건한 파시즘' 이었나?

70년대를 오늘의 시점에서 오늘의 잣대로만 평가하는 건 부당한 일일
수도 있다. 문제는 그 시절을 지배했던 '군사적 성장주의' 문화가 여전
히 한국 사회에 만연해 있다는 사실이다. 달리 말해서, 한국 사회 곳곳에
박정희는 여전히 살아 있다는 것이다.

박정희에 대한 평가는 아무래도 원초적으로 불공정한 게임인 것 같
다. '군사적 성장주의'의 결과물은 언제든지 검증과 과시가 가능한 외형
을 띠고 있는 반면, 박정희가 저지른 인권유린은 말할 것도 없고 그의
18년 독재가 정신과 문화에 남긴 깊은 상처는 겉으로 드러나지 않기 때
문이다.

박정희에 대해 긍정적인 평가를 내리는 고려대 명예교수 한승조는 다음과 같이 말한다.

"남한의 파시즘 체제는 정체성이 좀 불명확하면서도 인간의 얼굴을 가진 온건하며 실용주의적인 파시즘으로 보아지며 그 점에서 다른 나라의 파시즘류로부터 구별되어야 할 것이다."[6]

한승조가 박정희 체제를 파시즘 체제로 보았다는 건 긍정적으로 평가할 만하다. 대체적으로 박정희 옹호자들은 솔직하지 않아 '파시즘'의 '파' 자조차 입 밖에 내는 걸 꺼려하기 때문이다. 그런데 과연 박정희의 파시즘이 '인간의 얼굴을 가진 온건하며 실용주의적인 파시즘'이었던가?

이 책을 통해 충분히 살펴보았듯이, 박정희 정권은 민주화 인사들을 탄압하는 데 있어서 사악했을 뿐만 아니라 교활했다. 사회적으로 명망이 있는 인사들의 민주화운동에 대해선 일단 법정에선 크게 때려놓고 일찍 다 풀어 주었다. 그러나 무명 인사들의 경우엔 무조건 '간첩'으로 몰아 민주화운동 진영과 차단시키면서 '박멸'하는 수법을 썼다. 1975년 4월 인혁당 사건과 관련하여 8명을 사형시킨 '사법 살인'을 저지른 것도 바로 그런 수법의 결과였다.

박 정권은 일제가 독립군들을 상대로 가한 고문보다 훨씬 더 잔인하고 극악한 고문 수법을 치밀하고 광범위하게 사용하였다. 심지어 여당의 중진 의원들까지 고문을 당했다. 인혁당 사건의 경우 고문이 어찌나 잔인했는지 시체를 가족들에게조차 보여 주지 않고 일방적으로 화장을 해 버렸다. 고문이 너무도 악독해 자살을 시도한 사람들, 고문 후유증으로 죽은 사람들, 미쳐 버린 사람들, 한국을 저주하며 외국으로 떠난 사람들이 얼마나 많았던가.

---

6) 한승조, 「박정희 붐, 우연인가 필연인가」(말과창조사, 1999), 200쪽.

고문을 하는 인간 사냥꾼들은 집에 가선 자상한 아빠와 남편 노릇을 했다. 이게 더 무서운 일이었다. 민청학련 사건의 주동자였던 이철과 유인태가 도피 중 경찰에 붙잡힌 사연도 눈물겹다. 잘 아는 친구와 지인(知人)이 신고를 했다. 신고하지 않으면 그들도 크게 당하기 때문이었을 것이다. 술 먹고 정부를 비판하는 말 한 마디만 해도 어느새 신고가 되어 감옥에 갇혀야 했던 세상이 바로 그 시절이었다. 그 누구도 믿을 수가 없었다.

　무슨 말인가? 박 정권 시절 '한강의 기적' 이 일어났다고 예찬하는 사람들은 한국인의 인성이 파괴된 게 바로 그 시절이었다는 것도 인정해야 한다는 말이다. 정의와 신뢰를 공권력으로 압살하면서 한국인은 '경제동물' 이 되었다.

　독재 정권들이 한국 사회에 미친 가장 큰 악영향은 사회와 개인의 관계를 단절시킨 것이다. 나와 내 가족을 사회에서 단절시키지 않으면 안전하게 살아갈 수가 없었기 때문에 그건 불가피한 생존술이었을 게다. 어느덧 그 생존술은 자연스러운 문화로까지 정착되었다. 김동춘은 "흑을 흑이라 말하고, 백을 백이라 말하지 못하는 사회, 노예적인 사회 심리는 박 정권 18년이 이미 만들어낸 것" 이었다면서 다음과 같이 말한다.

　"권력의 무서움은 사회의 곳곳에 스며들어 저 후쿠자와 유키지가 100년 전에 일본 사람을 비판하면서 말한 것처럼 정치적으로는 노예적인 품성을 갖되, 비정치적인 영역에서 소비와 향락으로 그 스트레스를 분출하는 행동 양식을 구조화하였다. 그리하여 한국에서 존재하는 유일한 도덕률과 철학은 '몸조심' 의 철학, '중간에 서기(튀지 않기)' 의 철학이다. 입시의 중압감에서 해방된 대학생이 부모로부터 배우는 유일한 가르침은 바로 '몸조심', '중간에 서기' 이다. 그것은 무엇보다도 힘있는 사회 교육이고, 한국적 인간의 재생산 기제이다."[7]

개발독재가 낳은 신민(臣民) 문화

독재 정권의 신민(臣民)들에게 사회는 참여의 공간이 아니라 관람의 대상이었다. 참여? 큰일날 소리다. 패가망신하기 십상이다. 구경만 하는 것으로 족하다. 구경을 어떻게 할 수 있는가? 매우 불완전하나마 신문이 그 역할을 맡았다. 그래서 오늘날 한국인들은 사회를 구경하기 위해 신문을 구독한다. 신문은 가치 판단의 대상이 아니다.

독재 정권의 신민들은 사람들이 많이 몰려 있는 쪽에 끼고 싶어하는 강한 열망을 갖고 있었다. 그게 비교적 안전하기 때문이다. 옳고 그른 건 전혀 중요하지 않다. 낌새를 빨리 간파해 우우 몰려다니는 일에 소홀하지 않는 것이 나의 안전과 번영에 도움이 된다. 그래서 사람들은 일상적인 삶에서도 무슨 결정을 내릴 때에 어느 쪽에 사람이 많이 몰려 있는지 그것부터 관찰한다. 사람들은 민주화가 다 된 세상이라고 말들 하지만 자신의 무의식의 세계와 습관적 행태만큼은 여전히 독재 정권 시절의 그것임을 깨닫지 못하고 있으며 알려고 하지도 않는다.

김재홍은 이른바 '박정희 신드롬'은 "지난 72년 10월 유신헌법에 대한 국민투표에서 무려 90퍼센트 이상이라는 압도적인 지지를 보였을 때와 똑같은 국민 의식"이라고 꼬집으면서 다음과 같이 말한다.

"집권 세력의 공작이 있었다손 쳐도 군부독재 체제를 지지한 책임은 상당 부분 다수 국민에게 돌아간다는 것이 당시 내 생각이었다. 그로부터 25년이 지난 지금 똑같은 국민 정서를 대하면서 나는 정치문화의 불변성을 실감한다. 쉽게 변하지 않는 것이 사람들의 습속이고 문화이다. 유신체제 같은 것이 박정희 추종자들의 말대로 정녕 한국인의 체질에 맞

---

7) 강준만, 〈수입 담론과 공리공론을 넘어서: 진짜 진보적 지식인 김동춘의 지식인 비판〉, 『인물과 사상 8: 한국 지식인들은 왜 반성을 모르는가?』(개마고원, 1998), 146쪽에서 재인용.

는 한국적 민주주의일지도 모른다. 많은 여론 조사 결과가 한국인들이 그것을 원하고 있음을 보여 주었다. 정신 문명의 풍요보다 물질의 가치를 절대적 우위에 두고 자유를 팔아 질서를 사며 합리적 과정보다 독선적 결단을 더 평가하는 것이 개발독재 아래 신민(臣民) 문화의 특징이다. 끝없는 개발독재를 요구하는 한국의 정치문화에서 나는 정치적 마조히즘 냄새를 맡으며 허무주의에 사로잡히고 만다."[8]

'우리 안의 파시즘'과의 투쟁

김재홍이 지적한 '신민(臣民) 문화'는 현재 한국 사회를 완강하게 지배하고 있다. 그래서 비판적 지식인들 사이에서도 박정희 체제에 대한 일방적 비판만으론 그러한 '신민 문화'의 극복이 어렵다는 걸 지적하는 일단의 지식인들이 나타나고 있다.

계간 『당대비평』이 그런 시각을 대변하고 있는데, 임지현은 『당대비평』 2000년 가을호에 쓴 〈민중, 희생자인가 공범자인가: 파시즘의 진지전과 '합의독재'〉라는 제목의 글에서 다음과 같이 말한다.

"파시즘을 비롯한 근대적 독재의 메커니즘은 권력의 억압과 민중의 희생이라는 단순한 이분법으로는 결코 포착할 수 없는 복합적인 것이다. '그들'의 억압에 분노하는 차원을 넘어서 '우리'의 공범자적 측면을 밝히고, 어떻게 그러한 일이 가능했는가에 대한 반성적 성찰이 요구되는 것도 그 때문이다."[9]

이러한 문제의식엔 공감하면서도 이건 '악순환의 게임'이 아닐까 하는 생각이 든다. 무력으로 어떤 조건을 만들어내면 사람들은 그 조건에

---

8) 김재홍, 『박정희의 유산』(푸른숲, 1998), 70~71쪽.
9) 임지현, 〈민중, 희생자인가 공범자인가: 파시즘의 진지전과 '합의독재'〉, 『당대비평』, 제12호(2000년 가을), 27쪽.

굴복하고 순응하고 더 나아가 그 조건을 체내화시킬 것이다. 이때에 그 체내화된 '우리 안의 파시즘'이나 '우리 안의 폭력'에 주목하여 '합의독재'라고까지 말하는 건 지나친 게 아닐까 하는 생각이 드는 것이다. 그러나 원인과 과정이야 어찌되었건 이미 우리 안에 형성된 결과에 대한 반성적 성찰을 해야 한다는 데엔 동의하지 않을 수 없다.

임지현과 더불어 문부식도 '우리 안의 폭력' 또는 '우리 안의 파시즘'과 싸워야 한다며 다음과 같이 말한다.

"파시즘은 극단적 형태의 정치체제로만 자신의 생명을 유지하는 것이 아니다. 그것의 본질은 어떤 특정 정치체제에 있다기보다는 인간이 다른 생명과 자연을 포함한 이 세계를 자신의 기술적 통제하에 두고자 하는 근대적 인간 중심주의와, 경제적 가치를 인간적 가치의 우위에 두는 근대 자본주의 체제의 욕망 구조에 그 뿌리를 두고 있다. 조금만 사려 깊게 들여본다면, 이러한 파시즘의 유산은 우리 안에 넓게 그리고 깊숙이 남아 있다. 권력자만이 아니라 그에 저항하는 자들까지도 매료시키고 사로잡는 권력의 위력. 모든 것을 가격으로 환산해야 직성이 풀리는 물신주의. 살아 남기 위한 나날의 각박한 생존 경쟁. 승리자가 되지 않고는 삶을 영위하지 못한다고 생각하는 초조함과, 승리하면 모든 것을 짓밟을 수 있다고 생각하는 지긋지긋한 권위주의. 이 모든 것 속에 파시즘은 오늘 우리 안에 살아 있다."[10]

왜곡된 이분법을 넘어서

박정희를 아무리 긍정적으로 평가한다 해도 그가 70년대의 산물이었다는 걸 부인할 수는 없을 것이다. 박정희는 70년대 말에 이르러 경제에

---

10) 문부식, 〈잃어버린 기억을 찾아서: 광기의 시대를 생각함〉, 「당대비평」, 제9호(1999년 겨울), 243쪽.

대한 자신의 확신을 상실했다. 세상이 너무 복잡해져 버린 것이다. 경제 통치에 관한 한 전두환이 박정희에 비해 불운했다는 다음과 같은 평가에 주목할 필요가 있을 것이다.

"첫째, 군인 스타일의 지도력을 과시할 기회가 별로 없었다. 1980년 이후 군사지도자로서 쉽게 이해하고 결정할 수 있는 경부고속도로나 포항제철 같은 국가적 대형 프로젝트가 전무했다. 둘째, 한국경제는 한층 성숙되어 있었다. 경제는 복잡해지고 정책도 높은 수준을 요구했다. 단순히 밀어붙이는 능력보다는 상충되는 정책 목표나 정책 수단을 조정하는 기술이 필요했다. 이런 고도의 거시경제학적 지식을 전 대통령이 습득하기는 어려웠을 것이다. 전 대통령은 자주 혼동했다. 그럴 듯한 건의를 들으면 '소신껏 해보시오', '열심히 해보시오'라는 것이 고작이었다. 이 때문에 매우 불합리하고 서로 모순된 정책 결정이 내려지기도 했다."[11]

그렇다. 80년대는 70년대와는 전혀 다른 세계였다. 세상이 달라진 것이다. 그렇게 달라진 세상에서 군사독재를 연장하고자 했기 때문에 전두환을 위시한 신군부는 광주학살을 저지르고 이전보다 더욱 폭압적인 공포 정치를 했어야 했던 건지도 모른다.

70년대에 대한 논쟁은 사실상 본말(本末)에 관한 논쟁이다. 우리 사회에서 진행되는 논쟁의 거의 대부분은 본말에 관한 논쟁이라고 해도 과언은 아니다. 군사독재 정권 시절 정권은 인권을 말(末)로 보았다. 오늘날 박정희를 존경한다는 대부분의 사람들 역시 인권을 말(末)로 보고 있다. 먹고사는 문제가 본(本)이라는 것이다. 그러나 이건 잘못된 이분법이다. 인권을 주장했던 사람들이 먹고사는 문제를 외면했던 게 아니다. 쌀과 인권을 동시에 쟁취하자고 역설했던 것이다. 그러나 군사독재 정권과 그 지지자들은 늘 왜곡된 이분법으로 자기들의 방패를 삼아 왔다.

---

11) 주태산, 『경제 못살리면 감방간대이: 한국의 경제부총리, 그 인물과 정책』(중앙 M&B, 1998), 222쪽.

총체적 부패구조

"태어나지 않았더라면 현대사의 발전에 훨씬 더 좋았을 '신군부'의 5공 시절에도 대다수 국민은 단순히 먹고사는 일이라면 별로 불편할 일이 없었다. 때마침 3저 호황에다 매년 풍년을 구가했기 때문이다. 동족을 살상한 피묻은 손이면 어떻고 체육관에서 대통령을 뽑은들 어떤가."[12]

민주화 운동가이자 소설가인 유시춘의 말이다. 옳은 말씀이다. 박정희의 유신 시절에도 그랬다. 대다수 국민은 단순히 먹고사는 일이라면 별로 불편할 일이 없었다. 박정희를 그리워하는 이른바 '박정희 신드롬'이라는 것도 그래서 가능한 것일 게다.

국민은 우중(愚衆)인가? 아니다. 아무리 생각해도 그런 것 같지는 않다. 우리는 유신 시절이나 5공 시절을 지배했던 폭압적인 공포 분위기를 잊어선 안 될 것이다. 그 분위기에 억눌린 사람들은 체념의 지혜를 터득하면서 그 체제하에서의 생존 경쟁에 몰두했을 것이다.

70년대에 이룩된 놀라운 성장의 다른 얼굴은 수단과 방법을 가리지 않는 결과 지상주의와 그 당연한 귀결로 생겨난 총체적 부패구조다. 일찍이 마키아벨리가 그랬던가. 독재권력은 권력 유지와 강화를 위해 민중을 부패시키며 민중의 부패는 새로운 민주권력의 성공을 어렵게 만든다고 말이다. 일단 부패가 시작되면 가장 좋은 제도도 쓸모가 없으며, 자유롭고 공개된 토론은 민중에게 덕성이 있을 때엔 귀중하지만 그들이 부패했을 때엔 위험하다는 것이다.

독재에 익숙한 사람들을 자유로 향하게끔 인도하는 것이 어렵다는 마키아벨리의 주장도 오늘날의 한국 현실에 비추어 보면 가슴에 와 닿는 점이 있다. 독재에 익숙한 사람들은 우리 안에서 길러진 야생 동물과 다

---

12) 유시춘, 〈386 의원의 '절차 도그마'〉, 『문화일보』, 2001년 6월 7일, 6면.

를 바 없으며 독재체제에서 혜택을 누렸던 사람들은 정직하고 명시적인 기준에 의해서만 존경과 보상을 받는 자유로운 사회에 분개하기 때문에 새로운 민주주의 지도자는 큰 어려움을 겪게 된다는 것이다.[13]

한국의 경우엔 과거 민주화 투사 출신으로 대통령이 된 사람들조차 과거의 부패문화에 찌들은 사람들이었으니 더 말해 무엇하랴. 그들만 부패문화에 찌들었던가? 아니다. 부패문화는 70년대의 시대적 에토스였다. 굶주리는 현실, 그리고 이후엔 굶주림의 기억을 앞세워, 그 현실과 기억을 없애는 것이 곧 '인권(人權)'이라는 정의가 지배했던 세상에서 부패문화는 정말로 하찮은 것에 지나지 않았다. 그건 너무도 당연한 삶의 일부였다.

그러나 김영삼과 김대중에게 아무리 많은 문제가 있을망정 그들은 적어도 집권 후 박정희 용인술의 핵심이었던 '돈질'만큼은 하지 않았다. 그들은 부하들에게 엄청난 돈을 던져 주면서 감격시켜 영원히 복종케 하고 야당 의원들마저 돈으로 매수하는 짓은 하지 않았다는 말이다. 이게 바로 두 사람, 아니 한국 민주주의의 비극이었는지도 모른다.

수십 년 아니 수백 년 묵은 총체적 부패구조가 아직 건재한 상황에서 대통령의 '돈질' 중단은 새로운 문제를 야기시켰다. 대통령의 측근 인사들과 아들들이 직접 나서서 돈을 챙기는 새로운 양태를 보인 것이다. 김영삼과 김대중은 '나만 그짓 하지 않으면 내 정권은 깨끗하다'는 식의, 잔인할 정도로 둔감하고 어리석은 자기도취의 수렁에 빠져들었다. 부정부패의 은폐가 불가능한 수준의 민주화가 된 세상에서 그들의 측근 인사들과 아들들이 저지른 부정부패의 발각은 '박정희 때가 오히려 좋았다'는 식의 어이없는 평가를 낳게 하고 말았던 것이다.

---

13) 마이클 레딘, 김의영 외 옮김, 『마키아벨리로부터 배우는 지도력』(리치북스, 2000).

상호 갈등 해소는 불가능한가?

이 책을 통해 자세히 살펴보았듯이, 오늘날 한국이 자랑하는 총체적 부패구조는 결코 우연이 아니다. 그건 박정희 정권, 그리고 박 정권의 기본 구조를 그대로 물려받은 군사 정권들의 부추김으로 형성되었고 고착된 것이다. 부패구조에 발을 담그고 각박한 생존경쟁에 몰두하지 않으면 안 되는 사람들에게 동족을 살상한 피묻은 손이면 어떻고 체육관에서 대통령을 뽑은들 무슨 상관이었으랴.

지금은 어떤가? '공포'가 사라진 오늘날 민중은 건강한가? 전혀 그렇지 않다. '공포'는 '냉소'로 바뀐 지 오래이며 총체적 부패구조는 건재하다. 독재 정권은 다른 형태로나마 여전히 우리 마음속에 굳건히 살아 있는 것이다.

우리 마음 속에 살아 있는 '독재 정권'과의 싸움은 오랜 시일을 요하는 것이다. 지금 당장 우리의 발등에 떨어진 불은 박정희 지지파와 박정희 반대파 사이의 갈등일 것이다. 현재 나타나고 있는 많은 사회적 갈등들의 이면엔 바로 그 갈등이 잠복해 있음을 어찌 부인할 수 있으랴.

현실적으로 그 어느 쪽이건 완전한 승리는 불가능하다. 타협의 길은 정녕 없는 걸까? 박정희 지지파 사람들이 너무 뻔뻔한 건 아닐까? 그들이 모두 최소한, 박 정권에서 문공부 장관을 지낸 김성진의 자세를 가지면 안 되는 걸까? 김성진은 '박정희 사후 15년 기념 그 시대 주역들의 특별좌담'에서 박정희의 업적을 긍정적으로 평가하면서도 다음과 같이 말했다.

"그러나 정부에 몸담았던 우리들은 그 당시 정치적 탄압을 받았던 사람들, 권력기관에 의한 직권남용의 피해 대상자들, 그리고 각종 억울한 처지에 놓였던 사람들, 이 모두에게 그들이 겪었던 고통과 슬픔이 곧 우리들 자신의 고통과 슬픔이었다는 마음으로 먼저 반성하고 사죄해야 한다고 생각합니다. 그런 뜻에서 저는 이 자리를 빌어 이들에게 진실로 사과의 뜻을 표합니다. 그리고 아울러서 이분들도 우리의 뜻을 똑같이 열린 마음으로 받아 주셨으면 하는 바람입니다."[14]

좋은 말씀이다. 문제는 박정희 지지파 가운데 김성진처럼 생각하거나 말하는 사람이 매우 희소하다는 점일 것이다. 박정희 반대파들이 열린 마음으로 받아주고 싶어도 받아줄 그 무엇이 있어야 받아줄 게 아닌가. 박정희 지지파를 대변하는 『조선일보』 같은 신문은 아직도 민주화운동과 인사들에 대한 모독을 상습적으로 일삼고 있는데 과연 이들이 무엇을 열린 마음으로 받아줄 수 있단 말인가? 모독을 열린 마음으로 받아줘야 한단 말인가?

박정희 사후 민주화가 되었더라면 상호 갈등 해소는 지금보다는 훨씬 더 쉬운 일이었을 것이다. 그러나 우리는 그 후 여러 면에서 박정희 체제보다 더욱 혹독한 독재 정권을 만나게 되었다. 심지어는 박정희 반대파 가운데 많은 인사들이 포스트 박정희 체제에 대거 투항하는 일까지 벌어짐으로써, 도저히 가닥을 추스를 길이 없이 헝클어진 역사 속으로 빠져들고 만다. 조만간 80년대의 무대에서 독자들을 다시 만나 좀더 깊은 이야기를 나눌 수 있게 되기를 바라 마지않는다.

---

14) 김성진 외, 〈박정희 사후 15년 기념 그 시대 주역들의 특별좌담: "경제발전과 남침 저지의 울타리 안에서 민주화운동이 가능했다"〉, 『월간조선』, 1994년 11월, 617쪽.